KRIEGER FÜR DIE EWIGKEIT

DIE TERRAKOTTA-ARMEE DES ERSTEN KAISERS VON CHINA

HERAUSGEGEBEN VON
ROBERTO CIARLA

vmb
PUBLISHERS

TEXT
ROBERTO CIARLA
LIONELLO LANCIOTTI
MAURIZIO SCARPARI
ALEXANDRA WETZEL

FOTOGRAFIEN
ARALDO DE LUCA

Redaktionelle Leitung
VALERIA MANFERTO DE FABIANIS

Redaktion
LAURA ACCOMAZZO
FEDERICA ROMAGNOLI

Grafikleitung
PATRIZIA BALOCCO LOVISETTI

Layout
PATRIZIA BALOCCO LOVISETTI
PAOLA PIACCO

vmb
PUBLISHERS

VMB Publishers®
ist eine eingetragene Marke von Edizioni White Star s.r.l.

Via M. Germano, 10
13100 Vercelli - Italien
www.whitestar.it

Überarbeitete Auflage

ISBN 978-88-540-1771-9
1 2 3 4 5 6 15 14 13 12 11

Übersetzung: Inge Uffelmann
Producing: BookUs, Harald Kraft

Gedruckt in China

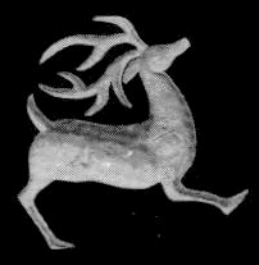

INHALT

❖

2 Dieser Kavallerist trägt eine runde Kappe, die in der Realität wohl aus Leder gemacht war.

❖

4 – 5 Einer der Funktionäre aus Graben K0006 weist noch Spuren von Farbpigment auf, die seinem Gesicht einst einen rötlichen Hauch verliehen.

❖

6–7 Die Frontansicht der Quadriga Nr.1 zeigt, welche Aufmerksamkeit den Details bei Pferden, Wagen und Zaumzeug gewidmet wurde.

❖

8 Der junge Funktionär 9 ist in gelassener Haltung und mit außerordentlich fein ausgeprägten Gesichtszügen dargestellt.

Der Ausflug, den die Sprachschule in Peking, an der ich Chinesisch lernte, zum Frühjahrsfest von 1975 organisierte, sah keinen Halt in Xi'an vor; die Stadt lag abseits und hatte nichts Besonderes zu bieten. Doch in den kommenden fünf Jahren, kurz nachdem China seine Tore dem Massentourismus geöffnet hatte, sollte Xi'an zur meistbesuchten Stadt des Landes werden. Tatsächlich war schon im Jahr meines Ausflugs das Gerücht gegangen einige Bauern der Kommune Yanzhai – nahe der kleinen Stadt Lintong gelegen – seien im März 1974 nur wenige Kilometer von Xi'an entfernt in der Nähe des Grabmals des Ersten Ehrwürdigen Kaisers beim Graben eines Brunnens auf einen Kopf, dann einen Arm und dann auf weitere Bruchstücke eines ganzen Körpers einer Tonstatue gestoßen. Chinesische Archäologen hätten dann weitere Fragmente gefunden; Arme, Hände, Köpfe von Tausenden von Soldaten einer Terrakotta-Armee, die kein Ende zu haben schien.

Die chinesischen Archäologen erkannten rasch, dass dieser „Zufallsfund" ein historisches Ereignis war. Die Fundstelle lag einen guten Kilometer östlich des Grabhügels von Kaiser Qin Shihuangdi, des Mannes, der 221 v. Chr. die „Streitenden Reiche" geeint, an den Grenzen der Steppen im Norden, im Gebiet des heutigen Vietnam, neues Land hinzugewonnen und damit einen Staat geschaffen hatte, der bis in die Moderne überdauern sollte. Bedenkt man, dass für die Völker des Westens dieses Imperium schon immer den Namen China trug, auch wenn es sich selbst *Zhong Guo* (Reich der Mitte) nannte, dann wird die historische Bedeutung dieses Qin-Kaisers klar. Der Name China nämlich, der über Indien in den Westen gelangte (dort taucht er in verschiedenen Passagen von Buch II des *Arthashastra* auf, das in die Zeit um 150 v. Chr. datiert wird), leitet sich direkt von Qin – in anderer Umschrift Ch'in – ab.

Das Überraschende war nicht der Fund an sich. Dass es rund um den Grabhügel Opfergruben gab, war bekannt; einige hatte man ausgegraben, doch lediglich kleine Statuetten darin gefunden. Wirklich bemerkenswert war die zyklopische Größe des entdeckten „Monuments", die Lebensgröße der Statuen, ihre riesige Zahl, und die enorme Sorgfalt, mit der alle Details der Uniformen und der Gesichter gearbeitet waren, von denen nicht zwei sich glichen. Faszinierend war auch der Zeitpunkt der Entdeckung, geschah sie doch just in dem Moment jüngerer chinesischer Geschichte, als die Kulturrevolution zu verglimmen begann in der sterilen und eher politischen als philosophischen Debatte zwischen Konfuzianismus (der 1975 als Ausdruck reaktionärer gesellschaftlicher Kräfte galt) und der Philosophie der Schule der Legisten, die Qin Shihuangdi gegründet hatte, und die als Ausdruck fortschrittlicher, auf das Volk gegründeter Ideen galt. Die Debatte verhüllte ein heißes Eisen: Im politischen Kampf Chinas zu Beginn der 1970er Jahre waren die Konfuzionisten die „Moderaten" und ihr Champion hieß Zhou Enlai (damals Premierminister). Die Legisten hingegen waren die „Radikalen", die Viererbande, und ihr Champion, der hochbetagte Mao, war dem Tod nahe. Man darf daher vermuten, dass die offizielle Entdeckung im Jahr 1975 nicht wirklich zufällig geschah. Aber letztlich ist es unwichtig. Chinesische

❖

10 und 15 Drei Reihen nach Osten blickender Bogenschützen bilden in Graben Nr. 1. die Vorhut der Truppen.

❖

11–14 Der Blick auf Graben Nr. 1 zeigt zwei der Vierergespanne, die zu den zerfallenen Wagen gehörten.

❖

16–17 Die Soldaten der Infanterie, durch ihre Frisuren unterschieden, tragen Schuppenpanzer.

Archäologen hatten östlich von Xi'an eine der bedeutendsten Entdeckungen in der Geschichte ihres Fachs gemacht, und diese Entdeckung überraschte Historiker und Archäologen insofern, als sie überzeugt waren, über den Kaiser und sein Grab bereits alles zu wissen. Tatsächlich hatten sie keine Ahnung, dass er sich von einer Armee stummer Soldaten hatte begleiten lassen. Unser limitiertes Wissen rührte vor allem daher, dass wir Sima Qian, dem größten und respektiertesten Geschichtsschreiber Chinas, vertraut hatten. In seinem beispiellosen Werk *Shi Ji* (Historische Aufzeichnungen), das die Geschichte Chinas von den mythischen Anfängen bis zu den Tagen Sima Qians umfasst, hat dieser Gelehrte des 2. Jahrhunderts v. Chr. ausführlich über den Ersten Erhabenen Kaiser berichtet. Sima Qians Ausführungen vertrauend, war er doch fast ein Zeitgenosse des Kaisers, waren alle modernen Historiker sich einig, dass Qin Shihuangdis einziger Verdienst darin bestanden habe, China unter einer seiner kurzlebigsten Dynastien (sie hielt sich nur 15 Jahre) „wiedervereinigt" zu haben. Glauben zu müssen, dass diese „Wiedervereinigung" seine einzige Großtat gewesen sei, kam einem Dogma gleich. Doch schon das Wort „Wiedervereinigung" ist der falsche Begriff, „Einigung" oder „Schaffung" wäre richtiger, denn vor Shihuangdi hatte es überhaupt kein China gegeben. Andererseits sagt Sima Qian, der klar darlegt, Zugang zu den Originaldokumenten der Qin gehabt zu haben und der bereits ahnte, welchen Ansatz weniger objektive Historiker wählen würden, schon im Vorwort zu seinen „Chronologischen Tafeln der Sechs Staaten": „*... nachdem die Qin die Einigung zustande gebracht hatten, wurden überall im Land alle Kopien des* Shi jing *(Buch der Lieder) und des* Shu jing *(Kanon der Schriften) zusammen mit den historischen Dokumenten der verschiedenen Feudalherren verbrannt, alles, was es gab, denn sie hatten die Qin heftig kritisiert. Die Bücher tauchten nur deshalb wieder auf, weil einige Leute Exemplare in ihren Häusern versteckt hatten. Doch die historischen Dokumente wurden einzig in den Zhou Archiven verwahrt und so wurden sie alle zerstört. Wie schrecklich! Wie entsetzlich! Alles, was blieb, sind die Dokumente der Historiker der Qin, und die umfassen nicht die Annalen, und die Texte sind nur unvollständige Zusammenfassungen. Dennoch gibt es bemerkenswerte Dinge auch bei den Machtwechseln der Streitenden Reiche. Warum sollten wir nur aus der alten Geschichte lernen? Die Machtübernahme durch die Qin war von viel Gewalt begleitet, doch mit der Zeit waren die Qin in der Lage sich zu ändern, und das Ergebnis war groß ... Die Gelehrten, beeinflusst von dem, was sie hörten, sehen nur, dass die Qin das Reich nur kurz beherrschten, doch sie analysieren nicht Anfang und Ende der Sache. So machen sie Qin zu einem Objekt der Lächerlichkeit und sagen nichts weiter. Gerade das aber ist so lächerlich, wie der Versuch, durch das Ohr zu essen, und wahrlich bedauerlich.*" Ich habe Sima Qians Lektion verstanden und will deshalb versuchen, „Anfang und Ende der Sache" zu klären, indem ich die archäologischen Daten auswerte und aus der unerschöpflichen Informationsquelle zapfe, die Sima Qian für diesen Zweck bereitstellt, schreibt er am Ende seines Vorworts zu den „Chronologischen Tafeln der Sechs Staaten" doch: „*Ich hoffe, dass es in der Zukunft Edelleute geben wird, die mein Werk aufmerksam lesen*". Dass man mich für einen Edelmann im Sinne Sima Qians hält, wäre zu viel der Ehre, doch ein aufmerksamer Leser – das bin ich gewiss.

GESCHICHTE, PHILOSOPHIE UND RECHT

EINFÜHRUNG

Die alten Kulturen Chinas

Am Ende des 3. Jahrtausends v. Chr. war ganz Ostasien – von den subsibirischen bis zu den subtropischen Regionen Kontinentalasiens bis zu den Wüsten Zentralasiens und zum japanischen Archipel hin – ein buntes Mosaik verschiedenster Kulturen. Je mehr archäologische Funde gemacht werden, desto deutlicher wird, dass es sich dabei um klar abgegrenzte, in sich geschlossene Kulturen handelte. Besonders zahlreich sind diese Mosaiksteinchen auf den Japanischen Inseln, im Süden Koreas, im Tal des Liao in China und im Tal des mittleren und unteren Huanghe (Gelber Fluss) sowie in den Tälern ihrer Nebenflüsse, besonders des Wei, und, westlich desselben, in den Flusstälern, die man als den Gansu-„Korridor" bezeichnet.

Gen Süden, in der Küstenregion und im Mittelbereich des unteren Tals des Changjiang oder Jangtsekiang (Blauer Fluss), auf der Insel Taiwan, im Tal des Songkoi (Roter Fluss) in Vietnam, in verschiedenen Zonen des Mekong sowie in vielen Gebieten Zentral- und Nordost-Thailands sind die kulturellen Mosaiksteine ebenfalls sehr zahlreich. Weniger klar umrissen und in geringerer Zahl kommen sie in Gebieten vor, die nicht so dicht besiedelt sind, weshalb dort bisher keine archäologischen Forschungen betrieben wurden, oder solche gerade erst beginnen.

Wir wissen, dass im 7. Jahrtausend v. Chr. auf den Lössböden des Wei- und des mittleren Huanghe-Tals Hirse und Kohl als Nahrungspflanzen angebaut wurden und dieser Anbau Hand in Hand ging mit der Zucht von Schafen, Schweinen und Geflügel. In den Flussebenen Nordostchinas scheint man dagegen Sojabohnen angebaut zu haben. Spätestens seit dem 6. oder 5. Jahrtausend v. Chr. war im Jangtse-Becken der Reisanbau zweifelsohne die wichtigste bäuerliche Beschäftigung. Nebenbei züchteten diese Bauern, die in kleinen Dorfgemeinschaften lebten, Büffel, Hunde und Schweine. Im Südosten Kontinentalasiens hatte zum Ende des 3. Jahrtausends v. Chr. der Reisanbau noch kaum eine Bedeutung, und auf den Inseln Japans wurde der Reisanbau gar erst um das 4. Jahrhundert v. Chr. zusammen mit der Verwendung des Metalls „importiert".

Im 2. Jahrtausend v. Chr. kam es offenbar zu einem allgemeinen Klimawandel, der geringere Niederschläge und kältere Temperaturen mit sich brachte, was bei den lokalen spätneolithischen Kulturen entlang der Grassteppen, die sich in einem ununterbrochenen Bogen vom Norden Koreas über den Norden des heutigen China bis nach Zentralasien hinziehen, zu einer Art „Umkehr" der Ökonomie führte. Hier setzte man jetzt vermehrt auf produktive Mischformen. Je nach Höhe des Lebensgebietes und nach Niederschlagsmenge rangierte die Mischökonomie zwischen jahreszeitlichem Anbau von Feldfrüchten durch Sesshafte und der saisonalen Migration von Viehzüchtern bis zur spezialisierten Zucht von Schafen, Rindern und Pferden, die durch den Anbau einer sehr begrenzten Zahl von Nutzpflanzen ergänzt wurde.

Archäologische Funde belegen, dass die vielen Einzelkulturen des immensen hier beschriebenen Raumes während des 3. Jahrtausends v. Chr. begannen, miteinander in Kontakt zu treten und den Flussläufen, den Grasländern und Küstenlinien folgend, regionale Bereiche der Interaktion bildeten. Auf diese Art wanderten nicht nur Waren von einem Ort zum anderen, auch Erfindungen und Ideen wurden weitergegeben, und selbst sehr weit abgespalten lebende Gruppen profitierten von diesem weit gespannten kulturellen und technologischen Netz. Das gilt zum Beispiel für bestimmte Arten von Töpferware, darunter die dreibeinigen Kochtöpfe (ding), die fu genannten Kochgeschirre, Gefäße mit hohem Fuß (dou) sowie eine Art „messerähnliche Sichel". Sie konnte trapez-, halbmondförmig oder rechteckig geformt sein und wurde durch Löcher an der hinteren Kante oder durch seitliche Rillen, durch die Fasern geführt wurden, an die Hand gebunden, sodass man damit die Getreidehalme abschneiden konnte. Die Verwendung ähnlicher Kochgeschirre lässt auf ähnliche Küchensitten schließen (etwa auf Kochen oder Dämpfen), und die Verbreitung von Werkzeugen wie etwa dem Sichelmesser, lässt vermuten, dass auch die Anbaupraktiken sich auf ähnliche Techniken gründeten.

Auch Elemente, die der Sphäre des Ideologi-

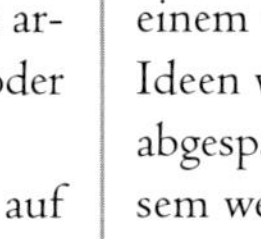

21 links Dieses Gefäß mit seinem aufgemalten Spiralmotiv ist ein typisches Artefakt der Majiayao-Kultur (ca. 3200–200 v. Chr.), die in verschiedenen Entwicklungsstufen in den Hochländern der heutigen Provinzen Gansu und Qinghai blühte. Das Gefäß wird in die Übergangsphase zwischen Majiayao und Banshan (um 2700 v. Chr.) eingeordnet. (Musée National des Arts Asiatiques-Guimet, Paris)

❖

21 Mitte Prähistorische chinesische Töpfer erkannten, dass eine bestimmte Art von Ton (Kaolin, nach chinesisch gaoling tu), die es am Jangtse und am Gelben Fluss gab, für feine Keramik geeignet war, die sich gut formen und bei hoher Temperatur brennen ließ. Nach dem Brennen nahm das Material eine weißliche Farbe an, wie es dieses gui genannte Gefäß zeigt. Mit ihren drei konischen Füßen ist die Kanne einem Kuheuter nachgebildet, eine typische Form für die späte Periode (2800–2500 v. Chr.) der Dawenkou-Kultur (4200–2500 v. Chr.), die entlang der Flüsse und Seen der Halbinsel Shandong blühte. (Musée National des Arts Asiatiques-Guimet, Paris)

❖

21 rechts Die beiden unterhalb des Schwerpunkts des bauchigen Gefäßes liegenden Henkel müssen zusammen mit dem als Kopf gestalteten Griff dem Leeren des Gefäßes – vielleicht enthielt es Hirse – dienlich gewesen sein. Es datiert in die Machang-Phase (2300–2000 v. Chr.) der Majiayao-Kultur. Die üblicherweise geometrische Dekoration, die den oberen Teil von Behältern dieser Art ziert, ist charakteristisch für die Majiayao-Kultur. Viele Forscher meinen, es sei ein Beleg dafür, dass die Gefäße am Boden standen und daher zumeist von oben gesehen wurden. (Musée National des Arts Asiatiques-Guimet, Paris)

schen zuzuordnen sind, scheinen von Kultur zu Kultur gewandert zu sein, beispielsweise der Gebrauch von Jade für Gegenstände, die wohl als Amulette oder Statussymbole dienten, aber auch bestimmte Gefäßformen und zoomorphe Dekorationsmotive, bei denen die dargestellten Tiere entweder in Stücke zerlegt oder deformiert abgebildet wurden, vielleicht, um die heilige oder übernatürliche Natur der Tiere zu betonen. Betrachtet man diese soziokulturellen Prozesse des Austauschs technologischer und ideologischer Errungenschaften, so darf man die Wanderbewegungen nicht unterschätzen, die die Menschen in den verschiedenen Regionen Ostasiens in prä- und protohistorischen Zeiten unternahmen. Im 3. Jahrtausend v. Chr. strömten austronesisch/austroasiatische Sprachen sprechende Menschen vom Süden Chinas und von Taiwan kommend zum südöstlichen Kontinentalasien und zum indopazifischen Archipel. Umgekehrt drängten vielleicht im 2. und 3. Jahrtausend v. Chr. indoeuropäische Sprachen sprechende Menschen in den Nordwesten des heutigen China.

Das Gebiet, dem unser hauptsächliches Interesse gilt, liegt zwischen dem Tal des Huanghe im Norden und dem Tal des Jangtse im Süden, zwischen dem Sichuanbecken im Westen und den Regionen der Pazifikküste im Osten. In diesem Gebiet fand ein reger kultureller Austausch statt, hier wurden Originalelemente verschiedener Kulturen vermischt und verschmolzen, hier bildeten sich die materiellen und ideologischen Grundlagen, aus denen schließlich die chinesische Zivilisation erwachsen sollte. Die archäologischen Funde zeigen, dass viele in diesem Gebiet lebende Gruppierungen zu Beginn des 3. Jahrtausends v. Chr. noch an den Gesellschaftsstrukturen festhielten, wie sie für das Leben in kleinen bäuerlichen Dorfgemeinschaften typisch sind. Innerhalb dieser Gemeinschaften war die Erlangung von einem gewissen Status – vor allem die Begräbnisbräuche sind hier aufschlussreich – noch relativ unbedeutend und stützte sich vielleicht nur auf die Tugenden oder besonderen Fähigkeiten des jeweiligen Individuums zu seinen Lebzeiten. Interessanterweise aber haben bis zum Ende des Jahrtausends einige der Kulturen angefangen, stark hierarchisch geprägte soziale Strukturen auszubilden, die nicht länger auf die Solidarität der Dorfgemeinschaft bauten, sondern auf regionale Systeme territorialer Kontrolle. Innerhalb dieses räumlich erweiterten Systems begannen sich politische Strukturen zu entwickeln, die die Führerschaft in die Hände von bestimmten Clans und Familien legten, die auf verschiedene Dörfer verteilt leben konnten. Zu dieser Zeit begann man, die Dörfer durch Erdwälle (hangtu) zu befestigen. Das Siedlungsmuster der Longshan-Kultur (ca. 3000–2000 v. Chr.) in Shandong und Henan beispielsweise zeigt eine klare hierarchische Gliederung, in der die Dörfer um ein größeres und wahrscheinlich dominierendes Zentrum gruppiert sind. Gleichermaßen lassen die Begräbnisse in den Nekropolen der Grabung Taosi (sie ist repräsentativ für das Erscheinungsbild Longshans im Süden der Provinz Shanxi) vermuten, dass man eine dreifach nach Status (und Reichtum) gegliederte Gesellschaft hatte, die vielleicht mit einer Aufteilung in bestimmte Clan- oder Familienverbände einherging.

Gräber aus der Liangzhu-Kultur (ca. 3200–2200 v. Chr.) im unteren Jangtse-Tal zeigen deutlich, dass auch hier eine streng hierarchisch geordnete soziale Schichtung existierte, doch scheint hier die Sphäre des Heiligen größeres Gewicht gehabt zu haben als der Reichtum. Die Untersuchung der Grabbeigaben zeigt, dass Menschen, die wohl als „Spezialisten" für das Heilige, Spirituelle oder Geistige galten, eine herausragende Rolle spielten, auch über den Tod hinaus. Besonders zeigt sich das an denjenigen Grabbeigaben, die wertvolle Objekte darstellen (meist Ritualgegenstände aus Jade), und die dem Rest der Gemeinschaft vorenthalten wurden, selbst denjenigen, die sie als Handwerker geschaffen hatten.

In der äußersten westlichen Region der chinesischen Interaktionssphäre (d. h. im Lössbodengebiet von Gansu und im Tal des Wei, wo sich im I. Jahrtausend v. Chr. der Staat der Qin entwickeln sollte), hat die Archäologie ebenfalls Beispiele für die Entwicklung hierarchischer Strukturen zutage gefördert. In diesem Gebiet wird der Bruch mit der steinzeitlichen Wirtschaftstradition dadurch deutlich, dass die Schafzucht langsam die Schweinezucht überlagert und verdrängt. In der Qijia-Kultur (ca. 2200–1600 v. Chr.) von Gansu zeigt besonders die Produktion von kleinen Werkzeugen aus Kupfer/Bronze (man verwendet diese Bezeichnung, wenn nicht eindeutig ist, um welches Metall es sich handelt, was in Bezug auf die Technologie von größter Bedeutung ist) den Bruch mit der neolithischen Tradition. Einige der Werkzeuge sind geschmiedet, andere mit Hilfe von Formen gegossen. Einige Forscher sehen in der Metallverarbeitung der Qijia die Brücke, über die das Schmelzen von Kupferlegierungen aus Zentralasien zum Huanghe-Tal gelangte. Aber die archäologischen Befunde sind noch bruchstückhaft und widersprüchlich. Es kann nicht ausgeschlossen werden, dass sich die Metallurgie im Tal des Gelben Flusses autonom entwickelte.

22 Das merkwürdig geformte Jadeamulett zeigt eine Larve mit einem leicht schweineähnlichen Gesicht. Nach der Interpretation einiger Forscher ist das für seine Kultur typische Objekt mit der Idee der Wiedergeburt assoziiert. Es stammt aus der Hongshan-Kultur (4500–2900 v. Chr.), deren Zentrum im Tal des Liao (Nordwestchina) lag. Es war wahrscheinlich die erste Zivilisation, in der Sojabohnen kultiviert wurden. (Musée National des Arts Asiatiques-Guimet, Paris)

23 Diese aus Jade geschnittene Figur mit Ohrpflöcken in den Ohrläppchen stammt aus der späten neolithischen Periode. Wahrscheinlich handelt es sich um ein Amulett oder um die Darstellung eines „Geistes". (Freer Gallery of Art, Smithsonian Institution, Washington, D.C.)

Mythische Kaiser und drei Dynastien

Um die Zeit zwischen der ostasiatischen Frühgeschichte und der Gründung des Reiches der Qin zu beschreiben, müssen wir uns auf ein kleines Gebiet beschränken: auf das mittlere Huanghe-Tal, das zwischen dem Wei-Tal, der Nordwestregion der modernen Provinz Henan und der Südwestregion der Provinz Shanxi liegt. Sowohl der Geschichtsschreibung als auch der populären Überlieferung gilt dieses Gebiet als Schmelztiegel der chinesischen Zivilisation. Historiographie und Folklore nehmen an, dass hier die mythischen Heroen, allen voran die *San Huang* (Drei Erhabene) ihre Taten vollbrachten. Ihnen folgten die *Wu Di* (Fünf Kaiser) sowie die Drei Weisen Herrscher: Yao, Shun und Yu. Yu gilt als Gründer der ersten der aufeinander folgenden Drei Dynastien *(San Dai)*: Xia, Shang und Zhou. Die Existenz der Xia-Dynastie – der Überlieferung nach soll sie zwischen dem 21. und dem 16. Jahrhundert v. Chr. regiert haben – ist und bleibt umstritten, obwohl vor allem chinesische Experten sie mit viel Enthusiasmus zu beweisen suchen. Bisher gibt es weder archäologische noch aus Texten herauslesbare, unumstößliche Beweise für ihre Existenz.

Allerdings fällt die Verbreitung der Erlitou-Kultur in dem kleinen Gebiet zwischen der Südwestecke der Provinz Shanxi und dem Luo in der Provinz Henan genau in die Region, die von der Tradition der Xia-Dynastie zugewiesen wird. Auch die Datierung der Erlitou-Kultur (1900–1350 v. Chr.) überschneidet sich mit den Angaben über die Xia, und archäologische Funde – Palastgebäude, Gräber mit unterschiedlich reicher Ausstattung sowie Statussymbole aus Jade, Türkis und Lack, die mit Tiermotiven verziert sind – zeugen von einer reifen Entwicklungsphase komplexer Sozialstrukturen eines „frühen Staates". Eine ausgefeilte Bronzemetallurgie, dargestellt durch Schmelzhütten und eine große Bandbreite an Werkzeugen und Ritualgefäßen der Typen *jue, ding* und *jia* bestätigen sowohl ein hohes Können der Handwerker als auch das Vorhandensein eines ausgeklügelten religiösen Systems. Die meisten Fachwissenschaftler sind davon überzeugt, dass Xia, Shang und Zhou lediglich drei der vielen regionalen politischen Gebilde waren, die sich hier parallel und aufeinander folgend entwickelten (*Wan Guo*, die „Zehntausend Königreiche" der Zeit der mythischen Herrscher, die in den Schriftquellen erwähnt werden, mögen ein fernes Echo davon sein). Die schlichte Tatsache, dass verschiedene politische Einheiten mit vergleichbar hohem sozialem und technologischem Stand zur Zeit der Erlitou/Xia, vor allem aber zur Zeit der Shang und Zhou, nebeneinander existierten, ist für das Verständnis der Entwicklung der chinesischen Kultur von fundamentaler Bedeutung, denn damit waren diese drei keine isolierten Phänomene, sondern Teil einer Vielzahl von Kulturen und Menschen verschiedenster ethnischer Herkunft und Sprache, die miteinander interagierten. Die kulturelle Sammlung und die politische Zentralisierung, die der Erste Erhabene Kaiser der Qin-Dynastie im 3. Jahrhundert v. Chr. zustande brachte, war der Kulminationspunkt dieses langen Interaktionsprozesses.

Die erste historisch nachweisbare Dynastie Chinas war die der Shang (16. Jahrhundert-1045 v. Chr.). Sie durchlief zwei Entwicklungsphasen. Die erste ist als Erligang-Phase (16.–13. Jahrhundert v. Chr.) bekannt, benannt nach der Grabung in der Stadt Zhengzhou (Provinz Henan). Es war eine Periode der Ausbreitung der Shang-Kultur, wie sich an sporadischen Siedlungen zeigt, die zwischen der Zentralebene und dem Jangtse-Tal gefunden wurden. Die zweite wird die Yin-Phase (13. Jahrhundert-1045 v. Chr.) genannt, nach der letzten Hauptstadt der Shang, die nahe Anyang (Provinz Henan) lag. Hier konzentrierten sich die politischen Aktivität der Shang, deren Herrschaftsgebiet im mittleren Tal des Gelben Flusses zwischen dem Südteil der modernen Provinz Hebei und dem Nordteil der Provinz Henan lag.

Während der Erligang-Phase erreichte die Technik des Bronzegusses den Höhepunkt ihrer Entwicklung. In feinst gearbeitete Tonmodel wurde eine Legierung aus Kupfer, Zinn und Blei gegossen, um so Kultgefäße und Waffen herzustellen. Die Kontrolle über die Herstellung sowie der exklusive Besitz der Bronzeprodukte, die überladen waren mit symbolischen und ideologischen Vorstellungen, die sich in der Form der Gegenstände wie in ihrer Dekoration

Viele Fachwissenschaftler halten die ältesten Kulturheroen, San Huang, Wu Di *und die Drei Weisen Herrscher für Personifizierungen großer technologischer oder ideologischer Neuerungen. Gleichermaßen mythisch sind die Herrscher der ersten drei Dynastien Xia, Shang und Zhou, wie beispielsweise Yang aus der Familie Zi, der legendäre Gründer der Shang-Dynastie, der 100 Jahre gelebt haben soll. (British Library, London)*

ausdrückten, war ein wichtiger Aspekt der Manifestation aristokratischer Macht. Archaischere Formen „chinesicher" Schrift mögen sich schon in der Erligang-Phase entwickelt haben, doch die ältesten bisher nachweisbaren Zeugnisse dieser fundamentalen kulturellen Errungenschaft reichen nur in die Zeit von König Wu Ding von Yin (um 1200 v. Chr.) zurück, und die Fundlage ist schlecht. Es gibt nur auf die Schulterblattknochen von Tieren und auf die Bauchpanzerplatten von Schildkröten geritzte Texte. Die Schriftzeichen standen im Zusammenhang mit Wahrsagepraktiken, zu denen die Knochen und Platten benutzt wurden. Neben den Namen und der Abfolge der Shang-Könige von Yin (Angaben, die sich kaum von denen unterscheiden, die Sima Qian in seinem *Shi Ji* macht), nennen diese Orakelinschriften auch Namen von Völkern, wie beispielsweise Di, Rong und Qian, die den Shang als Fremde oder „Barbaren" galten, sowie solcher Völker, die den Shang nahe standen, wie die Zhou. Doch keine der Inschriften nennt die Qin, obwohl sie nur wenige Jahrhunderte später einen sehr gewaltsamen

Auftritt auf der Bühne der chinesischen Geschichte haben sollten. Was die Zhou anlangt, so werden sie in Inschriften der Shang-Könige Wu Ding (?-1189 v. Chr.) und Zu Geng (1189–1178 v. Chr.) zuerst als Verbündete, dann als Feinde, dann erneut als Alliierte erwähnt. Nach Zu Geng gibt es keine weiteren Hinweise auf die Zhou. Manche Wissenschaftler vermuten, dass die Zhou aus dem Tal des Fen stammten, einem linken Nebenfluss des Huanghe in der Provinz Shaanxi. Von hier wanderten sie, vielleicht zur Zeit König Zu Gengs, nach Westen ins Wei-Tal und nahmen am Fuß des Qishan (Berg Qi)

❖

Die Motive in bildlichen Darstellungen der Shang-Periode (ca. 1300–1045 v. Chr.) zeigen das vorgeschichtliche Erbe ihrer spirituellen Vorstellungen. Dieser drachenförmige Griff eines Bronzedolchs ist mit Türkisen eingelegt. Der Drache ist das am häufigsten vorkommende zoomorphe Motiv in der Bronzekunst der Zeit der Shang und Zhou. (Musée National des Arts Asiatiques-Guimet, Paris)

Diese beiden Bronzegefäße stammen aus der Zeit um 1000 v. Chr. (Beginn der Periode der Westlichen Zhou). Links ein fangyi, *ein ritueller Weinbehälter mit Deckel; das hausförmige Gefäß rechts, ein typisches Beispiel für den neuen Zhou-Stil, bezeichnet man als* you. *(Freer Gallery of Art, Smithsonian Institution, Washington, D.C.)*

am linken Ufer des Wei die flachen Landterrassen jenes Areals in Besitz, das später Zhou Yuan (Zhou-Ebene) genannt werden sollte. Andere Forscher meinen, die Zhou seien weiter aus dem Norden gekommen. Da die Archäologie den Gelehrtenstreit bisher nicht klären konnte, schwelt er noch. Alles, was die Archäologie belegen kann, ist die Tatsache, dass das Wei-Tal während des ganzen 2. Jahrtausends v. Chr. Kontakt mit den Steppen, dem Jangtse-Tal, dem Sichuan-Becken und dem mittleren Huanghe-Tal hatte. Es scheint daher möglich, dass die Gründer der neuen Dynastie als Führer einer Reihe kulturell gemischter Volksgruppen hervortraten, die entschlossen waren, die Shang zu unterwerfen. Vielleicht handelte es sich bei den Zhou auch um eine Gruppe von Clans (unter denen die Ji dominierten), die auf ihrem Weg zum Qishan in ständigem Austausch mit anderen kulturellen Einheiten standen. Von den Shang übernahmen sie die Schrift und die Fähigkeit zur Bronzeverarbeitung, während Kontakte mit den Hirtenvölkern der Steppen Einfluss hatten auf bestimmte Arten von Bronzewaffen und zoomorphe Dekorationen. Da die Zhou freundschaftliche Beziehungen mit den Qiang-Völkern der Grasländer des Nordwestens pflegten, dürften viele Gemahlinnen der Zhou-Könige aus den Clans der Qiang gestammt haben. Gleichzeitig wurde die bäuerliche Bevölkerung des Wei-Tals (Nachfolger der Longshan-Kultur von Shaanxi) langsam aufgesogen. Die Zhou waren also – wie später die Qin – von Natur aus bereit, kulturelle und gesellschaftliche Einflüsse zu absorbieren. Dies half ihnen, sich qualitativ und quantitativ zu mehren und ihr Gebiet zu erweitern. Von ihren Siedlungen an den Hängen des Qishan aus, wo kürzlich kleine Ahnentempel der Zhou entdeckt wurden, konnten sie ihre Domäne über das ganze Wei-Tal ausdehnen. Dieses Gebiet ist durch seine natürlichen Barrieren so gut geschützt, dass es Guanzhong (innerhalb der Bergpässe) genannt wird. Vom Qishan verlegten die Zhou ihr politisches und rituelles Zentrum nach Osten, wo sie am linken Ufer des Feng, einem Nebenfluss des Wei der nahe der modernen Stadt Xi'an mündet, die Stadt Feng gründeten. 1053 v. Chr. machten sie ihren ersten Vorstoß auf die Territorien der Shang. Sie überquerten den Huanghe und nahmen die befestigten Siedlungen des Fen-Tals ein, dann die des Qin-Tals und hatten nun freien Zugang zur Ebene, wo sie 1045 v. Chr. nach der Schlacht von Muye (50 Kilometer südlich der Hauptstadt), Yin, die Hauptstadt der Shang, einnahmen.

Ehe wir die Zeit der Zhou-Dynastie beleuchten, eine Epoche, in der die Qin ihre ersten Schritte in die Geschichte machten, wollen wir einen Blick darauf werfen, wie sich das staatliche Konzept, das schließlich zur Gründung des zentralisierten Staates des Ersten Erhabenen Kaisers führte, entwickelte und veränderte. Zunächst muss man sich ins Gedächtnis rufen, dass zur Zeit der Shang-Dynastie die politische und administrative Struktur noch weitestgehend familiär gestützt war. Es handelte sich um eine Art Patrimonialstaat. Erst in der späten Shang-Periode gesellten sich extra-patrimoniale Territorien zum Herrschaftsgebiet, als die Herrscher begannen, als Gegengabe für Dienste und Waren die Kontrolle über kleinere Gebiete an Mitglieder der königlichen Familie zu vergeben. In den Orakelinschriften werden solche kleinen Gebiete als *guo* bezeichnet, ein Begriff, der ein Stück umfriedetes Land meint, das

mit Waffen verteidigt wird. Der „Staat“ der Shang bestand quasi aus einer Reihe unterschiedlich großer *guo*, die um das Zeremonialzentrum Yin gruppiert waren. In Inschriften wird Yin als *Da Ji Shang*, Große Stadt Shang, bezeichnet, obwohl es selbst keine fest definierten Grenzen hatte. Innerhalb und außerhalb des Staates lebten ethnisch und kulturell unterschiedliche Gruppen, von denen die meisten auf demselben technischen, gesellschaftlichen und kulturellen Niveau standen. Beispiele dieser Zentren kultureller Vielfalt sind die Wucheng-Xin´gan-Kultur am unteren Jangtse, die Sanxingdui-Kultur im Sichuan-Becken und die archäologisch noch kaum erforschte Kultur am mittleren Jangtse, wo Bronzeglocken *(nao)* produziert wurden, wie die 220 Kilogramm schwere Ningxiang-Glocke aus dem Norden von Hunan. Die Steppenvölker hingegen befanden sich gesellschaftlich noch auf einem vorstaatlichen Niveau, doch stammte von ihnen die Kenntnis und der Gebrauch von Pferdewagen, eines aus Bronze in Form einer „3“ gestalteten Gegenstandes, mit dessen Hilfe der Wagenlenker sich die Zügel um die Hüften binden konnte, des Messers mit gebogener Klinge sowie von Spiegeln aus polierter Bronze – Gegenstände, von denen man in Shang um etwa 1200 v. Chr. Kenntnis erlangte. In noch abgelegeneren Gebieten hausende Gesellschaften waren noch nicht in der Lage, Bronze zu verarbeiten.

Der entscheidende Schritt hin zu einem Herrschaftssystem, das das lose Netzwerk der *guo* enger zusammenfasste, gelang erst den Zhou-Herrschern. Nachdem sie zwischen 1045 und 1042 v. Chr. alle Shang-Territorien und ihre Satelliten bis hin zur Halbinsel Shandong erobert hatten, verfügten sie über ein großes Territorium, das von unterschiedlichsten Gesellschaften besiedelt war, die sich alle in ihren kulturellen Traditionen von denen der Zhou unterschieden. Die chinesischen Historiographen unterteilen die Ära der Zhou in zwei Hauptperioden. Die erste wird als die Periode der Westlichen Zhou bezeichnet (1045–770 v. Chr.). In dieser Zeit befand sich die Residenz der Dynastie in Hao, das zur Zeit der Unterwerfung der Shang am Flussufer genau gegenüber von Feng gegründet wurde. Die zweite wird die Periode der Östlichen Zhou genannt (770–256 v. Chr.). Die Herrscher dieser Periode ließen sich in der befestigten Siedlung Chengzhou nahe dem heutigen Luoyang

30 oben Ji Chang, besser bekannt als König Wen, war der erste Herrscher der Zhou-Dynastie.

30 unten Zur Zeit der Shang und der Westlichen Zhou kämpften in den Schlachten Krieger auf Pferdewagen miteinander. Das ge *– ein langer Holzschaft mit einer orthogonalen Klinge – war dabei eine unverzichtbare Waffe.*

(Provinz Henan) nieder. Gegründet worden war diese Residenz von Dan, dem Herzog von Zhou (Zhou Gong Dan), kurz nach der Besiegung der Shan in einem Kampf, in dem es um die wichtige Furt über den Huanghe bei Mengjin und den Pass von Tongguan ging, dem eigentlichen Einfallstor in das Wei-Tal.

Die zwei Könige und der Herzog von Zhou, die die Shang überwältigten – Wen Wang (Regierungszeit: 1099/1056–1050 v. Chr.), Wu Wang (Regierungszeit: 1049/45–1043 v. Chr.) und sein Bruder Zhou Gong Dan (1042–1036), der für Wus Sohn Cheng die Regentschaft übernahm, ohne dass man die Gründe dafür kennt, gelten der alten chinesischen Historiographie als die tugendhaften Herrscher schlechthin. Man bescheinigt ihnen Weisheit, Rechtschaffenheit, kindliche Ergebenheit (das konfuzianische Ideal der in der Familie geübten Unterordnung unter den Älteren), Stolz und Gerechtigkeit. Tatsächlich waren sie die wichtigsten Autoritäten an der politischen und administrativen Basis jenes Konstrukts, aus dem fast ein Jahrtausend später das Imperium der Qin hervorgehen sollte. Die Zhou eroberten Shang, aber sie zerstörten weder deren Clanverbände, noch den Staat, die Kultur oder die Ahnentempel. Vielmehr sogen

31 rechts Diese als zhong *bezeichnete Bronzeglocke datiert aus der Zeit zwischen dem 9. und 8. Jahrhundert v. Chr.*

31 unten Während der Frühlings- und Herbstperiode entwickelte sich auf der Grundlage „standardisierter" Bronzeobjekte, die in den verschiedenen Staaten unterschiedliche Formen haben konnten, ein neues Tauschsystem. Die hier abgebildete Form ist der Inschrift nach der Messertyp, der in der Regierungszeit von Qi zur Zeit der Streitenden Reiche verwendet wurde.

sie all dies auf und schufen daraus eine neue, ganz eigene Kultur. Die Handwerker der Shang beispielsweise (allen voran die Bronzegießer, die die Ritualgefäße schufen), aber auch die „Spezialisten" für rituelle und administrative Angelegenheiten, wurden alle in die Dienste der Zhou gestellt. Auf die alten und neuen Territorien verteilt, garantierten sie die Kontrolle des neuen Königreichs.

Die Tradition schreibt diesen drei Führern vor allem eine wichtige Neuerung zu. Das Herrschaftskonzept der Shang hatte sich auf die komplexe Beziehung zwischen den lebenden Herrschern und den Geistern der Toten gegründet. Dieses Konzept wurde durch ein neues ersetzt, das das chinesische Reich bis in die Neuzeit hinein stabil halten sollte. Dem neuen Konzept zufolge war die Legitimation zur Herrschaft ein Mandat *(ming)* der Obersten Gottheit *Tian* (Himmel), eine Gottheit, die den Shang unbekannt gewesen war. Da die Beziehung zwischen Zhou-König und Himmel der zwischen Sohn und Vater gleichkam, lag es auf der Hand, den König „Himmelssohn" – *Tian Zi* – zu nennen. Weil der König sein Herrschaftsmandat direkt vom Himmel erhielt *(tianming)* und zugleich auch Oberhaupt der königlichen Familie war, umgab ihn eine Aura von absoluter Heiligkeit und Religiosität. Daraus folgte, dass es für jetzt und alle Zeiten unmöglich war, dass es auf Erden, der Welt unter dem Himmel *(tianxia)*, noch irgendwo einen zweiten König gäbe. Nur der Verlust des himmlischen Mandats, angezeigt durch allgemein sichtbare Zeichen, konnte das Ende einer Dynastie und den Aufstieg eines neuen Himmelssohnes, wer immer das auch sein mochte, mit sich bringen.

Gestützt auf diese mächtige Ideologie konnten die Herrscher der Zhou eine Verwaltung aufbauen, die sich auf eine Hierarchie klar abgesteckter Funktionen gründete. Es entwickelte sich ein Herrschaftssystem, in welchem der Herrscher genau abgegrenzte Souveränitätsrechte über Teile seines Territoriums (und neu eroberte Gebiete) an Mitglieder seines Familienverbandes abtritt. Je enger der Verwandtschaftsgrad zum König, desto höher der hierarchische Rang des

❖

32 Der gerollte Drachen ist ein Ornament eines Wagens aus der Zeit der Westlichen Zhou (1045–771 v. Chr.). Mit einem Pin, der durch das Loch am unteren Ende getrieben wurde, befestigte man ihn an einem einzelnen Holzstab oder an paarig angeordneten Holzschäften am Pferdewagen.

❖

33 Die Ritualgefäße der frühen Periode der Westlichen Zhou, wie dieser große mit zwei Henkeln versehene gui *aus dem 11. oder 10. Jahrhundert v. Chr., der benutzt wurde, um bei den Zeremonialbanketten die heiligen Speisen zu präsentieren, vermittelt den Eindruck von Erhabenheit. Man beachte die perfekte Symmetrie, sowohl was die Form als auch was die Dekoration anlangt.*

❖

Diese Schreckmaske aus Bronze kann in die Anfangsphase der Zeit der Westlichen Zhou datiert werden. Sie ist von derselben Art, wie man sie in Opfergräben findet, die Streitwagen und Pferde enthalten. Man vermutet, dass die Masken dazu dienten, die Gehäuse der Wagen mit symbolisch bedeutungsvollen Ornamenten zu dekorieren. (Musée National des Arts Asiatiques-Guimet, Paris)

Individuums. Dieses typische System der Zhou, Zong Fa (Normen der familiären Linie) genannt, ist ein eigenständiges Feudalsystem, das durch die Beziehungen und rituellen Abhängigkeiten reguliert wird, die zwischen dem König und seinen „Vasallen" bestehen. Zeremonialbesuche, bei denen Geschenke ausgetauscht wurden, unter denen Bronzevasen mit Gedenkinschriften am bedeutendsten waren, erneuerten diese Beziehungen ständig. Durch den Zugewinn weiterer Regionen erhielt das Zong Fa-System weitere Stärkung. In der Praxis bestand das System in der Unterwerfung von Vasallen (als feng auf den brozenen Kultgefäßen auch klar so bezeichnet) durch Mitglieder des Hauses Zhou, denen dann ein guo (ein Begriff, der erst später die Bedeutung „Staat", „Fürstentum" oder „Königreich" annehmen sollte) verliehen wurde. Der guo bestand aus einer befestigten Stadt, die dem Feudalherren als Residenz diente. Hier errichtete er seinen Ahnentempel, hier war der Sitz seines Clans, hier saß seine Administration (Funktionäre, Schreiber, Priester, Beamte) und die bäuerliche Bevölkerung. Ob schon immer ansässig gewesen, ob eingewandert oder hier hin deportiert, diese Bevölkerung lebte von Handwerk, Ackerbau und Viehzucht. In dieser Organisation gab es zwei gesellschaftliche Kategorien: Die guoren (die Bevölkerung innerhalb der Stadtmauern) und die yeren (die „Menschen des offenen Feldes"), die weder den Schutz genossen, den die Stadtmauern boten, noch die zivilisierenden Effekte einer urbanen Umgebung erfuhren.

Der Herr des *guo*, der meist mit dem Titel *gong* (Herzog) oder *hou* (Marquis) bezeichnet wurde, konnte seinerseits wiederum an Mitglieder der Seitenzweige seines Clans Siedlungen *(yi)* vergeben, wobei der Unterschied zwischen *guo* und *yi* oft nur der war, dass dort kein Ahnentempel der Hauptlinie des Clans derer errichtet werden durfte, die den *guo* beherrschten.

Ein *guo* bildete eine mächtige Operationsbasis zur Eroberung neuer Territorien. Zur Zeit von König Wu und Zhou Gong Dan gab es territoriale Erweiterungen in Richtung Norden und Süden, in den Taihang-Bergen und in östlicher und westlicher Richtung entlang des Huanghe. Zhou Gong hatte das strategische Kommando über die umfriedete Stadt Chengzhou, und zwei jüngere Brüder des späteren Königs Cheng erhielten die *guo* Jin, nahe Houma im unteren Fen-Tal (Provinz Shanxi), und Ying, nahe Pingdingshan (mittlere Provinz Henan). Ein Bruder von König Wu erhielt Wey im Nordosten von Henan, von wo aus er das

Der wie ein Karren geformte Bronzekasten war Teil der Beigaben aus Grab 87M7 aus der Spätzeit der Westlichen Zhou, das bei Shangguo in der Provinz Shanxi entdeckt wurde. Hier entwickelte sich der künstlerische Stil, den das Objekt zeigt, eine Mischung stilistischer Elemente der Kunst der Zhou und der „veristischen" Elemente der Steppenkunst: Kleine vollplastisch gestaltete Figuren von Vögeln, Tigern, einem Affen und einem nackten Mann mit verkrüppeltem linkem Fuß. Opfer solcher Verstümmelungen wurden als Wächter eingesetzt.

36–37 Die hier abgebildeten acht Schlaginstrumente aus der späten Frühlings- und Herbstperiode nennt man bian zhong. *Sie sehen aus wie Glocken ohne Klöppel, wurden meist in Gruppen zusammen aufgehängt und wie ein Gong geschlagen. Jeder hat beim Anschlagen mit dem Hammer seinen eigenen Ton, dessen Höhe sich ändert, je nach der Stelle, an der man das Instrument schlägt. Die Musik der* zhong, *ein typisches Element der Zhou-Zivilisation, begleitete die Zeremonien der Aristokratie.*
(Musée National des Arts Asiatiques-Guimet, Paris)

Gebiet der alten Hauptstadt der Shang kontrollierte, und dem ältesten Sohn von Zhou Gong fiel Lu im Westen der Halbinsel Shandong zu. Tai Gong Wang, der General des Heeres, das die Shang besiegt hatte, bekam Qi zugesprochen, nahe der Mündung des Huanghe gelegen. Schließlich erhielt der Halbbruder von König Cheng den *guo* Yang im äußersten Nor-den der Zentralebene, um von dort aus den Golf von Bohai zu kontrollieren und Zugang zu den Taihang-Bergen zu bekommen.

Dies waren zu Beginn der Westlichen Zhou-Dynastien die wichtigsten *guo*. Im Laufe der Zeit wurden diese Siedlungen zum Schmelztiegel dieser Sang-Zhou-Fusion mit den ansässigen Kulturen der eroberten Länder. Als Ergebnis entstand schließlich eine neue kulturelle, gesellschaftliche und sprachliche Sphäre, die man als *Hua Xia* bezeichnete und mit der sich alle zugehörigen Bürger identifizierten. So bildete sich eine klare Trennlinie zwischen der „Zivilisation" und dem „Barbarentum". Wachstum und weitere feudale Segmentierung war nur dadurch möglich, dass in einem fortschreitenden Prozess die Länder (und die in ihnen lebenden Menschen) zwischen den einzelnen *guo* Stück um Stück erobert wurden. Während dieser Vorgang jedoch einerseits die Schaffung eines einheitlichen politischen und kulturellen Rahmens ermöglichte, der die gesamte Zentralebene, das mittlere und untere Huanghe-Tal, das Wei-Tal, Shandong, das Huai-Tal und das obere Han-Tal umfasste, trug er andererseits die Grenzen seiner eigenen Effizienz bereits in sich.

Während der späten Periode der Westlichen Zhou (ca. 865–771 v. Chr.) bewirkte das außerordentliche Wachstum der feudalen Häuser eine zunehmende Schwächung der heiligen Aura des Zhou-Königs. Die territoriale, kulturelle und wirtschaftliche Ausdehnung der *guo* in die Randregionen des Südens, Ostens, und Nordostens (weit über den Bereich hinaus, der in ethnischer, sprachlicher, kultureller und wirtschaftlicher Hinsicht als *Hua Xia* galt), bedeutete eine Destabilisierung, die sich auch im Herzen des Königreichs bemerkbar machte und schließlich dazu führte, dass die Zhou aus der Geschichte verschwanden. Xuan, der fähigste unter den letzten Königen der Zhou, starb im Jahr 782 v. Chr. Er hatte den Raubzügen der nomadischen Xianyun aus dem Westen (in historischen Quellen Rong genannt), und denen

37 oben Dieses 42 Zentimeter hohe Kultgefäß aus Bronze ist als Kang Hou gui *(*gui *des Marquis Kang) bekannt. Die im Innern angebrachte Inschrift besagt, dass ein* si tu *(Oberaufseher des Landes) namens Mei (*Mei Situ*) das Gefäß zur Feier der Zeremonie fertigen ließ, bei der König Wu das Territorium von Wey (*Wey guo*) seinem Bruder, dem Marquis von Kang, übertrug als Dank für die Niederschlagung einer Rebellion der kürzlich unterworfenen Shang. (British Museum, London)*

der Yi im Osten Einhalt gebieten können und so der königlichen Autorität zu neuem Ansehen verholfen. Auf ihn folgte sein Sohn You (Regierungszeit: 781–771 v. Chr.), in dessen zweitem Regierungsjahr es ominöse Himmelszeichen gab: Ein Erdbeben zerstörte das Gebiet der Hauptstadt und es gab sowohl eine Sonnen- als auch eine Mondfinsternis.

Als der König dann auch noch eine der wichtigsten Säulen des *Zong Fa* zerschlug, indem er Yi Jiu, den Sohn seiner legitimen Gattin, die aus dem kleinen *guo* Shen stammte, zugunsten des Sohnes seiner Konkubine Bao Si enterbte und somit die dynastische Folge nicht mehr auf seinen ältesten Sohn übertrug, fügte er der schon geschwächten moralischen Macht des Himmelssohnes weiteren, nicht gut zu machenden Schaden hinzu.

Als Antwort auf diesen Affront verbündete sich der Herr von Shen – er hatte zusammen mit König Xuan über die Yi „Barbaren" gesiegt – mit den „Barbaren des Westens", den Quan Rong (Rong Hunde). Diese Rong waren dieselben Xianyun, die Xuan zurückgeschlagen hatte, und sie fielen nun ins Wei-Tal ein und zerstörten die Hauptstadt Hao. Für den Adel und das Königreich der Zhou schien alles verloren, doch da erschien Qin auf der Bühne der Geschichte.

Der Herzog des alten *guo* Jin, der sich ins Fen-Tal hin ausgebreitet hatte, und das Oberhaupt des kleinen Lehnguts Qin im äußersten Westen des Wei-Tals boten dem legitimen Erben Yi Jiu und seinem Gefolge ihren Schutz an und geleiteten sie zur östlichen Hauptstadt Chengzhou. Hier erhielt Yi Jiu die Insignien der Königsmacht der Zhou, regierte unter dem Namen Ping von 770–720 v. Chr. und begründete die Dynastie der Östlichen Zhou. Für die geleisteten Dienste zeigte sich König Ping dankbar: Der Herr von Qin bekam den Titel *gong* (Herzog) verliehen und das gesamte angestammte Gebiet der Zhou – das Wei-Tal – wurde ihm unterstellt, damit er es gegen die Angriffe der „Barbaren" verteidige. So wurde der Herzog von Qin, selber viel mehr ein „Barbar" als ein Hua Xia, in eines der nobelsten Häuser der Zhou erhoben.

Wer aber waren die Qin? Wo stammten sie her? Welche archäologischen Spuren gibt es von ihnen, was sagen alte chinesische Textquellen über sie?

38 oben Dieser kleine Topf ist ein feines Bespiel für einen seltenen Typ von Tongefäßen aus der Zeit der Streitenden Reiche (475–221 v. Chr.). Der bauchige Körper aus rötlichem Ton wurde mit weißem Schlick bedeckt, dekoriert, mit Farbpigmenten und Glaspaste ausgestaltet und bei niedriger Temperatur gebrannt. Vielleicht wurden diese Gefäße nur als Grabbeigaben hergestellt; als Imitation jener Bronzegefäße, die mit wertvollen Materialien wie Gold, Silber und farbigen Edelsteinen dekoriert wurden. (British Museum, London)

38 unten Seiner Form wegen ist dieser he genannte Kessel unschwer der beginnenden Zeit der Streitenden Reiche (475–221 v. Chr.) zuzuordnen, allerdings handelt es sich um eine Tonimitation eines Gefäßtyps, der sonst in Bronze gestaltet wurde und nur Begräbniszwecken diente. Solche Gefäße spielten bei den Begräbnisritualen verschiedener Staaten spätestens seit der mittleren Phase der Frühlings- und Herbstperiode eine Rolle, doch ersetzte man die Bronze gern durch ein Material – Ton –, das offensichtlich leichter formbar war als Metall.

38–39 Die chinesische Kunst erfordert immer einen zweiten Blick. Auf den ersten Blick scheint hier ein echtes Tier in Bronze gestaltet zu sein, erst bei genauerem Hinsehen zeigt sich, dass es sich um eines jener hybriden Fabelwesen handelt, die für die Zeit der Streitenden Reiche (475–221 v. Chr.) so typisch sind. Die außerordentliche Qualität des Stücks – vielleicht eine Wagendekoration – sowohl was die Gestaltung als auch was die handwerkliche Ausführung anlangt, lässt vermuten, dass es für ein adliges Haus hergestellt wurde. (Nelson Gallery of Art, Kansas City)

Die mythische Herkunft der Qin

Unser Wissen über die Geschichte der Qin gründet sich auf zwei Hauptquellen. Die erste ist das *Zuo Zhuan* (Tradition der Zuo), das vielleicht von Zou Qiuming im Staat Lu zur Zeit der Streitenden Reiche (475–221 v. Chr.) zusammengestellt und später als Kommentar dem *Chunqiu* (Frühling und Herbst [der Staates Lu]) beigefügt wurde. Die zweite Quelle sind einige Kapitel aus dem *Shi Ji* des großen Sima Qian (145?–89? v. Chr.), des Hofhistoriker der Westlichen Han-Dynastie (206 v. Chr.– 23 n. Chr.). Von besonderer Bedeutung sind hier die Kapitel *Qin Ben Ji* (Annalen der Herkunft der Qin), *Qin Shi Huang Ben Ji* (Annalen der Herkunft des ersten Qin Kaisers) sowie ein rundes Dutzend *Liezhuan* (Biographien) von Politikern, Generälen, Philosophen, Meuchelmördern und Schaustellern, die in Qin arbeiteten oder mit den Ereignissen in Qin zu tun hatten. Zu diesen Hauptquellen gesellten sich jüngst mit dem *Bian Nian Ji* (Chronik der Jahre) sowie einer Reihe von Gesetzestexten, die in der Nekropole Yunmeng gefunden wurden, weitere hinzu, die direkt aus Qin aus der späteren Zeit der Streitenden Reiche stammen. Nicht weniger wichtig ist das *Shang Jun Shu* (Buch des Herrn von Shang), ein leider unvollständiges Werk, das sich fast ausschließlich mit den Mitte des 4. Jahrhunderts durch Shang Yang in Qin durchgeführten Reformen befasst.

Unsere wichtigste archäologische Informationsquelle sind die etwa Tausend Gräber, von denen die ältesten auf die Anfänge der Frühlings- und Herbstperiode datiert werden können (etwa 770 v. Chr.). Dabei unterscheidet man zwischen den Gräbern, die im Wei-Tal im Staat der Qin gefunden wurden, und den Gräbern in den Territorien, die während der Zeit der Streitenden Reiche (475–221 v. Chr.) und zur Zeit der Qin-Dynastie (221–206 v. Chr.) erobert wurden. Letztere (in den modernen Provinzen Henan, Shanxi, Innere Mongolei, Hubei, Sichuan, Guangdong und Guangxi gefunden), zeigen die Richtung an, in der sich das Königreich der Qin ausbreitete, denn meist mischen sich hier kulturelle Elemente der Qin mit Charakteristika der eroberten Regionen. Die Gräber im Wei-Tal verraten, dass die ersten Führer der Qin die Ideologie der Zhou übernahmen und sie zeigen, dass die Qin Austausch hielten mit den nomadischen Hirten des Nordens und mit den verschiedenen sesshaften, Ackerbau treibenden Völkerschaften der westlichen Regionen (Gansu und Sichuan). Gerade die letzteren sind von besonderer Bedeutung, denn einerseits hatten sie wiederum Verbindung zu der Kette der zentralasiatischen Oasen, andererseits zu den Korridoren durch die Berge, die zum oberen Jangtse und den Südwestregionen des modernen China führten.

Wie bereits erwähnt, hatte Zhou-König Ping die Dynastie der Östlichen Zhou begründet, eine Epoche, die ihrerseits in zwei Perioden zerfällt: Die Frühlings- und die Herbstperiode (so genannt nach den Berichten aus dem Staat Lu über Ereignisse aus der Zeit zwischen 771 und 475 v. Chr., dem Jahr, in dem der Chen-Clan im Staat Qi die Macht an sich riss) und die Zeit der Streitenden Reiche, die mit der Reichseinigung unter Kaiser Qin Shihuangdi im Jahre 221 v. Chr. endete. Die Bezeichnung stammt aus dem *Zhangguo Ce* (Strategien der Streitenden Reiche), einem Text, der in der philosophischen „Schule der Diplomaten" verfasst wurde.

Der Hofhistoriker der Westlichen Han-Dynastie, Sima Qian (145?–89? v. Chr.), ist der Autor des Shi Ji *(Historische Aufzeichnungen), des bedeutendsten chinesischen Geschichtswerks, das die Zeit von der Antike über die Drei Dynastien (Xia, Shang und Zhou), die Qin-Dynastie bis zur Han-Zeit umfasst.*

Die 770 v. Chr. durch König Ping erfolgte Belehnung von Xiang, dem ersten Herzog von Qin, ist der Markierungspunkt des Aufstiegs einer familiären Linie aus einem Volk, dessen Herkunft unbekannt ist. Sima Qian datiert im Kapitel *Qin Ben Ji* den Ursprung der Qin in die Zeit der *Wu Di* (Fünf Kaiser), eine Epoche, die uns heute als mythisch gilt. Sima Qians Bericht zufolge war Nüxiu, die Urenkelin Zhuan Xus, des zweiten der Fünf Kaiser, mit einer Näharbeit beschäftigt, als eine Schwalbe ihr ein Ei in den Mund legte, wodurch sie schwanger wurde und Daye gebar. Natürlich referiert Sima Qian hier die Überlieferung der Qin, und die ähnelt der über die ersten Ahnen der Shang.

Im Kapitel *Yin Ben Ji* (Annalen der Herkunft der Yin) berichtet Sima Qian über eine gewisse Jian Di, die, während sie badete, einen schwarzen Vogel ein Ei legen sah, das sie sofort aß, woraufhin sie mit Xie schwanger wurde, der dem Weisen Herrscher Yu eine fähige Hilfe bei der Bezwingung der Wasser war, und dafür mit einem Shang genannten Gebiet belohnt wurde und den Clannamen Zi erhielt.

Auch der erste Ahne der Zhou wurde auf wunderbare Weise gezeugt. Die junge Dame Jiang Yuan (Ahnmutter der Jiang) war unbeabsichtigt auf den Abdruck des großen Zehs von *Di* getreten, des mächtigsten der übernatürlichen Wesen im Pantheon der Shang. Dadurch war sie schwanger geworden und hatte *Hou Ji* (Herr der Hirse) geboren, der die Menschen die Kunst des Ackerbaus lehrte. Zum Dank dafür verlieh ihm der mythische Kaiser Yao den Namen Ji, der seit jener Zeit der Name des Königsclans der Zhou war. Auch Yu, der Gründer des königlichen Si-Clans der Xia-Dynastie war durch eine nicht sexuelle Zeugung aus einem Jujubebaum oder einen Stein hervorgegangen.

Uns Heutigen mögen diese Herkunftsmythen kurios erscheinen, zu ihrer Zeit aber hatten sie für den gesellschaftlichen und politischen Zusammenhalt natürlich eine enorme Bedeutung. Indem sie behaupteten, von einem gemeinsamen Ahnen abzustammen, konnten die verschiedenen Linien der Clane sich als Teil einer Gemeinschaft betrachten und so die hierarchischen Beziehungen innerhalb des Clans regeln.

Kehren wir zur Herkunftsmythe der Qin zurück, von denen einige Forscher meinen, dass sie von der Ostküste stammten, so erfahren wir, dass Dafei, der Sohn jenes aus dem Ei geborenen Daye, sich der Domestizierung und Aufzucht von Vögeln und anderen Tieren zuwandte, wofür er vom Weisen Herrscher Shun mit einer schwarzen Flagge und dem Clannamen Ying belohnt wurde. Dafei hatte zwei Söhne. Der ältere Dalian war der Gründer der Familie *Naio si* (Brauch/Sitte der Vögel), aus der ein gewisser Zhongyan stammte, der den Körper eines Vogels hatte, aber die Sprache der Menschen beherrschte und ein geschickter Wagenlenker war; der zweite Sohn, Ruomu, war Oberhaupt der Familie *Fei*, deren Abkommen zum Teil im Reich der Mitte (*Zhong Guo*), zum Teil zwischen Yi und Di lebten.

Abgesehen von der offensichtlichen Teilung des Clans, wie er sich in der Abspaltung der *Naio si* manifestiert (vielleicht ein Rückgriff auf die erste Mythe von dem Ahnen, der einem Vogelei entsprang, was auf Vorstellungen von Totemtieren schließen lässt), sehen wir in diesem Teil der Qin-Mythe, dass die Nachkommen des Zweiges

嘉慶丙寅新鐫
陳卧子先生測議
史記
同人堂梓行

Das Shi Ji (Historische Aufzeichnungen) ist der Grundstein der südostasiatischen Geschichtsschreibung. Das Bild zeigt die Titelseite einer Tongrentang-Ausgabe von 1806. Das von Sima Qian zusammengestellte Werk ist eine unserer wichtigsten Informationsquellen über die Qin-Dynastie. (Britisch Library, London)

der Fei sowohl im Reich der Mitte (dem Symbol der Zivilisation) als auch zwischen Yi und Di beheimatet gedacht werden, was heißt, man sah in ihnen auch „Barbaren“. Auf diesen Aspekt kommen wir gleich zurück.

Die Chronologie spielt bei der Beschäftigung mit den Mythen keine signifikante Rolle, doch enthalten sie oft Hinweise auf kulturelle Entwicklungen, die sich in der spätneolithischen Kultur von Longshan ereignet haben mögen. Etwa der häufiger erwähnte Umstand, dass dem Weisen Herrscher Yu Hilfe bei der Bezähmung der Wasser zuteil wurde. Welche Wasser sind da gemeint? Ein Blick in das besterhaltene Werk der Zeit der Streitenden Reiche, das *Mengzi* (Buch des „Meister Meng“), ein siebenteiliges Werk, das die Lehren des wichtigsten konfuzianischen Philosophen des 4. Jahrhunderts v. Chr. enthält, scheint eine Lösung zu bieten, lesen wir hier doch: „*... seit es menschliches Leben auf Erden gibt, haben Ordnung und Unordnung einander abgelöst. Zur Zeit von Yao* [der erste der Weisen Herrscher] *überfluteten die Wasser der Flüsse das Reich der Mitte, es gab Schlangen und Drachen und die Menschen wussten nicht, wo sie leben sollten. In den Flachländern bauten sie sich „Nester“* [der Begriff mag auf Säulen errichtete Schutzhütten bezeichnen] *und in den Hochländern gruben sie sich Höhlen. Im Buch der historischen Annalen heißt es: ‚Die ausfließenden Wasser waren uns eine Warnung‘. Diese ausfließenden Wasser waren die* [große] *Flut...*“ (III; II, ii, 9).

Mengs weiterem Bericht zufolge ließ Yu Trockenlegungsarbeiten durchführen und jagte die Schlangen und Drachen in die Sümpfe; so fanden die Flüsse ihr Bett, die Menschen konnten sich ansiedeln und in den Ebenen leben, bis gewalttätige und unterdrückerische Herrscher auftraten. Dieser Bericht scheint kurz zusammenzufassen, was auch archäologische Funde belegen: In der ersten Hälfte des 3. Jahrtausends v. Chr. ging eine feuchte Klimaperiode mit heftigen Regenfällen und maximalen Temperaturen von 2 °C bis 4 °C zu Ende. Nur der westliche Teil der Zentralebene bestand aus Festland, der Rest war ein riesiger Sumpf, der in die Salzwasser des Golfs von Bohai überging. Diese feuchte, sumpfige Umwelt könnte die Legende von der „großen Flut“ inspiriert haben. Die auf Longshan lebenden Bauern des 3. Jahrtausends v. Chr. mussten mit der Situation fertig werden, und zweifellos bedeutete das den Bau von Kanälen und Entwässerungssystemen, denn sonst hätte sich hier kein Ackerbau entwickeln können. Wir sehen auch, dass es um diese Zeit mehr und größere Siedlungen in dem Gebiet gab und auch größere Vorratsgruben angelegt wurden. Skelettfunde, die in die Langshan-Kultur zu datieren sind, zeigen, dass Spannungen zunehmend auf gewaltsame Weise gelöst wurden; mit anderen Worten, eine „institutionalisierte“ Gewaltsamkeit war entstanden; ein Faktor, den Fachleute dahingehend interpretieren, dass sich komplexe, vorstaatliche Gesellschaften herauszubilden begannen. Eine Übereinstimmung zwischen Archäologie und Mythos kann natürlich immer nur eine Hypothese ergeben – wenn auch eine sehr verlockende.

Kommen wir zu der Familie der Fei zurück. Sie lebte zum Teil in der zivilisierten bäuerlichen Welt des Reichs der Mitte, zum Teil unter den Barbaren von Yi und Di. Quellen aus der Zeit der Streitenden Reiche beschreiben die Yi als Menschen mit Tätowierungen und lose getragenem Haar, die sich von ungekochtem Essen ernährten, während von den Di gesagt wird, sie kleideten sich in Häute und Federn, lebten in Höhlen und äßen kein Getreide. Wiederum ist der Mythos Echo der archäologischen Daten. Es wurde schon erwähnt, dass im Steppengürtel und in den Hochländern des Nordens und Nordwestens die spätneolithische Bauernkultur im 2. Jahrtausend v. Chr. einen wirtschaftlichen „Rückschritt“ machte, indem sie sich wieder mehr der Viehzucht zuwandte, die nur noch sporadisch durch Anbau unterstützt wurde. Man darf daher vermuten, dass es vor allem in den Gebieten in der Nähe der bebauten Täler einen häufigen Wech-

*Zu den Nachfolgern des Konfuzius gehörte auch Meister Meng Ke – besser bekannt unter dem lateinisierten Namen Mencius –, der hier in einem idealisierten Porträt aus dem 18. Jahrhundert dargestellt ist. Er lebte im 4. Jahrhundert v. Chr. zur Zeit der Streitenden Reiche. Einer der Hauptpunkte seines Werks, das er als Philosoph an verschiedenen Königshöfen schuf, empfahl den Herrschern, ihre menschlichen Tugenden (*ren*) zu pflegen, um so das schwere Los der Menschen zu erleichtern, die unter den ständigen Kämpfen zwischen den Armeen, die aus rekrutierten Bauern bestanden, zu leiden hatten.*

sel zwischen bäuerlichem Lebensstil und Hirtenleben gab und dass sich besonders während des I. Jahrtausends v. Chr. viele nomadische Hirten wieder zur bäuerlichen Tradition hingezogen fühlten. Dies ist beispielsweise bei den Bai Di der Fall, die wahrscheinlich zu den bereits erwähnten Xianyu (Rong) gehörten, die im 5. Jahrhundert v. Chr. im Taihang-Tal in den heutigen Provinzen Hebei und Shanxi den *guo* Zhongshan (Zwischen den Bergen) gründeten. Archäologische Funde aus Zhongshan weisen auf eine verfeinerte Kultur und auf eine Kunst, die sich am älteren und größeren *guo* Zhou orientierte. Und doch werden die Herren von Zhongshan in der Literatur mit der typischen ethnozentrischen Herablassung der Hua Xia gegenüber den „Barbaren" beschrieben. Hätten wir nicht die archäologischen Gegenbeweise, unsere schlechte Meinung hätte sich aufgrund der Schriftzeugnisse bis heute erhalten.

Folgendes mag hinter der Trennung der Nachkommen von Ruomu stecken, unter denen einerseits ein Hang zum Hirtenleben, andererseits eine fortgesetzte Assoziation mit den Rong des Westens vorherrscht (in sich ein Hinweis darauf, dass der Ying-Clan sein Ahnenterritorium im Westen gehabt haben könnte): Während der ganzen Epoche der Shang und auch noch zur Zeit der frühen Westlichen Zhou war der Ying-Clan mit Tierzucht befasst (sie betrieben Pferdezucht und verstanden es meisterlich, die Pferde zum Ziehen der Streitwagen abzurichten, die das Herzstück der Armeen der Shang und Westlichen Zhou bildeten). Sima Qian erwähnt viele Nachkommen Ruomus, die entweder die Rong bekämpften oder sich als Wagenlenker hervortaten. Einer von ihnen war Zaofu, der Enkel von Zhai Schwarzer Wolf (hier nur erwähnt, um auf eine mögliche totemistische Verbindung zum Wolf hinzuweisen),

der dem Zhou-König Mu (
956–918 v. Chr.) bei seinen Ja
westlichen Gebiete als Wager
Während einer dieser Jagden
„Staat" Xu im äußersten Oster
Tals gegen die Zhouherrschaft, u
te sein Gespann aus vier Hengst
geschickt, dass der König noch
die Strecke von „Tausend *li*" be
die Hauptstadt zurückkehrte.

Drei wichtige Fakten verknü
zählung mit der Geschichte de
markiert die Revolte der Xu d
Beginn des Falls der Westlicher
Kontrolle über die östlichen Yi-I
oder weniger das Gebiet der mo
Jiangsu) wohl bereits verloren ha
dadurch bestätigt, dass im Kön
keine Bronzevasen mehr gegoss
Inschriften zu Ehren der Zhou-
Zweitens spielen in der Erinner
Fahrt vor allem die Pferde eine
sehr, dass sie – um weitere vier
die „Acht Schlachtrosse des Kön
Folklore eingingen und ein Lie
chinesischen Kunst wurden. Dri
de Zaofu von König Mu mit ei
lohnt und er erhielt den Beina
durch ein kollateraler Zweig des
gründet war. Zhao Cui, Minist
Wen von Jin, war Oberhaupt d
den Staat Zhao nach der Teilung
ginn der Streitenden Reiche grü
biet dieses Staates erstreckte sic
des heutigen Shanxi bis zum Sü
und umfasste einen Teil von Her

Um die Qin zu finden, müsse
tenzweig der Zhao wieder verlas
die Zeit des Zhou-Königs Xiao (
872?–866 v. Chr.) begeben, der,

❖

Das Bild zeigt eine Seite aus einem Aquarellalbum aus dem 17. Jahrhundert. Die acht Pferde, die a
sind die „Acht Schlachtrosse des Königs Mu", ein traditionelles Motiv der chinesischen Kunst, das a
zurückgeht, die Sima Qian so berichtet: Der Zhou-König Mu erwählte sich Zaofu vom Clan der Y
Wagenlenker, denn nur er konnte seine vier (später acht) feurigen Hengste bezwingen. Zaofu war so
einmal mit dem Gespann eine unglaubliche Strecke zurücklegte, damit der König rechtzeitig wieder in
kam, um eine Rebellion niederschlagen zu können. (Bibliothèque Nationale, Paris)

berichtet, einen gewissen Feizi, einen Nachkommen des Bruders von Zhao Zaofu, mit dem Gebrauchsrecht an einem kleinen Landstück (fu yong) betraute, auf dem die königlichen Pferde weiden sollten. König Xiao war mit Feizis Diensten so zufrieden, dass er ihm ein Lehngut – die Stadt (yi) Qin – überließ, das an der Grenze zwischen den Provinzen Gansu und Shaanxi lag, und ihm den Titel Qin Ying (Haus Ying der Qin) verlieh. Während der Zeit von Qin Yings Urenkel, Qin Zhong, zeigte die Dynastie der Westlichen Zhou erste unumkehrliche Zeichen des Verlustes des Himmlischen Mandats. Nicht nur die westlichen Rong, auch die eigenen Feudalherren begehrten gegen König Li auf (Regierungszeit: 857/53–842/28 v. Chr.), der plötzlich von der Bildfläche verschwand – vielleicht auf gewaltsame Weise. Nach einem Interregnum, in das weder die schriftlichen Quellen noch die Archäologie bisher Licht bringen konnten, nahm König Xuan (Regierungszeit: 827/25–782 v. Chr.) den Thron der Zhou ein. Dieser erhob Qin Ying in den Rang eines Tai Fu (in der Staatshierarchie Rang eines Hoffunktionärs) und sandte ihn aus, die westlichen Rong zu bezwingen, doch kam er bei dieser Mission ums Leben. Sima Qian berichtet: „[Qin Ying] hatte fünf Söhne, deren ältester Zhuang Gong [Herzog Zhuang] hieß." Die Tatsache, dass der große Historiker kein Wort der Erklärung darüber verliert, wie der Sohn eines einfachen Tai Fu sich plötzlich des Titels gong rühmen konnte, über dem es nur noch den Titel wang (König) gab, spricht Bände über die Laxheit, mit der die feudale Ordnung unter den letzten der Westlichen Zhou gehandhabt wurde, denn man darf vermuten, dass Zhuang sich den Titel „Herzog von Qin" einfach selbst zugelegt hat. Drei Möglichkeiten stehen offen: Xuan wusste nichts davon, er hatte in der Sache nichts (mehr) zu melden oder die spätere Geschichtsschreibung stattete Zhuang zu Unrecht mit dem Titel Herzog aus. An anderer Stelle berichtet Sima Qian, Xuan habe Zhuang und seinen vier Brüdern 7 000 Soldaten anvertraut, mit denen sie gegen die westlichen Rong kämpfen sollten, was sie erfolgreich taten. Danach habe er Zhuang den Titel yi von Qin verliehen (was heißen würde, dass das Land zumindest theoretisch noch dem Zhou-König gehörte), ihn zum Xi Chui Tai Fu ernannt (mit dem Westen betrauter Tai Fu) und ihm die von den Rong eroberten Gebiete vermacht, die diese ihrerseits in der Zeit des Königs Li bei einer Revolte den Nachkommen des Daluo entrissen hatten.

Der wirkliche Eintritt der Qin in den Adelsstand ereignete sich erst einige Jahre später, als Zhuangs Nachfolger, Xiang, dafür belohnt wurde, dass er König Ping zur östlichen Hauptstadt eskortiert hatte. Die entsprechende Passage im *Qin Ben Ji* beschreibt die Zeremonien der Verleihung des Lehens so: „*König Ping berief Herzog Xiang, einen der Feudalherren, und verlieh ihm die Länder des Berges Qi gen Westen.* [Der König] *sagte: „Die Rong sind nicht dem Weg gefolgt, sie griffen an und fielen in unser Land von Qin und Feng ein. Qin schlug erfolgreich zurück und verjagt die Rong und so gehört ihm das Land," Darauf folgte der rituelle Eid und die Verleihung des Titels. Damit hatte Herzog Xiang erstmals ein Lehen, und es wurden nun, wie durch die Riten vorgeschrieben, mit den entsprechenden Zeremonien Botschafter und Geschenke getauscht. Dann opferte Xiang der Gottheit Shang Di am Westlichen Al-*

tar ein schwarzes Pferd, einen gelben Ochsen und eine Ziege. Im zwölften Jahr griff er die Rong an und stieß vor bis zum Berg Qi, wo er starb. Ihm folgte Herzog Wen.“

So Sima Qians Version der Ereignisse, auf die wir uns insofern verlassen können, als er Zugang zu zeitgenössischen Dokumenten und literarischen Quellen hatte. Gibt es aber auch archäologische Funde, die diese Geschichte bestätigen? Leider hat man bisher lediglich Inschriften auf Kultgefäßen aus Bronze aus der Periode der späten Westlichen Zhou gefunden, die die Existenz eines Ying-Clans bestätigen, und sie geben vielleicht ein noch korrekteres Bild von der damaligen Gesellschaft als Sima Qian es uns liefert. In den vergangenen Jahrzehnten sind viele bronzene Ritualgefäße gefunden worden. Ihre einstigen Besitzer hatten sie während der turbulenten Ereignisse des 8. Jahrhunderts v. Chr., als die Rong ins Land einfielen, versteckt und vergraben. Man muss bedenken, dass diese wertvollen Gefäße üblicherweise in den Tempeln der Adelsfamilien aufbewahrt wurden, wo sie bei den Zeremonien zu Ehren der Ahnen, aber auch als Prunkobjekte zur Schaustellung des Ranges und Reichtums ihrer Besitzer eine wichtige Rolle spielten. Sie wurden folglich eifersüchtig bewacht und mit Sorgfalt von Generation zu Generation weitergegeben. In einem der Verstecke fanden sich Gefäße von mindestens vier Generationen einer Familie Wei, beginnend mit einem gewissen Qiu Wei, der selbst noch kein Adeliger war, sondern nur ein Fellhändler niederen Ranges, der offenbar den Hof mit Häuten und Fellen versorgte. Die Inschriften dokumentieren sowohl den sozialen Aufstieg der Familie Wei, als auch den Niedergang des Zhou-Adels. So erinnert eine der Inschriften daran, dass Qiu Wei mit hochrangigen Adligen Waren gegen Land tauschte. In einem Fall musste sich ein gewisser Ju Bo („Graf“ Ju – *bo* ist der dritthöchste unter den Titeln des Hochadels der Hierarchie der Zhou) an Qiu Wei um Hilfe wenden, weil er nicht die Mittel besaß, die vom Hofzeremoniell vorgeschriebenen rituellen Jadeornamente und Dekorationen für seinen Streitwagen zu erwerben. Qiu Wei versorgte ihn mit Jade im Wert von acht Doppelsträngen Kaurischnecken, sowie mit Tigerfellen im Wert von zwanzig Doppelsträngen Kaurischnecken; da der Graf nicht in Kauris zahlen konnte erhielt Qiu Wei im Tausch vier Landparzellen. Zwei Jahre später waren erneut vier Landparzellen das Tauschobjekt zwischen Qiu Wei und einem gewissen Li, Oberhaupt eines *yi*. Wiederum vier Jahre später versorgte Qiu Wei den schon erwähnten Ju Bo mit Gold, Leder und Pelzbesätzen sowie drei Ballen feiner Seide für die Frau des Grafen. Im Tausch dafür erhielt er einen Wald, musste aber noch zwei Pferde und verschiedene Leder- und Pelzartikel drauflegen, um damit die Holzfäller und die Leute zu bezahlen, die sich um den Wald kümmerten. Abgesehen davon, dass die Inschriften die gesellschaftliche Mobilität der Ära, die zunehmende Bedeutung des Handels sowie das Faktum belegen, dass das Land noch immer dem König gehörte (Qiu Wei und Ju Bo besaßen nur die Nutzungsrechte, nicht das Land selbst), liegt ihre Bedeutung in der Tatsache, das die Familie Wei dem Ying-Clan angehörte (wie Sima Qian lang ausführt), und dass diese Ying die ersten und wichtigsten Viehzüchter und Viehhändler waren, die in einer gewissen Verbindung zum Hof der Zhou standen.

秦

Eine Reihe von Gräbern im östlichen Teil der Provinz Gansu, wo die Qin traditionell als Nomaden lebten, geben Aufschluss über die Kultur der Qin in der späten Periode der Westlichen Zhou und den ersten Jahren der Östlichen Zhou. Die Gräber zeigen ein typisches Charakteristikum der Qin-Kultur, das sich von den Bestattungsweisen der Zhou unterscheidet: Der Verstorbene wird nämlich in hockender Stellung in ost-westlicher Ausrichtung bestattet. Dass nun in vielen Gräbern, die sich ins mittlere 8. bis ins mittlere 7. Jahrhundert v. Chr. datieren lassen, der Verstorbene in Rückenlage bestattet ist, was der Zhou-Tradition entspricht, zeigt die Tendenz des Qin-Adels sich der Etikette der Zhou so weit wie möglich anzupassen. Vielleicht wollte der Adel auf diese Weise demonstrieren, dass er ein Recht hatte, als Teil der kultivierten Welt, der Hua Xia, der Feudalherren anerkannt zu werden, obwohl diese selbst längst nicht mehr den aufwendigen Normen der Zhou folgten.

Nach dem strengen Ritual der Zhou zeigte sich die hierarchische Stellung des Verstorbenen an der kanonischen Platzierung einer ungeraden Zahl von *ding* (dreibeinige Gefäße), einer geraden Zahl von *gui* (große Gefäße) – und zwar die Zahl der *ding* minus einem – einem Paar großer *hu* (langhalsige Gefäße) sowie einem Ensemble für die rituellen Waschungen, bestehend aus einem *pan* (Handwaschbecken), einem *yi* oder *he* (Kanne oder Krug) aus dem das Wasser über die Hände gegossen wurde, sowie einem vierfüßigen *yan* (Dampftopf), der aus einem oder zwei Teilen bestehen konnte.

Die Qin-Gräber, in denen die Körper mit dem Gesicht nach oben lagen – ausschließlich Adelsgräber –, waren alle groß oder mittelgroß und in der Nord-Süd-Achse ausgerichtet (auch das ein Zhou-Charakteristikum). Die Menschen des einfachen Volkes wurden weiterhin nach den traditionellen Sitten der Qin bestattet.

Nach der Mitte des 7. Jahrhunderts v. Chr. aber wandte sich sogar der Hochadel wieder von den Zhou-Sitten ab und kehrte zum Prozedere der Ahnen zurück. Zu der Zeit hatte sich das Herzogtum Qin weitestgehend unabhängig gemacht, hatte sich ins Wei-Tal hin ausgebreitet und brauchte sich wohl nicht mehr dadurch zu „legitimieren", dass es sich den Begräbnissitten der Zhou anpasste. Ein Aspekt allerdings findet sich bei allen Friedhöfen der Qin: Die Gräber sind in relativ gleichartigen Gruppen angelegt, was darauf deutet, dass die Mitglieder einzelner Familienzweige in den Parzellen ihrer Generation beigesetzt wurden.

Sima Qian erwähnt, dass am Hof der Qin erst ab 753 v. Chr. (das 13. Jahr der Herrschaft von Herzog Wen und kurz nach Einsetzung der Dynastie der Östlichen Zhou) schriftliche Aufzeichnungen gemacht wurden. Das korrespondiert in etwa mit der Zeit, aus der wir auch erste unbestreitbare archäologische Funde haben, die die Präsenz der Qin im äußersten Westen des Wei-Tals belegen.

Gräber von Menschen, die der Elite der Qin angehörten, fand man im Gebiet zwischen den Pässen der Berge von Longshan, die von Gansu ins westliche Shaanxi führen, sowie in der Stadt Baoji (mittleres Wei-Tal). Sie sind Beleg für die Anwesenheit der Qin in diesen Gebieten zur Zeit von Herzog Wen (Regierungszeit: 765–716 v.Chr.). Einigen Wissenschaftlern zufolge stehen diese Gräber im Zusammenhang mit der Gründung von Qian (der ersten von Wen gegründeten „Hauptstadt" im heutigen Bezirk Longxian) oder Pingyang nahe Baoji (der „Qin-Hauptstadt" zwischen 714 und 618 v. Chr.). Doch von beiden Städten gibt es keine nennenswerten Überreste, und die chronologische Beziehung zwischen den Nekropolen und den Siedlungen ist insofern angreifbar, als Qian, Pingyang und Yong nicht völlig verlassen wurden, wenn der „Hof" umsiedelte.

❖

Die beiden etwa 35 Zentimeter langen Eisendolche wurden 1992 in Grab 2 von Yimen nahe der Stadt Baoji gefunden. Sie haben goldene mit Türkis und Glas eingelegte Griffe und waren Teil eines reichen Grabschatzes. Neben einem dritten Eisendolch wurden 1 138 Goldobjekte, 19 Eisenmesser, 91 Jadestücke, ein Halsband aus 108 Karneol- und 2 Jadeperlen, ein Halsband aus 40 Türkisperlen, ein Halsband aus 84 Glasperlen sowie ein Halsband aus 1 615 kleinen Glasperlen gefunden. Das Grab, das ins Ende der Frühlings- und Herbstperiode datiert wird, ist der großen Zahl der Goldobjekte wegen von Bedeutung, denn in Shang- und Zhou-Gräbern waren diese selten. Die Eisenobjekte zeugen von dem Können der Schmiede der Qin. Das Grab ist Beleg dafür, dass Mitglieder des Adels der Qin in der Region von Baoji lebten.

Auch in den Bergpässen nahe Bianjiaz-
huang wurden verschiedene Gräber freige-
legt, die in die Ära der frühen Frühlings-
und Herbstperiode zu datieren sind. Die
Gräber M1 und M5 sind hier von besonde-
rer Bedeutung, denn der Zahl der Bronzege-
fäße wegen (jeweils 5 *ding*, 4 *gui*, 2 *hu*, sowie
je 1 *yan*, *he* und *pan*) sind sie als Adelsgräber
zu identifizieren. Vielleicht waren die Toten
so genannte *Tai Fus*, ein Titel, der bereits er-
wähnt wurde, dessen genau Bedeutung und
Funktion für diese Zeit aber noch unklar
ist. Wir wissen lediglich, dass in der Zeit der
Streitenden Reiche der Titel Tai Fu bei den
Qin, deren hierarchisches System 20 Stufen
umfasste, für die Stufen fünf bis neun ver-
wendet wurde.

Der vertikale, rechteckige Schacht im
Grab M5 von Bianjiazhuang, der den *guan*
(innerer Sarkophag) enthielt, war weiträu-
mig mit Holzplanken abgedeckt. In diesem
als *guo* (Grabkammer) bezeichnete Bereich
wurden die Grabbeigaben abgestellt. Sie um-
fassten in diesem Fall bronzene Ritualge-
fäße, 375 in Ton nachgebildete Lithophone
(als eine Art Xylophon dienende Steine mit
stumpfen Kanten) und einen hölzernen Wa-
gen mit Bronzeverzierungen, der von zwei
antropomorphen Figuren aus bemaltem
Holz gezogen wurde. Lithophone, Streitwa-
gen und Ritualgefäße waren typische Gegen-
stände des persönlichen Besitzes des Adels.
Der Wagen war insofern ungewöhnlich, als
es sich um die für das Begräbnis hergestellte
Replik eines Wagentyps handelte, der bisher
archäologisch noch nirgendwo nachgewiesen
ist, und als *lian* (nach moderner Umschrift
nian) bekannt ist. Er wurde von Menschen
gezogen und durfte nur von bestimmten
Adelsrängen benutzt werden. Der *lian* aus
Grab M5 stellt das erste Beispiel aus der
Zhou-Periode dar, das menschliche Figuren
im Kontext eines Grabes zeigt, und er ist das
erste Beispiel für einen von Menschen gezo-
genen Wagen: Mit anderen Worten, es han-

delt sich hier um den ersten Vorläufer einer Rikscha.

Etwa aus derselben Zeit stammen auch zwei weiter westlich in Yuandingshan in den Tälern des östlichen Gansu entdeckte Gräber. Das erste (98LDMI) war die Grablege einer Person hohen Rangs, die in einer Kammer in 7 Meter Tiefe bestattet wurde. Chinesischen Archäologen zufolge handelt es sich um eine Frau. Ihr Rang ist durch die vielen Jadeobjekte und die fast kanonische Zahl der Ritualgefäße belegt, fanden sich doch 5 *ding*, 2 *gui*, 3 *hu* sowie 1 *pan* mit *yi* und *he*. Daneben gab es Gefäße von nicht fest umrissenem Typus: eine große, bauchige Schüssel, zwei *hu*-Kästen und ein Kochgeschirr mit einem nicht passenden Deckel. Das Kuriose an diesem Sammelsurium ist die Tatsache, dass alle Gefäße an Modelle der Periode der späten Westlichen Zhou erinnern, jedoch alle – mit Ausnahme der beiden *hu*-Kästen – aus unterschiedlichen Werkstätten stammen. Die Motive der Dekorationen sind sich ähnlich, aber in unterschiedlicher Weise kombiniert. Selbst die 5 *ding*, bei denen man übereinstimmende Dekorationen erwarten würde, sind nicht gleich. Manche Dekorationen sind in sehr flachem Relief ausgeführt, andere sind erhabener und dann wieder sind sie fast vollfigürlich. Die hockenden Tiger an der Basis der beiden *hu* haben Köpfe und Torsi von Wildtieren mit großen „quadratspiraligen" Ohren. Auch der Zug aus Tigern, Drachen und Hühnern, der sich auf der *he*-Kanne vom Henkel zum Ausgußrand zieht, ist vollplastisch gestaltet, und der *he* selbst ruht auf vier anthropomorphen Füßen.

Auch die beiden Kästen sind bemerkenswert. Einer ist mit Motiven aus verwobenen Schlangen verziert, der andere hat die Form einer kleinen Schubkarre und ist dekoriert mit einer Reihe von kleinen Figuren, die Tiger, Vögel und einen Wachmann darstellen. Insgesamt scheinen die Gegenstände in diesem Grab wie zufällig zusammengewürfelt, als hätte man sie zu verschiedenen Zeiten an verschiedenen Orten gesammelt. Ein solches Sammelsurium steht in scharfem Kontrast zu der stilistischen Einheitlichkeit der Gefäße und Grabbeigaben, wie sie für die Aristokratie der Zhou üblich war.

Ein weiteres ungewöhnliches Merkmal dieses Grabes aber sind die Menschenopfer. In drei Nischen, die, vom Boden gemessen, in rund zwei Metern Höhe in die Wände des Grabschachts geschlagen waren, fanden sich die Überreste von drei Individuen, und unter dem Skelett des verstorbenen Adligen war ein kleiner *yao keng* (Opfergraben) angelegt, in dem sich die Überreste eines Hundes fanden, der eine Bronzeglocke um den Hals trug.

Das andere Grab von Yuandingshan (98LDM3) war weniger reich ausgestattet. Es gab nur eine Nische mit einem Menschenopfer (mehr als zwei Meter vom Boden der Grablege entfernt), nur zwei Ritualbronzen (ein *ding* sowie eine *zun* genannte Vase) und einige Ritualobjekte aus Jade. Aber es fand sich die Klinge eines *ge* (Hellebarde) und ein kurzer Bronzedolch – beides typische Qin-Stücke.

Alles in allem belegen die in den Gräbern gefundenen Gefäße den Konservatismus der Qin, den sie bezügliche der Kunst des Metallgusses bis zum 4. Jahrhundert v. Chr. an den Tag legten. Sowohl in der Form als auch im Dekorationsstil orientierten sie sich am Modell der Westlichen Zhou. In manchen Fällen, wie beispielsweise beim Grab I von Xigaoquan nahe Baoji können die Gefäße sogar aus der Endzeit der Periode der Westlichen Zhou stammen; irgendwie mögen sie in die Hände einer Adelsfamilie der Qin gefallen sein, wurden dort von Generation zu Generation bewahrt, bis sie hier als Grabbeigaben landeten.

Man weiß, dass die Qin vom frühen 7. Jahrhundert v. Chr. an in der Lage waren, den gesamten Prozess der Herstellung von Bronzegefäßen zu kontrollieren, vielleicht mit Hilfe von Bronzegießern der Zhou, die nicht mit nach Osten gezogen waren. Nur ein Jahrhundert später dominierten exportierte Objekte im Stil ihrer lokalen Märkte in den nördlichen Steppen und im Sichuan-Becken. Offenbar verwendeten die Qin ihre Metallgüsse als Zeichen politischer und ritueller Unabhängigkeit von der Autorität des Himmelssohnes, zumindest lassen das die beschrifteten Ritualbronzen der

51 links Dieser kleine Bronzekasten in Form eines Karrens datiert in die frühen Jahrzehnte des 7. Jahrhunderts v. Chr. (Beginn der Frühlings- und Herbstperiode). Er wurde in Grab I der Qin-Nekropole am Fuß des Yuanding im Osten der Provinz Gansu gefunden, wo vermutlich das Herkunftsland der Qin lag.

51 Mitte Das mit zoomorphen Dekorationen überladene, von vier sitzenden Figuren getragene,
he genannte Gefäß wurde in Grab I von Yuanding gefunden. Es war das Grab einer hochrangigen Person,
vielleicht einer Frau, die in einem hölzernen Sarkophag in einer Grabkammer in 7 Meter Tiefe bestattet war.

Herzöge der Qin vermuten, wie etwa die Inschriften auf den acht großen Glocken, die 1978 im Taigongmiao (Tempel von Taigong) gefunden wurden, einem Grabungsfeld in Baoji. Sie sind eine Deklaration des politischen Programms eines der ersten Herzöge der Qin, vielleicht des Herzogs Wu (Regierungszeit: 697–678 v. Chr.). Er war der erste, der sich selbst als „Ich, das Kind" definierte (und damit himmlische Abkunft andeutete), wie es die Zhou-Könige als „Himmelssöhne" zu tun pflegten, und er behauptete in unmissverständlichen Worten seine Souveränität über die vier von „Barbaren" bewohnten Ecken der Erde. Zu seiner Rechtfertigung nahm er in Anspruch, dass sein mythischer Ahn das Himmlische Mandat hierfür erhalten habe, so, wie es die Zhou-Könige für sich rund ein Jahrhundert zuvor postuliert hatten. Ein paar Jahrzehnte später machte Herzog Cheng (Regierungszeit: 663–660 v. Chr.) – oder einer seiner Nachfolger – diesen ehrgeizigen Anspruch durch die Inschrift auf einem 1919 gefundenen *gui* und einer in der Song-Dynastie (960–1279 n. Chr.) gefundenen Glocke noch deutlicher: Die Inschriften drohten nicht nur den „Barbaren", sondern auch den Adligen der Hua Xia, die es wagen sollten, nicht bei Hofe zu erscheinen und ihm in angemessener Weise zu huldigen. Indem sie sich Privilegien der Zhou-Könige aneigneten, demonstrierten die Qin-Herzöge ihre Überzeugung, fähig zu sein, ihren Platz und ihre Macht zu behaupten.

Die strikte Beachtung des ritualisierten Hofzeremoniells der Westlichen Zhou hinderte die Qin nicht, ihre eigenen Riten und Vorstellungen zur Schau zu stellen. Dies zeigen exemplarisch die Grabschächte. Obwohl vertikal angelegt, und so dem Vorbild der Zhou entsprechend, gab es doch häufig Varianten in der Ausstattung des inneren Sarkophags (*guan*), der Begräbniskammer (*guo*) und später in der Hinzufügung von Räumen, die alte Qin-Rituale wiederbelebten, wie beispielsweise die Nischen mit den Menschenopfern.

51 rechts Auch dieser große, leicht taillierte hu *wurde in Grab I von Yuanding gefunden. Das Bemerkenswerteste an den Beigaben dieses Grabes ist ihre stilistische Uneinheitlichkeit. Obwohl alle an Modellen der Westlichen Zhou orientiert sind, zeigt jedes Stück einen eigenen Stil, als wären alle in verschiedenen Werkstätten entstanden und zu unterschiedlichen Zeiten zusammengetragen worden. Diese Vielfalt steht in Kontrast zu der Uniformität, wie sie für die Gräber der Adligen der Zhou üblich ist. Die Zufälligkeit der Sammlung könnte darauf deuten, dass es sich um Plündergut aus den Raubzügen der Qin handelt.*

Begräbnisriten und rituelle Opfer

Wenn es um die Menschenopfer in den Gräbern der Qin geht, so müssen wir vor allem mit den „Fehlinformationen" aufräumen, die konfuzianische Geschichtsschreiber in die Welt setzten, um das Haus des Ersten Erhabenen Herrschers der Qin-Dynastie in Misskredit zu bringen. Und leider müssen wir sagen, dass dies schon mit Sima Qian, der sonst so objektiv urteilte, begann.

Es ist bekannt, dass den Adligen der Shang und der Westlichen Zhou Menschenopfer ins Grab folgten, eine Praxis, die sich auch in vielen Feudalstätten der Zhou bis in die Zeit der Streitenden Reiche hinein hielt. Erst um diese Zeit wurden die Menschenopfer durch tönerne oder hölzerne Abbilder ersetzt. Ein in Langjiazhuang nahe Linzi (Hauptstadt der Qi auf Shandong) entdecktes Grab aus dem 5. Jahrhundert v. Chr. enthielt die Überreste von 17 jungen Frauen, jede in ihrem eigenen Sarkophag rund um die Hauptkammer bestattet. Sie alle hatten ihre eigenen Juwelen und anderen Grabbeigaben, und zwei der Frauen waren wiederum von eigenen Ritualopfern und sechs von anthropomorphen Figurinen begleitet. Außerdem fanden sich in diesem Grab neun weitere Opfer beiderlei Geschlechts. Aus der Position ihrer Skelette ließ sich ablesen, dass einige von ihnen lebendig begraben, andere vorher getötet worden waren.

Dieses Grab demonstriert, dass die Praxis der Opferung auch unter dem Adel der Östlichen Zhou verbreitet war, und dass es zwei Kategorien von Opfern gab: Solche, die den Verstorbenen „begleiteten", und solche, die brutal geopfert wurden. Erst während des 5. Jahrhunderts v. Chr. begann man, die Menschen durch Figuren zu ersetzen. In Qin wurde der Brauch durch Herzog Xian im ersten Jahr seiner Regierung (384 v. Chr.) offiziell verboten, doch die rituelle Tötung von Konkubinen, besonders wenn es um die Konkubinen des Kaisers ging, wurde nicht nur beim Tod des Ersten Kaisers bestätigt, sie setzte sich auch bis in die Zeit der Ming-Dynastie (1368–1644 n. Chr.) fort. Erst dann wurde der Brauch durch einen Erlass des Kaisers Xian Zong (Regierungszeit: 1465–1487) verboten. Vielleicht hing die erste Unterbindung dieses Rituals (384 v. Chr.) mit den Veränderungen in der Landwirtschaft zusammen, oder mit der Kriegsführung, bei der Unmengen von Fußsoldaten eingesetzt wurden. Doch kann man nicht ausschließen, dass auch humanitäre Überlegungen eine Rolle spielten. Freilich überrascht es sehr, dass Sima Qian allein den Qin die Verantwortung für dieses abschreckende Ritual in die Schuhe schiebt, denn über den Tod von Herzog Wu im Jahre 698 v. Chr. schreibt er: *„Herzog Wu von Qin starb im 20. Jahr seiner Herrschaft und wurde in Pingyang beigesetzt ... Zum ersten Mal begleiteten Männer den Verstorbenen, 66 Männer wurden geopfert." Und über den Tod von Herzog Mu im Jahre 621 v. Chr. lässt er wissen: „... er wurde in Yong begraben und bei seinem Tod begleiteten ihn 177 Menschen. Drei ehrenwerte Funktionäre der Familie Ziyu – Yanxi, Zhonghang und Zhenhu – waren unter den Menschenopfern. Die Qin durchlitten tiefe Trauer, und das Gedicht ‚Gelbe Vögel' wurde zu ihren Ehren verfasst."*

Obwohl sich der Große Historiker wenige Zeilen zuvor noch mit Bewunderung über die rhetorischen Künste Mus ausgelassen hatte, über seine militärischen Erfolge über die Rong und das Herzogtum von Jin und darüber, dass Mu denjenigen, die im Kampf gefallen waren, großen Respekt zollte, zögerte er nicht, nun seinem Abscheu freien Lauf zu lassen: *„... zu Recht wurde er nie Führer der Allianz, denn als er starb, wurde keine Rücksicht genommen auf die Menschen. Ehrenwerte Funktionäre wurden mit ihm begraben. Wenn die Könige der Vergangenheit starben, so ließen sie Tugend und Recht als Erbe zurück; wie hätten sie exzellente Männer und ehrenwerte Funktionäre opfern können und so den Menschen Pein bereiten? Daher wissen wir, dass Qin niemals siegreich nach Osten ziehen wird."*

Tatsächlich verursacht diese Passage Probleme: Sima Qian wusste ganz genau, dass der siegreiche Marsch nach Osten stattgefunden hatte. Und selbst wenn er diesen Text – wie einige Wissenschaftler vermuten – dem *Zuo Zhuan* entnommen hatte, das verfasst wurde, ehe Qin ganz China eroberte, so bleiben doch offene Fragen. Sollte es sich um eine spätere Einfügung in das *Shi Ji* handeln, interpoliert, um dem Ansehen der Qin zu schaden? Möglich wäre es. Und auf welche Allianz spielte der Große Historiker oder sein Verfälscher an?

Ein altes Gedicht der Qin

Das Gedicht ist nach der onomatopoetischen Anfangszeile betitelt:

„Jiao Jiao Huang Niao…“

Die gelben Vögel kommen und gehen,
sie sitzen auf dem Jujubebaum.
Wer folgt ins Grab dem Herzog Mu?
Yanshi von den Ziju.
Dieser Yanshi
vortrefflicher ist er als hundert treffliche Männer.
Wenn er an der Grube erscheint,
so hat er Angst und zittert.
Oh du Blauer Himmel,
du tötest unsere besten Männer.
Könnte er gerettet werden,
wir gäben hundert Leben für seins.

Die gelben Vögel kommen und gehen,
sie sitzen auf dem Maulbeerbaum.
Wer folgt ins Grab dem Herzog Mu?
Zhonghang von den Ziju.
Dieser Zhonghang
hundert trefflichen Männern ist er gewachsen.
Wenn er an der Grube erscheint,
so hat er Angst und zittert.
Oh du Blauer Himmel,
du tötest unsere besten Männer,
Könnte er gerettet werden,
wir gäben hundert Leben für seins.

Die gelben Vögel kommen und gehen,
sie sitzen auf dem Brombeerstrauch.
Wer folgt ins Grab dem Herzog Mu?
Zhenhu von den Ziju.
Dieser Zhenhu
bietet hundert werten Männern die Stirn.
Wenn er an der Grube erscheint,
So hat er Angst und zittert.
Oh du Blauer Himmel,
du tötest unsere besten Männer.
Könnte er gerettet werden,
wir gäben hundert Leben für seins.

Ein neues politisches Gleichgewicht: Der Ba

Das Feudalreich der Zhou hatte sich so entwickelt, dass es zu Beginn der Zeit der Östlichen Zhou (770 v. Chr.) aus etwa 150 *guo* „Staaten" bestand, von denen 15 von herausragender Bedeutung waren. König Ping war auf ein Territorium beschränkt, das von Feudalstaaten und Völkern umgeben war, die nicht der Hua Xia angehörten. Der Herzog des *guo* Zheng, das im Osten unmittelbar an Zhou grenzte, hatte sich ursprünglich der Sache Pings angeschlossen und als sein Erster Minister gedient. Da er dadurch aber mit großer Machtfülle ausgestattet war, meinten Ping und sein Nachfolger Huan es sei gut, eine parallele Position zu der des Herzogs von Zheng zu schaffen, und wählten dafür den Herzog von Guo (ein Stadtname, der wie das Wort für „Staat" klingt), einem kleinen Feudalstaat westlich von Zhou. Wegen dieses Schritts der Könige beleidigt, griff der Herzog von Zheng Guo an, was eine Strafexpedition gegen Zheng durch König Huan nach sich zog, wobei ihn Truppen aus Wei, Chen und Cai unterstützten. Trotzdem wurde Huan nicht nur besiegt, er wurde auch persönlich verwundet. Dies erschütterte die Stabilität des Systems der Zhou, war die Verwundung doch ein klares Zeichen dafür, dass die Beziehung zwischen dem Himmel und dem Himmelssohn gestört war. Nur noch das Flair ihrer heiligen Aura erlaubte den Zhou, weiterhin symbolisch, nicht aber faktisch, die politische Macht auszuüben. De facto war nun Zheng der Führer der Feudalstaaten und blieb dies bis 701 v. Chr. Diese Episode war der Vorläufer von politischen Veränderungen, die enorme Auswirkungen haben sollten.

In den Jahrzehnten nach diesem Ereignis entwickelte sich das Herzogtum Qi, das die strategisch wichtigen Ebenen des westlichen Shandong kontrollierte, zur wirtschaftlich und militärisch stärksten Macht im Huanghe-Tal. Herzog Huan von Qi setzte eine Reihe von Reformen durch, die als die Initialzündung für jene administrativen Neuerungen gelten können, die zum „modernen" Staat der Qin führen sollten. Da er das Feudalsystem der Zhou für veraltet hielt, teilte er seinen Herrschaftsbereich in15 *xian* genannte territoriale Einheiten (der Begriff ist noch heute in Gebrauch), die er direkt unter seine eigene Kontrolle und die seiner zwei „Ältestenräte" stellte. Auch die Bevölkerung (sowohl die *guoren*, die Stadtbewohner, als auch die *yeren*, die Landbewohner) kam nun stärker als vorher unter die Kontrolle der hierarchisch gegliederten Funktionäre. Je nach Erfolg dessen, was die Funktionäre unternahmen, wurden sie belohnt oder bestraft. Kurz, es war ein neues Verwaltungssystem entstanden, das sich nicht mehr auf familiäre Bande stützte, vielmehr war der Samen für den modernen Beamtenstaat gesät.

In seiner Außenpolitik war der Herzog von Qi jedoch ein strenger Verfechter des Feudalsystems der Zhou. Wiederholt ging er im Norden erfolgreich gegen verschiedene nicht zur Hua Xia gehörenden Völker vor (zumeist Rong und Di), die in die dortigen schwächeren Feudalstaaten eingefallen waren. Im Süden stellte sich Qi dem Staat Chu entgegen, der von seinem Kernland im mittleren Jangtse-Tal aus die Feudalstaaten im mittleren Huanghe-Tal bedrohte. Chu, das nicht zur Hua Xia gehörte, war politisch straff organisiert und die Wiege einer hochentwickelten, reichen Zivilisation, die aus einer einmaligen Kombination verschiedenster Elemente hervorgegangen war. Seiner Natur nach fraglos „chinesisch", galt Chu der Hua Xia dennoch als „barbarisch". Und in der Tat stand Chu den feudalen Werten der Zhou so fern, dass sich sein Herrscher 706 v. Chr. den Titel *wang* (König) angemaßt hatte, der allein dem Himmelssohn zustand. Der Zhou-König Hui (Regierungszeit: 676– 652 v. Chr.) erkannte die politischen und diplomatischen Fähigkeiten des Herzogs von Qi und verlieh ihm 667 den wohl erst jetzt neu geschaffenen Titel *Ba* (Ältester), der ihn zum obersten Führer der Feudalstaaten machte. Die Autorität des *Ba* gründete sich prinzipiell auf das Übereinkommen der Oberhäupter der verschiedenen Feudalstaaten bei ihren regelmäßigen Zusammenkünften, bei denen nun Qi die politische Linie bestimmen sollte, eine Linie, die die Anwendung von Gewalt nicht ausschloss. Zustimmung zur Linie wurde durch physische Präsenz bei den Zusammenkünften ausgedrückt, bei denen feierliche Eide zu leisten waren. Im *Mengzi* findet sich eine Beschreibung des Ergebnisses eines solchen Treffens, es fand 651 in Kuiqiu statt, das hier zitiert werden soll: *„Die erste Regel lautete: ‚Tötet jene, die keine kindliche Ergebenheit zeigen, den legalen Erben ersetzen*

55 links Dieser aus Stein geschnittene stilisierte Pferdekopf, ein typischer Vertreter des künstlerischen Stils der Qin zur Zeit der Streitenden Reiche, fand sich als Beigabe in einem Grab. Mit kleinen Pflöcken, die durch die Löcher am Hals geführt wurden, befestigte man den Kopf am Rumpf eines Standbilds. (Historisches Museum, Xi'an)

55 Mitte und rechts Zwei Bronzeglocken aus der Zeit der Westlichen Zhou. Der Typ der linken Glocke (aus Xinzheng, Provinz Henan) wird bo *genannt, die rechte ist eine* chunyu, *ein Musikinstrument, das erst zur Zeit der Frühlings- und Herbstperiode aufkam. Glocken und Trommeln begleiteten nicht nur die Tempelriten, sie dienten auch als Signale zum Beginn und zur Beendigung der Schlacht.*

und die Konkubine zur Ersten Frau erheben.' Die zweite Regel lautete: ‚Ehrt die, die es wert sind, unterstützt die Fähigen, gebt den Tugendhaften Vorrang.' Die dritte lautete: ‚Habt Respekt vor den Alten, seid freundlich mit den Jungen, behandelt Fremde und Reisende gut.' Die vierte lautete: ‚Ämter sind nicht erblich; Funktionäre können nur ein Amt ausüben, bei der Wahl der Funktionäre sei die Art des Amtes das Kriterium, die Einsetzung des Tai Fu geschehe nicht willkürlich.' Die fünfte lautete: ‚Die Dämme sind gerade zu halten, erlegt dem Getreidehandel keine Schranken auf, macht ohne Vorwarnung keine Grenzmarkierungen.' Dann wurde feierlich erklärt: ‚Wir, die wir diese Übereinstimmung getroffen haben, wollen von nun an freundschaftliche Beziehungen unterhalten.'"

Diese Resolution wurde unter der Ägide des *Ba*, des Herzogs Huan von Qi, von den Herzögen von Jin, Song und Qin sowie dem König von Chu verabschiedet, und dies ist die „Allianz" auf die Sima Qian in der fraglichen Passage im *Shi Ji* anspielte. Doch, wie so oft, wurde auch hier das feierliche Versprechen nicht gehalten. Die politische und militärische Führerschaft ging Ende des 7. Jahrhunderts v. Chr. auf das Herzogtum Jin (heutige Provinz Shanxi) über, dann wanderte der Titel *Ba* mehrfach zwischen Chu und Jin hin und her. Im 6. Jahrhundert v. Chr. war die Sphäre der politischen Interaktionen nicht mehr auf die Feudalstaaten der Zhou beschränkt, denn diese hatten sich einerseits selbst große Territorien und Populationen einverleibt (darunter Rong, Yi und Ding) und waren andererseits von politischen und kulturellen Einheiten eingenommen worden, die, wie Qin und Chu, nicht zur Hua Xia gehörten. Das Ergebnis dieser Prozesse war einerseits eine vorher nicht gekannte kulturelle Blüte, die im 6. und 5. Jahrhundert v. Chr. quasi zur Grundsteinlegung dessen geriet, was die große klassische chinesische Kultur werden sollte, andererseits die Schaffung eines Systems von Territorialstaaten, in dem die Rolle des *Ba* sich langsam wandelte: Aus dem Verteidiger der feudalen, königlichen Ordnung der Zhou wurde der Garant einer neuen pluralistischen politischen, sozialen und kulturellen Einheit. Und diese Einheit umschloss nicht mehr nur die Feudalstaaten der Zhou sondern auch neue und unterschiedliche politische und ethnische Gebilde wie das der Qin, der Chu sowie der Wu und Yue im unteren Jangtse-Tal. Das Eingreifen von Wu und Yue in den politischen Kampf des Reichs der Mitte war so einflussreich, dass ein Oberhaupt der Wu 482 v. Chr. den Titel *Ba* erhielt, nachdem ein strategisch wichtiger Kanal gebaut worden war (der erste einer langen Reihe von Kanälen, an deren Ende tausend Jahre später der Große Kaiserliche Kanal stand, der den Jangtse mit dem Huanghe verband). Der Aufstieg von Qin vom kleinen Herzogtum zum Schöpfer des Chinesischen Kaiserreichs hat seine Wurzeln in dieser neuen politischen, wirtschaftliche und ideologischen Konstellation.

Die Nekropolen des Adels

Obwohl die Adligen der Feudalstaaten der Hua Xia die Qin für ungebildete, wilde Gesellen hielten, erfreute sich Dichtung der vorgestellten Art beim Adel der Qin, vor allem bei den *Shi* (Kriegern) und den *Tai Fu* großer Beliebtheit. Die drei im zitierten Gedicht besungenen Mitglieder der Familie Ziyu mögen solche *Shi* oder *Tai Fu* gewesen sein. Was sagen uns die wenigen Paläste und die vielen Nekropolen über diese Welt der Qin, ihre Glaubensvorstellungen, ihre Einstellung zum Tod?

Die Gräber, die an verschiedenen Grabungsstellen der herzoglichen Nekropole von Yong (Bezirk Fengxiang, Provinz Shaanxi) gefunden wurden, sind gewiss Grabmäler von Adligen. Yong war von 677 bis 424 v. Chr. Hauptstadt der Qin.

Die Gräber von Baqidun mit ihren tiefen, rechteckigen Gruben aus der frühesten Phase (ca. 714–677 v. Chr.) spiegeln die typische hierarchische Schichtung der Qin-Gesellschaft. Die Grabbeigaben, die beispielsweise in den Gräbern BM27 und CM2 gefunden wurden, deuten auf die verschiedenen Rollen (und Ränge) im Leben der beiden Verstorbenen hin. Der hohe Rang des Mannes in Grab BM27, der mit vor der Brust gefalteten Armen auf dem Rücken liegt, wie es der Sitte der Zhou entsprach, lässt sich daran ablesen, dass sein innerer Sarkophag *(guan)* von zwei äußeren *(guo)* mit einer Plattform umgeben war. Zu den Grabbeigaben zählten 3 *ding*, je ein *yan* und ein *yu* sowie verschiedene Tongefäße, eine bronzene Speerspitze (der fast 3 Meter lange Holzschaft war stark verrottet), sechs Pfeile, zwei Hellebarden *(ge)*, ein Bronzemesser und die zerfallenen Überreste eines Schildes und eines Bogens. Hinzu kamen 12 kleine in Keramik nachgebildete Lithophone, vier rituelle Insignien aus Jade, einige Kaurischnecken, ein Jadeohrring, sieben zerfallene Lackvasen, drei Schildbuckel und vier Bronzeglocken.

Auch der Tote in Grab CM2 lag in einem Sarkophag innerhalb zweier guo. Seine Grabbeigaben bestanden aus 3 *ding*, einem großen *gui*, einem *pan* mit *yi*, einem *yan* und vielen anderen Gegenständen unterschiedlichen Gebrauchs. Sein höherer gesellschaftlicher Rang dokumentiert sich darin, dass in zwei Nischen in seinem Grab mit ihm zwei rituelle Opfer bestattet waren.

Das erste Grab mag das eines Kriegers gewesen sein, aber das zweite, in dem keinerlei Waffen gefunden wurden, war möglicherweise das eines zivilen Funktionärs. Aus historischen Quellen wissen wir, dass die Trennung der Rollen nicht so scharf war; im *Qin Ben Ji* werden viele Minister, Berater und andere Funktionäre erwähnt, die zugleich auch als wichtige Generäle und Krieger genannt werden.

Um die Mitte des 7. Jahrhunderts v. Chr. begannen sich die Begräbnissitten des Qin-Adels zu ändern. Die ursprünglichen Rituale und Kultobjekte kamen wieder mehr zu Ehren, doch waren die Grabbeigaben auch Spiegel der umgebenden Nachbarkulturen. Dieser Wandel beeinflusste mindestens bis zur Mitte der Zeit der Streitenden Reiche (475–221 v. Chr.) auch die Form der Gräber.

Ab der Mitte der Zeit der Frühlings- und Herbstperiode gibt es eine augenfällige Veränderung im Begräbnisritual der Qin, denn ab da werden plötzlich die bronzenen Ritualgefäße durch Kopien ersetzt, die speziell für die Gräber hergestellt wurden. Diese Ersatzstücke sind entweder auch aus Bronze oder, sehr selten, aus Lack, meist aber aus Ton, wobei diese letzteren mit Motiven in Rot und Weiß bemalt waren. Die Tongefäße, aus einem besser formbaren Material geschaffen, als Metall es darstellt, zeigten rundere und geschmeidigere Formen als die Bronzegefäße. Manche der Tongefäße haben bizarre Formen mit langen trichterförmigen Hälsen, unproportional großen Henkeln, die an die „quadratspiralige" Form der Ohren erinnert, die man bei den Tierdekorationen der Bronzegefäße sah, sowie im Verhältnis zum restlichen Gefäß übergroßen Basen.

Da die bronzenen Begräbnisgefäße nicht dem alltäglichen Gebrauch dienten, waren sie oft in einem Stück gegossen und hatten folglich Deckel, die sich nicht abnehmen ließen. Andere weisen Fehlstellen von einem schlechten Guss auf. In Gräbern aus dieser Zeit aus der Nekropole Zaomiao bei Tongchuan (östliches Shaanxi) wie auch in zeitgleichen Gräbern in Xincun und Baqidun tauchen erstmals so genannte *mingqi* (Geistgüter) auf, Miniaturnachbildungen der Gegenstände, die der Verstorbene im Leben besaß. Ursprünglich waren diese *mingqi* kleine in Ton nachgebildete Getreidespeicher, von Ochsen gezogene Wagen oder menschliche Figürchen aus Stein oder Ton, die immer einen rechts auf dem Kopf sitzenden Haarknoten hatten. Besonders dieses Phänomen ist bei den Adligen des Ostens nahezu unbekannt; eine Ausnahme bilden dort lediglich die Chu, und Chu war eine Region, die von den Feudalherren des Huanghe-Tals als barbarisch und ganz und gar außerhalb der Hua Xia liegend betrachtet wurde, noch ferner und fremder als die Qin.

57 oben links Korpus und Deckel dieser in Bronze gefertigten Miniaturnachbildung (ca. 15 Zentimeter) eines hu *aus der Zeit der Frühlings- und Herbstperiode sind untrennbar, das Stück ist aus einem Guss. Die zwei „Drachenkopf"-Henkel stecken in nachträglich gebohrten Löchern. Das Stück stammt aus Grab 10 der Nekropole Gaozhuang nahe Yong, und datiert ins 5. Jahrhundert v. Chr. (Archäologisches Institut der Provinz Shaanxi, Xi'an)*

57 unten links Dieses linsenförmige Tongefäß mit drei Füßen ist das Modell eines fu *(Dampftopf oder Kessel), der bei Begräbnisriten eine Rolle spielte. Die polychrome Dekoration, vor dem Brennen aufgemalt, besteht aus zwei S-förmigen Motiven, die durch ein Kreuz, ähnlich dem tian-Zeichen (bebautes Feld) von zwei Quadraten getrennt sind. (Archäologisches Institut der Provinz Shaanxi, Xi'an)*

57 rechts Dieser hu aus Keramik aus Grab 10 der Nekropole Gaozhuang ist typisch für Gegenstände der Qin, die zu der Zeit der späten Frühlings- und Herbstperiode ausschließlich für den Gebrauch bei Begräbnissen hergestellt wurden. Der Wunsch, die ursprünglichen Bronzeobjekte zu imitieren, wird in der Gestaltung der Henkel besonders deutlich, aber auch in der mit rotem Pigment ausgeführten Dekoration des Gefäßes.
(Archäologisches Institut der Provinz Shaanxi, Xi'an)

Opfergräben mit Wagen und Pferden

Gesonderte Opfergräben, die nicht nur von Pferden gezogene Wagen, sondern oft auch die Skelette der Lenker enthielten, waren in vielen Nekropolen der Feudalstaaten zur Zeit der Frühlings- und Herbstperiode und der Streitenden Reiche üblich. Noch verstehen wir diesen Aspekt des rituellen Lebens nicht genau, denn in vielen Fällen lässt sich nicht sagen, welchem der Adelsgräber in einer bestimmten Nekropole die Opfergräben mit den Pferden und Wagen zuzuordnen sind. In der späten Shang-Dynastie war die Opferung von Wagen und Pferden ein Zug königlicher Begräbnisriten und im Leben der Westlichen Zhou spielten Wagen zur Schaustellung und Symbolisierung königlicher und militärischer Macht eine wichtige Rolle. Zum Beispiel bekamen die Feudalherren sie zum Zeichen der Wertschätzung geschenkt. Auch in den Gräbern der Zhou-Adligen galten Wagen und Pferde als Zeichen von Rang und Macht.

Zur Zeit der Östlichen Zhou waren Streitwagen nicht nur ein besonders bedeutungsvolles Statussymbol, sie waren auch der Schrecken bei den Angriffen der feudalen Armeen. Dem Zhangguo Ce (Chronik der Streitenden Reiche) zufolge bemaß sich die Größe und Stärke eines Feudalstaates nach der Zahl der Streitwagen, über die er verfügte. Mächtige Königreiche wie Qin, Chu, Qi und Zhao verfügten je über 1 000 Stück, Yan hatte 700, Wei 600 und Zhongshan „nur" 400.

Der Wert der Streitwagen lässt sich an den Fundstücken aus den Opfergräben der Nekropolen recht gut ablesen. Der Wagen, der in einem Graben der Nekropole Shangmengcun im westlichen Shaanxi zusammen mit zwei Pferden und einem Hund gefunden wurde, besaß keinerlei bronzene Ornamentierung, bloß die Gebisse der beiden Pferde und die Halsglocke des Hundes, der beim linken Rad des Wagens kauerte, waren aus Bronze. Nach den Beigaben zu urteilen – lediglich ein *ding* und ein *yan* – stand der Graben vielleicht in Bezug zu Grab M27, der letzten Ruhestätte eines Adligen niederen Rangs aus der Frühlings- und Herbstperiode.

Ein anderer Graben dieser Art, ebenfalls aus der Frühlings- und Herbstperiode, wurde in der Nekropole niederrangiger Adliger bei Yuandingshan, nicht weit von Grab 98LDM3 gefunden, allerdings war er bei seiner Entdeckung nicht mehr unbeschädigt. Etwa 20 Meter lang, enthielt er drei Quadrigen und zwei Wagen, die von je zwei Pferden gezogen wurden. Das Skelett eines Wagenlenkers lag unter dem ersten Wagen. Die reiche Ornamentierung der Wagen und der Geschirre entsprach ganz dem Stil, der in den zur Hua Xia gehörenden Feudalstaaten en vogue war, doch die Gestaltung der Wagen selbst war anders. Sie haben nicht den leichten, fast halbrunden Korpus, sondern sind aus ziemlich rohen rechteckigen Planken gezimmert. Sie ähneln so eher den Modellen Zentralasiens als denen, die im Reich der Mitte in Gebrauch waren, und deuten dadurch an, dass die Beziehungen zu den Steppenvölkern nicht abgerissen waren.

Ein späteres Beispiel für Gräben mit Wagen und Pferden findet sich in der Qin-Nekropole Xincun nahe der Stadt Fengxian. Von den vier entdeckten Gräben wurden bisher nur zwei geöffnet. Sie enthielten die Überreste von fünf hölzernen, verrotteten Wagen, die aber dank der Lackschichten, die die Teile ursprünglich bedeckt hatten, noch gut zu erkennen waren. Der erste der beiden Gräben – von Grabräubern stark zerstört – enthielt die Reste von drei Quadrigen. Der zweite enthielt einen von einem Zweierge-

58 Zwei prächtige Qin-Gräber wurden in den Tälern des östlichen Gansu entdeckt. In der Nähe des einen befand sich ein beschädigter, etwa 20 Meter langer Graben. Er enthielt drei mit jeweils vier Pferden bespannte Wagen sowie zwei von je zwei Pferden gezogene. Das Skelett eines Wagenlenkers wurde unter dem ersten der Wagen entdeckt.

59 oben Etwa hundert Gräber von niederrangigen Adligen aus der Zeit der Shang- und Zhou-Dynastie wurden bei Qianjiangda auf der Halbinsel Shandong ausgegraben. Ungewöhnlicherweise waren weder die Gräber, noch die Gräben mit den Wagen und Pferden – wie der hier abgebildete – je geplündert worden.

❖

59 unten Dieses goldene Zierstück in Form einer fabeltiergestaltigen Maske wurde im Graben S 2 der Nekropole Xincun nahe Fengxian gefunden, der zu einem Qin-Grab gehört, das in die Jahre zwischen dem Ende der Frühlings- und Herbstperiode und dem Beginn der Streitenden Reiche zu datieren ist. (Archäologisches Institut der Provinz Shaanxi, Xi'an)

spann gezogenen Wagen mit einem hölzernen Sonnenschirm, der mit rotem Lack auf einer Basis aus braunem Lack dekoriert war. Der Lenker lag in einer Kuhle unter dem Wagen. Unter den Objekten, die die Grabräuber verschmäht hatten, waren viele Zierstücke aus Bronze, ein goldener Zierknopf vom Zügel, verschiedene Waffen, bronzene Geräte und ein (verfallener) Holzbogen. In der Kuhle, die das Skelett des Lenkers erhielt, stieß man auf einen ungewöhnlichen Fund: mehrere kleine Accessoires sowie Schmuck aus Bronze und Gold. Obwohl durch antike und moderne Grabräuber große Verluste zu beklagen sind, waren die Gräben doch deutlich reicher und opulenter ausgestattet als die von Shangmengcun.

Außerdem könnte es sein, dass die Nekropole von Xincun, die ja nahe der Hauptstadt Yong lag, die Grablege eines Adelsclans war, der dem Machtzentrum nahe stand.

Die Grabungen, die im Gebiet um Yong seit 1980 durchgeführt werden, ergaben jedenfalls, dass es sich hier um die Nekropole des Clans des Herzogs von Qin handelt. Die Grabung umfasst Gruppen von Gräbern und Opfergräben, die Wagen und Pferde enthielten, die aber, nach ihrer Größe zu urteilen, fünf- bis zehnmal so viele Objekte hätten aufnehmen können, wie die bei Xincun entdeckten. Leider sind die meisten der herzoglichen Gräber und die zugehörigen Gräben fast alle geplündert worden, und bisher wurde erst ein großes Grab freigelegt.

❖

Dieser mit einem hockendem Vogel – dem „Scharlachroten Vogel", Symbol des Südens – verzierte Endabschnitt eines Ziegel befand sich vielleicht auf dem Südflügel eines Tors oder an der Südseite eines Gebäudes und ist ein deutlicher Hinweis darauf, dass man auch die Gebäude des Lishan Lingyuan *mit astronomischen Symbolen dekorierte. (Museum der Terrakotta-Armee, Lintong)*

Yong, die Hauptstadt der Qin

Die Überreste von Yong, einer von gestampften Lehmwällen umgebenen Stadt, befinden sich südlich der modernen Stadt Fengxian, die die alten Reste zum Teil überlagert. Von 677 v. Chr. an bis zur Zeit der Streitenden Reiche war Yong Sitz zunächst der Herzöge, später der Könige von Qin. Im Norden lag der Regierungspalast, im Süden die Nekropole, die fast gänzlich dem Adel vorbehalten war.

Die Nekropole der herzoglichen Linie der Qin umfasst ein Gelände von rund 21 Quadratkilometern und ist von einem stellenweise bis zu 7 Meter tiefen Festungsgräben umzogen. Auf diesem Gelände fanden sich 43 große Bestattungsgruben, die in 13 Gruppen geteilt sind, von denen wiederum zehn von Gräben umgeben sind. Sie wurden ausgemessen, aber bisher noch kaum erforscht. Sondierungen ergaben jedoch, dass die größeren der Bestattungsgruben ursprünglich mit Ziegeldächern überbaut waren, unter denen die Tempel für den Ahnenkult lagen.

Fünf verschiedene Typen unterirdischer Strukturen wurden identifiziert, je nachdem ob Rampen vorhanden waren, die in die unterirdischen Bestattungsgruben führten: 18 Gruben mit Zugangsrampen an den beiden kurzen Seiten (maximale Gesamtlänge einer Grube 300 Meter); 3 Gruben mit zentraler Zugangsrampe an nur einer Seite (maximale Gesamtlänge 102 Meter); 6 Gruben mit einer kurzen zentralen Zugangsrampe an nur einer Langseite (maximale Gesamtlänge 111 Meter); 1 Grube mit sehr schmaler, nicht mittiger Zugangsrampe an nur einer der kurzen Seiten (Länge 34 Meter); 15 Gruben ohne Zugangsrampen (maximale Gesamtlänge 106 Meter).

Solche nach Plan gebauten Grabanlagen waren keine Neuheit; schon seit der Zeit der Shang-Dynastie (16.–11. Jahrhundert v. Chr.) waren sie in den königlichen Nekropolen üblich. Bemerkenswert ist allein die enorme Größe der Gruben, besonders bei denen mit zwei Rampen. Offenbar hatten die Herzöge von Qin Bestattungsformen übernommen, die bisher Privileg der Himmelssöhne waren. Die 18 Monumentalgräber können nur die der Herzöge gewesen sein, die, von Wu Gong angefangen bis zu Xian Gong hier in Yong regiert hatten. Xian Gong, der 19. Herzog, verlegte die Haupstadt 338 v. Chr. weiter nach Osten, nach Yueyang, und wurde nicht in Yong beigesetzt.

Von den großen Herzogsgräbern ist nur eins (MI im Festungsgraben I) erforscht. Die eigentliche Grube hat die Form einer umgedrehten Pyramide mit drei nach unten führenden Stufen. Sie war 24,5

Dieser mit einem Hirsch verzierte Traufenziegel zeigt, dass die Gebäude des Lishan Lingyuan *nicht nur mit Motiven verziert wurden, die mit der Begräbnissymbolik in Verbindung standen. Ähnliche, in das 3. Jahrhundert v. Ch. zu datierende Ziegel wurden auch in den Palastruinen der Qin-Hauptstädte Yong und Xianyang gefunden. (Museum der Terrakotta-Armee, Lintong)*

Meter tief mit je einer 156 Meter langen Zugangsrampe an der Ost- und einer steileren, etwa 84,5 Meter langen Rampe an der Westseite. Die 4 Meter hohe Grabkammer am Boden der Grube war aus riesigen, 4 bis 6 Meter langen Stämmen seltener Hölzer gebaut, doch war sie nicht mehr unversehrt: Die wenigen noch darin verbliebenen Objekte waren aus Gold, Bronze, Eisen, Knochen, Stein, Ton und Lack, darunter 30 zumeist beschriftete Lithophone. Die Bedeutung des Grabes (man hält es für das des Herzogs Jing, der von 576–537 v. Chr. regierte) zeigte sich, als man die „Begleitgräber" (Gräber derjeniger, die zu seinen Ehren in seiner Nähe bestattet wurden) rund um die Grabkammer untersuchte. Es waren zwei Gruppen von Gräbern, die hölzerne Sarkophage enthielten: In der einen Gruppe waren 72, in der anderen 94 Individuen bestattet. Diesen müssen 6 Menschenopfer hinzugerechnet werden, die in einer Tiefe von etwa 5 Metern zusammengekauert auf der Zugangsrampe lagen, sowie weitere 14 an verschiedenen Stellen der Grube, sodass sich eine Gesamtzahl von 186 Begleitpersonen ergibt, die dem Herzog im Grab zu dienen hatten: neun mehr als Herzog Mu 84 Jahre zuvor in das Jenseits begleitet hatten.

Die archäologischen Grabungen in Yong begannen in den 1950er Jahren und haben bisher zur Auffindung und teilweisen Freilegung von großen Gebäuden geführt, die, wie alle Bauten des antiken China, aus hölzernem Rahmenwerk bestanden, das mit Lagen gestampften Lehms verfüllt war. Entsprechend können sie nicht mit der Eindrücklichkeit von Palästen konkurrieren, die andere Zivilisationen hinterließen, wenngleich auch sie von großem historischem und archäologischem Interesse sind. Es muss hier daran erinnert werden, dass die antike chinesische Stadtplanung völlig anderen Kriterien folgte, als wir das für den Westen gewohnt sind. Während die Anlage der klassischen griechischen *polis* auf ältere, im weitesten Sinne mediterrane Vorbilder (etwa den Städtebau, wie er sich zwischen Euphrat und Tigris entwickelte) zurückgeht, und sein typischstes Beispiel im Athen des 4. Jahrhunderts v. Chr. hat, folgte der Bau der Städte, die im 7. Jahrhundert v. Chr. im Reich der Mitte gegründet wurden, einem planerischen Konzept, das sich bereits in der Shang-Dynastie entwickelt hatte.

Erst seit der Frühlings- und Herbstperiode verloren die Städte ihren heiligen Charakter, den sie in der Zeit der Shang- und Westliche Zhou-Dynastie gehabt hatten, denn die häufigen kriegerischen Auseinandersetzungen erforderten solide Verteidigungsanlagen; die Städte passten sich den neuen sozialen und ökonomischen Gegebenheiten an. Obwohl besonders die Hauptstädte durch Palastanlagen und Tempel ihren symbolischen und ritualen Charakter bewahrten, wurden nun auch sie mit Verteidigungswällen umgeben und sie nahmen, was für frühere Zeiten ungewöhnlich war, Läden, Märkte, Werkstätten und normale Wohnbezirke in sich auf. Die Entwicklung der Stadt um einen zentralen ummauerten Palast oder Tempel, ließ ein konzentrisches Stadtmodell (*gong cheng*) entstehen, das in seinen Grundzügen bis ins frühe 20. Jahrhundert hinein erhalten blieb. Lediglich zur Zeit der Streitenden Reiche wurde mit anderen Modellen experimentiert – oft, indem man ältere Siedlungen umbaute –, die vor allem die strategischen Vorteile von Flussschleifen oder -mündungen nutzten. Das Ergebnis waren „polygonale" Städte, dominiert von Palastgebäuden unterschiedlicher Größe und Funktion, die auf hohen Plattformen aus gestampftem Lehm standen.

Yong war eine konzentrische Stadt, von der ein großer Teil im Süden erforscht wurde sowie ein etwa 3 200 Meter langer Abschnitt der Verteidigungsmauer im Westen, wo Überreste aus gestampftem Lehm erhalten sind, die zwischen 4,3 und 15 Metern dick und etwa 2 Meter hoch sind. Innerhalb der Stadt wurden in den 1980er Jahren Versorgungsgebäude ausgegraben, darunter ein rund 190 Kubikmeter umfassendes Gebäude, in dem Eis und Schnee eingelagert wurde, sowie viele mit Lehmziegeln gedeckte Paläste und Tempel, die mit Abwassersystemen und Brunnen versehen waren. Das Abwassersystem bestand aus zusammengesetzten Tonröhren verschiedenen Typs. Obwohl keine gewöhnlichen Wohnhäuser entdeckt wurden, zeigen Funde von steinernen Pflugscharen, Steinmörsern und Bronzeäxten dass hier Werkstätten gewesen sein müssen. Die Grabungen förderten auch eine Menge Scherben und unzerbrochene Keramikwaren zutage, die deshalb von großer Bedeutung sind, weil sie es möglich machten, Datierungen vorzunehmen, die in die Zeit der Frühlings- und Herbstperiode, in die Zeit der Streitenden Reiche, in die Epoche der Qin-Dynastie und bis in die Ära der Westlichen Han (206 v. Chr.–23 n. Chr.) weisen. Damit ist belegt, dass die Siedlung beibehalten und weiterhin von den Qin als kulturelles Zentrum und als Produktionsstätte genutzt wurde, nachdem die Hauptstadt verlegt worden war, ja sogar noch nach dem Sturz der Qin-Dynastie im Jahr 206 v. Chr.

Komplex I von Yong scheint unter allen Zeremonialanlagen aus der Frühlings- und Herbstperiode, die in Nordchina entdeckt wurden, der bedeutendste. Er besteht aus drei Gebäuden, die durch einen Kiesweg verbunden sind und einen zentralen Innenhof umfassen. Hinter dem Hauptgebäude an der Nordseite des Hofes stand ein kleineres Gebäude, während ein weiteres etwas abseits an der Südseite stand und als Eingang in den ganzen Komplex diente. Jedes Gebäude war von einer hölzernen Arkade umgeben und im Innern in symmetrische U-förmige Abteilungen gegliedert, die aus gestampftem Lehm gebildet wurden. Dieser Komplex, dessen Plan den traditionellen Entwurf des klassischen chinesischen „Hofes" (*siheyuan*) vorwegnimmt, wurde als der Ahnentempel des herzoglichen Clans identifiziert. 181 ihm angeschlossene Opfergräben betonen die Heiligkeit des Bezirkes. 86 von diesen enthielten einen Ochsen, 55 eine Ziege, 1 einen Ochsen und eine Ziege, 8 enthielten Menschenopfer, 1 einen Mann und eine Ziege und 2 einen Wagen, 28 Gräben waren leer, doch sei hier angemerkt, dass in den Textquellen oft davon die Rede ist, dass Blut in leere Gräben gegossen wurde.

Im Komplex II ist mit größter Wahrscheinlichkeit das Herzstück der Macht der Qin zu suchen. Er besteht aus fünf miteinander verbundenen Höfen, die von Mauern umgeben und auf einer Nord-Süd-Achse von 326,5 Metern Länge angeordnet sind. Der Hof am Südende hat an der Südseite ein Tor, das als Eingang diente, während das Tor am Nordende nur für offizielle Empfänge und Zeremonien benutzt wurde. Die „Kette" der Höfe, deren jeder symmetrisch positionierte Gebäude enthielt, sollte ebenfalls zu einer Standardeinrichtung in der Architektur chinesischer Machthaber bis in die Moderne hinein werden.

Gleich zu Beginn der 1970er Jahre, als man anfing, das Palastgelände von Yong auszugraben, fand man in einer Art Abstellkammer 64 Bronzegegenstände von funktionalem und auch nur rein dekorativem Wert, darunter Bauelemente, die dazu dienten, die in Kreuzform zusammengefügten Balken und Säulen zu verstärken, andere Elemente dieser Art waren im 90° Winkel gebogen, um die Verzargungen der Balken zu verstärken. Die Teile sind mit Motiven aus ineinander verschlungenen Schlangen *(pan she)* dekoriert, ein Motiv, das seinen Ursprung in der Kunst der Zhou hat, und gehören zu den besten Beispielen der Bronzegusskunst der Qin aus der Zeit der Fühjahrs- und Herbst-Periode.

Angesichts all dieser Funde scheint eine Passage aus dem *Qin Ben Ji*, die sich mit der Herrschaft des Herzogs Mu befasst, ganz eindeutig auf die Schönheit des Palastes von Yong anzuspielen. Sima Qian berichtet, dass ein gewisser You Yu, ein Nachkomme jener Bewohner des Herzogtums Jin, die sich unter den Rong niedergelassen hatten, der aber die Sprache der Rong ebenso beherrrschte wie die der Jin, von den Rong auf eine „diplomatische Mission" zu Herzog Mu geschickt wurde. Es ist klar, dass selbst am Ende des 7. Jahrhunderts v. Chr. die „barbarische" Welt der Rong, die rohe Hirten und Bauern waren, sich von der Welt der Feudalstaaten des Reichs der Mitte, zu dem sich auch Qin zählte, nicht nur in sprachlicher Hinsicht unterschied. Bei Herzog Mu in Yong angekommen, soll You Yu, nachdem er durch den prächtigen Palast geführt worden war, ausgerufen haben: *„Wenn die Dämonen ihn erbaut haben, so müssen die Geister erschöpft sein, doch wenn Menschen ihn erbaut haben, was für eine bittere Plackerei für die Leute!"*

63 links und oben rechts *Der rechte dieser beiden grauen Tonziegel ist mit dem „Grünen Drachen" verziert, der linke ist in vier Sektoren geteilt, die jeweils ein Ideogramm enthalten. Zusammen ergeben sie die Inschrift* Qi Nian Gong Dan, *„Ziegel des Palastes von Qin". Den Palast errichtete der Qin-Herzog Hui (399–387 v. Chr.). (Museum der Terrakotta-Armee, Lintong)*

63 unten *Dieses bronzene Verbindungsstück stärkte die Kante zweier zusammengefügter Balken. Es ist mit ineinander verschlungenen Schlangen dekoriert, ein Motiv, das* pan she *genannt wird. Entdeckt wurde es beim herzoglichen Palast von Yong, zusammen mit 64 ähnlichen Elementen. (Historisches Museum, Xi'an)*

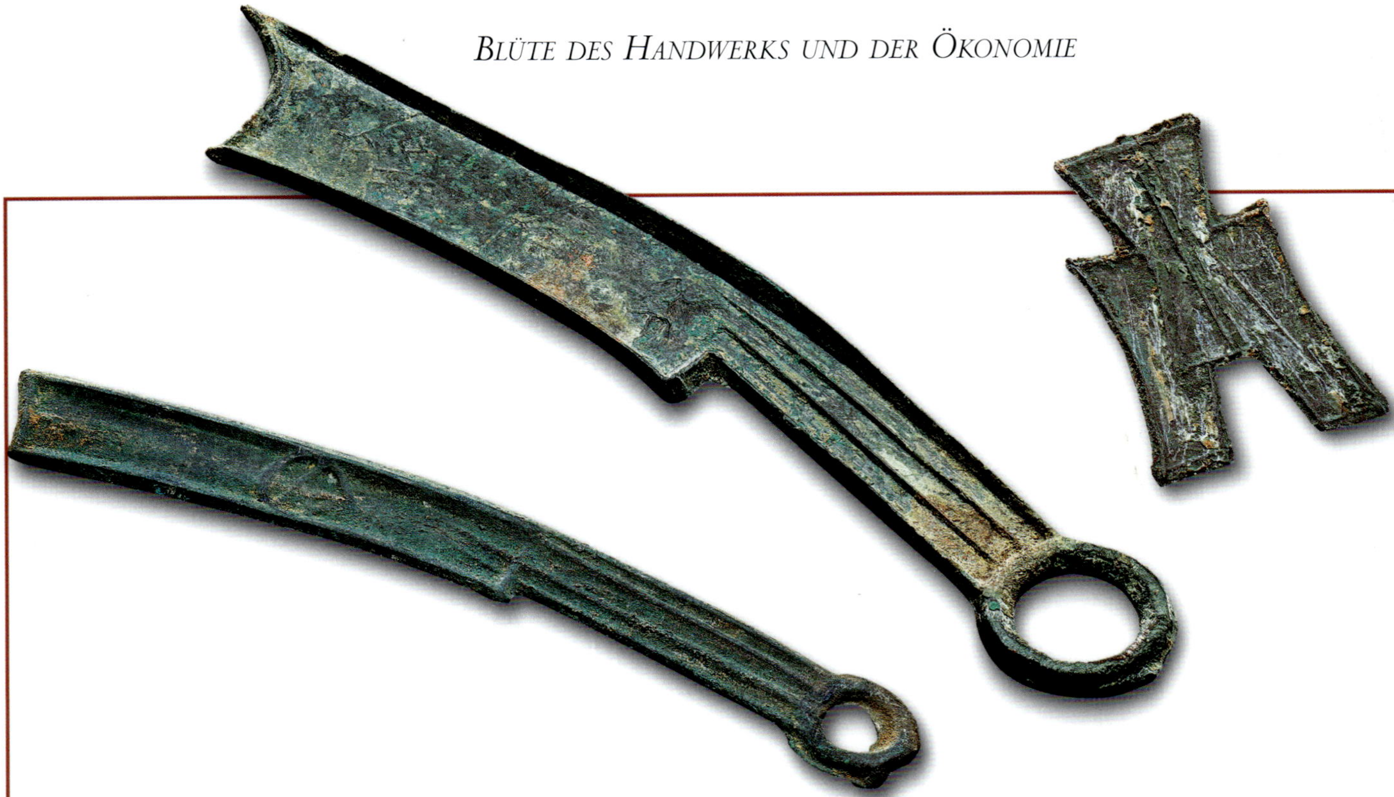

Wir dürfen vermuten, dass zu den Wundern, die You Yu bestaunte, Bronzegefäße gehörten, die nicht mehr (oder nicht ausschließlich) im arbeitsaufwendigen Verfahren der „verlorenen Form" gegossen wurden. Eine neue Technik war entwickelt worden, vielleicht in Jin, die darin bestand, in einer Form, die immer wieder benutzt werden konnte, Einzelteile zu gießen, die später zusammengefügt wurden. Vielleicht sah er auch bunte Lackarbeiten und reich verzierte Bronzen, die aus dem Königreich Chu stammten, wo, wie man meint, das Wachsausgießverfahren entwickelt wurde. Vielleicht sah er auch aus dem Osten importierte reich mit Kupferintarsien verzierte Bronzen. Was You Yu allerdings gewiss nicht sah, sind die ersten aus einem neuen Metall, nämlich Eisen, gefertigten Objekte, und das aus zwei Gründen: Erstens galt nur Bronze als *jijin* (so viel wert wie Gold), und zweitens waren Eisenobjekte zu Beginn des 6. Jahrhunderts v. Chr. noch äußerst selten. Erst im kommenden Jahrhundert sollte sich sein Gebrauch allmählich durchsetzen.

Anders als im Westen wurde Eisen nicht nur geschmiedet, sondern auch gegossen, und in beiden Fällen konnte Kohle zugesetzt werden, um aufgekohltes Eisen für die Herstellung von Stahlwaffen zu erhalten. Gusseisen diente vor allem zur Herstellung von Werkzeugen. Qin war nicht der Erste unter den großen Eisenfabrikanten, doch als man hier erst einmal mit der Eisenverarbeitung begann, waren die Ergebnisse exzellent. In der Zeit der Frühlings- und Herbstperiode lieferten Chu, Wu und Yue – die Staaten im Jangtse-Tal – das beste Gusseisen, denn sie verfügten nicht nur über große Eisenerzvorkommen, die sie mit erstaunlich modernen Methoden abbauten, sie hatten auch schon bei der Arbeit mit Bronze ihre Technik des Umgangs mit Feuer derart verbessert, dass sie die besten Bronzeschwertschmiede geworden waren (ihre Bronzeschwerter waren so gut, dass sie nicht oxidierten). Dieselbe Kenntnis der Befeuerung nützte auch den Töpfern, die glasierte Töpferwaren in langen Brennöfen bei Temperaturen von 1 300° C zu einem so harten und glänzenden Material brannten, dass man es als einen Vorläufer des Porzellans bezeichnen kann, obwohl echtes Porzellan erst rund tausend Jahre später hergestellt wurde.

Historische Texte und archäologische Funde belegen, dass zu dieser Zeit das Handwerk ganz allgemein blühte, vor allem auch die Textilherstellung und die Lackverarbeitung, und dass die Abbautechniken, zum Beispiel auch von Salz, verbessert wurden. Dem stand eine gleichermaßen große Innovationsfreude auf dem Gebiet des Ackerbaus gegenüber. Man fing an, Fruchtwechsel zu betreiben, was in den begünstigten Lagen zu noch besseren Erträgen und mehreren Ernten im Jahr führte. Gleichzeitig verbreiteten sich eiserne Ackerbaugeräte und der von Ochsen gezogene Pflug, was erneut zu großen Ertragsverbesserungen im 6. und 5. Jahrhundert v. Chr. führte. Auch erfolgte eine graduelle administrative Eingliederung sowohl der *guoren*, der innerhalb der Stadtmauern lebenden Bevölkerung, als auch der *yeren*, der „Menschen des offenen Feldes", was ein einheitlicheres Besteuerungssystem bewirkte, das nun nicht mehr in Dienstleistungen bestand, die auf dem Land des Feudalherrn zu erbringen waren, sondern eine Zahlung in Ackerbauprodukten im Wert von 10 bis 20 Prozent der Ernte vorsah. Aus den Quellen, die uns zur Verfügung stehen, ist abzulesen, dass die Bauern rechtlich gesehen freier wurden, aus völlig rechtlosen Sklaven wurden Leibeigene mit einem größeren Maß an persönlicher Freiheit. Damit Hand in Hand ging die Veränderung des Gedankens des Landeigentums. Galt früher alles Land als Eigentum des Königs, so setzte sich jetzt langsam der Gedanke durch, dass auch andere Personen Landbesitzer sein konnten. Die Einbeziehung verschiedenster Völkerschaften führte auch dazu,

❖

Die Abbildungen zeigen die Vielfalt der Münzen zur Zeit der Streitenden Reiche. Von links nach rechts: Zwei „Messer"-Münzen (dao)*, herausgegeben von den Königreichen Yan und Qi. Beide tragen drei erhabene Schriftzeichen auf einer der Seiten; eine „Spaten"-Münze* (kongshoubu *oder* chanbu) *in Form eines zweizackigen flachen Spatens mit einem ausgehöhlten, vertikal angebrachten Griff, wahrscheinlich aus dem Königreich Wei; ein* chanbu *mit gerundeten Schultern aus dem Königreich Wei, das vier erhabene Ideogramme aufweist* (An Yi Er Jin, *„Anyi von zwei Jin: Anyi war die Hauptstadt von Wei,* jin *eine Gewichtseinheit von etwa 12–15 Gramm); eine muschelförmige Münze von etwa 2,8 Gramm Gewicht mit dem Zhou-Schriftzeichen für „Zauber", hergestellt im Königreich Chu;eine „Spaten"-Münze des Herzogtums Jin sowie ein* ban liang *aus dem Königreich Qin.*
(Lintong, Museum der Terrakotta-Armee)

dass unterschiedliche Anbauprodukte in Umlauf kamen, darunter als wichtigstes Weizen, dann zwei verschiedene Hirsesorten, Reis, Hülsenfrüchte, Kohl und verschiedene Baumfrüchte. Auch Maulbeerbäume und Sumach (der Lack absondert) wurden kultiviert und industriell genutzt. Es kam zu einem Wirtschaftswachstum, dem auch die Mitglieder der verschiedenen philosophischen Schulen Aufmerksamkeit schenkten.

Der zunehmende Verkehr zwischen den Staaten, seien es die Bewegungen der Kriegsheere, seien es die Reisen zu den Zusammenkünften, machten es erforderlich, dass Straßen angelegt wurden, deren Erhalt und Pflege den Herren der Streitenden Reiche oblag. Auch Händler reisten auf diesen Land- und Wasserstraßen. Immer wieder stößt man in der Literatur auf Hinweise auf Kaufleute, die sich an den „feudalen Höfen" aufhielten und gesellschaftliche Aufstiege erfuhren. Viele Händler und Kaufleute waren Mitglieder der Klasse der Intellektuellen, Duanmu Si zum Beispiel, ein Schüler des Konfuzius, der zusätzlich zu seinem Reichtum durch seine Reisen auch hohes Wissen erwarb und eine bedeutende Rolle als politischer Berater spielte.

All diese Veränderungen und Neuerungen führten in der Frühlings- und Herbstperiode (770–475 v. Chr.) zur Entwicklung eines neuen Tauschsystems auf der Basis von „standardisierten" Bronzemünzen. Manche Forscher meinen, diese standardisierten Bronzestücke hätten anfangs lediglich einen symbolischen und rituellen Wert besessen. Die ersten Münzen waren aus Kupfer/Bronze und wurden in der Gegend der Zhou-Hauptstadt Chengzhou gegossen. Sie hatten die Form eines zweizackigen Spatens mit einem ausgehöhlten, vertikal angebrachten Griff. Einige der spatenförmigen Münzen (je nach Form *kongshoubu* oder *chanbu* genannt) wurden in Formen gegossen und trugen entweder das einzige chinesische Schriftzeichen *wang* (was *cheng*, die königliche Stadt, repräsentierte) oder die zwei Zeichen *Dong Zhou* (Östliches Zhou), um deutlich zu machen, dass es Münzen des Königreichs Zhou waren. Bereits in der Shang-Dynastie hatte es einen Vorläufer dieser Münzen gegeben, nämlich Kauris *(Cypraea moneta)*, so war die Einführung von Bronzemünzen nicht vollkommen neu. Der Wert der Kauris zeigt sich in der Schreibung des Begriffs, der sich aus den Zeichen *bao* (kostbar) und *bei* (für Muschelschale) aus-drückt. Ebenfalls erhellend ist die Erwähnung von „Kauristrängen" oder „-schnüren" als Währung in Inschriften der Zhou. Allerdings war die Verwendung von Kauris als Zahlungsmittel zur Zeit der Shang und Zhou allein auf den Adel beschränkt, und das scheint auch für die *kongshoubu* zuzutreffen. Von der Mitte des 6. Jahrhunderts v. Chr. an trugen drei Varianten der *kongshoubu* das Ideogramm von mindestens zehn verschiedenen Ortsnamen des Zhou-Territoriums. Das zeigte an, wo sie geprägt wurden und wo sie in Umlauf waren. In der Zeit um 475 v. Chr. wagte es Jin – zu dieser Zeit der mächtigste unter den Feudalstaaten – seinen eigenen *chanbu* mit gefülltem Griff herauszugeben. Es sollte ein weiteres Jahrhundert dauern, bis auch Qin seine eigenen Münzen prägte.

Das allgemeine Wachstum hatte zwischen dem Ende der Zeit der Frühlings- und Herbstperiode und dem Beginn der Zeit der Streitenden Reiche eine ausgesprochene Marktwirtschaft entstehen lassen. Das Aufkommen von privaten Handelshäusern, eines allgemeinen Kommerzes sowie des Münzgeldes setzte einen Kreislauf von Ursache und Wirkung in Gang, der allen Seiten nützte. Die Veränderungen führten dazu, dass man anfing, nicht nur das Konzept des Wertes von Privateigentum zu schätzen, man erkannte auch die Vorteile des demographischen Wachstums, der Entwicklung einer reiferen, städtischen Gesellschaft und schließlich der Geburt des Imperiums der Qin.

Vom Herzogtum zum Königreich: Qin und die Streitenden Reiche

Die alten feudalen Beziehungen waren nur noch eine Erinnerung und Gegenstand ethisch-politischer Spekulationen, als im Jahr 481 v. Chr. das Oberhaupt der Familie Tian – sie stellte seit Generationen den „ersten Minister“ von Qin – den regierenden Herzog meuchelte, dessen Anhänger auslöschte und eine Marionette auf den Thron setzte. Im ganzen Territorium der Qi, mit Ausnahme des Gebiets der Hauptstadt, das er noch der herzoglichen Linie überließ, übernahm er nun selbst die Kontrolle. Die Methoden, die die Familie Tian anwandte, um ihre Macht in Qi zu festigen, unterschieden sich kaum von denen, die wenige Jahrhunderte später Cäsar in der Römischen Republik einsetzen sollte: Geschenke und gute Werke in der Hauptstadt (Linzi), Rekrutierung fähiger Berater und Administratoren aus verschiedenen sozialen Schichten, die nicht unbedingt gebürtige Qi sein mussten.

Auch im Herzogtum Jin hatten die „ministerialen“ Familien interne Streitereien angezettelt, um größeren Einfluss auf die wirtschaftliche und politische Macht im Lande zu gewinnen. Sobald rivalisierende Familien aus dem Weg geräumt waren, wurden ihre Lehngüter in Distrikte *(xian)* umgewandelt und der direkten Kontrolle der dominierenden Familie unterstellt: Ein weiterer Schritt in Richtung auf die Zentralisierung der Machtkontrolle des Staates. Diese Kontrolle wurde durch die auf den Ritualbronzen verewigten Regeln unterstrichen sowie durch die Bluteide, die die Allianzen zwischen den Familien festigten. Im Jahr 497 v. Chr. war aus den Kämpfen zwischen den verschiedenen „ministerialen“ Familien Jins ein ausgewachsener Bürgerkrieg geworden, der erst 424 mit dem Sieg von drei Clanen endete, die das Land der Jin in die drei neuen territorialen und politischen Einheiten Hann, Wei und Zhao aufteilten. Erst 403 v. Chr. erkannten die Zhou diese Emporkömmlinge an.

Im Jangtse-Tal manifestierte sich die Tendenz zur Zentralisierung der Macht in den fortgesetzten Feindseligkeiten zwischen den Staaten Chu, Wu und Yue und in den Streitigkeiten zwischen dem Clan der königlichen Familie und den familiären Seitenzweigen der Chu. Obwohl es diesen Spannungen ausgesetzt war, konnte das Königreich selbst während des ganzen 5. Jahrhunderts v. Chr. wachsen und gedeihen.

In diesem Klima des territorialen und institutionellen Wandels, der darauf zielte aus militärischen und ökonomischen Gründen die Verwaltung der Ressourcen zu optimieren, kam es

Zwei schussbereite Bogenschützen, dargestellt auf einem mit Kupfer verzierten bronzenen hu *aus dem 7.–5. Jahrhundert v. Chr. evozieren das Klima der sozialen und politischen Instabilität einer Zeit, in der Spannungen nur zu häufig in bewaffnete Kämpfe zwischen den Clanen der einzelnen Königreiche und Feudalstaaten ausarteten. (Musée National des Arts Asiatiques-Guimet, Paris)*

auch im Herzogtum Qin zu ähnlichen Veränderungen. Nachdem es im Westen und Nordwesten Eroberungen gemacht hatte, durchlebte Qin eine Phase des Niedergangs, der mit Gebietsverlusten entlang des Huanghe verbunden war, der Qin von der mächtigen Allianz von Wei, Zhao und Hann trennte. In Qin war es während der ersten hundert Jahre der Streitenden Reiche zu Konflikten zwischen den Clanen gekommen, aus dem der Clan der Ying und seine Zweige siegreich hervorgingen.

Es gab eine Folge vieler, sehr junger Herzöge, die immer nur kurz regierten. Die Amtszeit der Minister und Berater scheint hingegen deutlich länger gewährt zu haben, und ihnen ist zweifellos die Konsolidierung der westlichen Landesteile zu danken und auch der Beginn der nach Südwesten gerichteten Ausdehnung in das Sichuan-Becken hinein. Sichuan wurde bald zur Kornkammer von Qin.

Als Herzog Xian (Regierungszeit 384–362 v. Chr.), nachdem er lange Jahre als Friedensgeisel (ein Brauch, der in der Frühlings- und Herbstperiode eingeführt worden war) in Wei zugebracht und dann – mit Unterstützung der Rong und Di und seines „Kommandeurs“ Gai – den Hofintrigen in Qin ein Ende gemacht hatte, kehrte er 385 v. Chr. nach Yong zurück und übernahm die Macht. Eine seiner ersten Amtshandlungen war die Abschaffung der Menschenopfer. 383 verlegte er aus politischen und militärstrategischen Gründen die Hauptstadt nach Yueyang und ließ sie ummauern. Yueyang (im heutigen Bezirk Lintong) lag einerseits weit entfernt von den verräterischen Adelsfamilien von Yong, andererseits näher an den zwischen Wei und Qin umkämpften Gebieten am Huanghe. In der neuen Hauptstadt begann Xian mit der Umsetzung seiner Reformen, wobei ihm vielleicht Wei als Vorbild diente, denn dort kannte man schon die Einteilung in Distrikte *(xian)*, die der direkten Herrschaft des Herzogs unterstanden. Diese Reformen bildeten die Grundlage, auf der Herzog Xiao (Regierungszeit 361–338 v. Chr.) aufbaute, um zusammen mit seinem Berater Shang Yang aus dem Herzogtum Qin das politisch und militärisch mächtigste der Streitenden Reiche zu machen.

Diese Bronzewaffen stammen aus derselben Zeit wie der nebenan abgebildete hu und dokumentieren wie er die Gewaltbereitschaft der Ära: Links eine Pfeilspitze, rechts ein mit Türkis und Jade eingelegtes Schwert, in der Mitte ein Spiegel, auf dessen nicht polierter Außenseite eine Dekoration angebracht ist, die die Vision von einem geordneten Universum darstellt. (Musée National des Arts Asiatiques-Guimet, Paris)

Shang Yangs Reformen: Wege in die Moderne

Shang Yang (gestorben 338 v. Chr.) gehört zu den faszinierendsten Denkern und Reformern des alten China, denn er besaß die Fähigkeit, die verschiedenen in den Streitenden Reichen erarbeiteten politischen und wirtschaftlichen Konzepte zu versöhnen und daraus etwas Neues zu schaffen, das den politischen Vorstellungen von Herzog Xiao von Qin entsprach.

Sima Qian zufolge war der auch Gongsun Yang, Wei Yang oder Herr von Shang genannte Shang Yang der Sohn einer Konkubine des Herrn von Wey, einem kleinen, schwachen Herzogtum im unteren Huanghe-Tal. Von einem Meister der Schule der Legisten lernte er, wie die Bevölkerung durch bürokratische Mittel zu kontrollieren ist. Nach seiner Ausbildung wurde er Verwalter und „Schatzmeister" des Ersten Ministers des mächtigen Herzogtums Wei. Sobald Xiao Gong von Qin den Thron bestiegen hatte, bat er, damit einer üblichen Praxis der Zeit der Streitenden Reiche folgend, Shang Yang zu sich und ernannte ihn zum „Gastoffizier". Zwei Jahre später, 358 v. Chr., überzeugte Shang Yang den Herzog von der Notwendigkeit einer Reihe von Reformen, um die Wirtschaft Qins zu beleben. Die Reformen umfassten Gesetzesänderungen, die Einsetzung harter, aber gerechter Strafen, Standardisierungen, Entwicklungsmaßnahmen für die Landwirtschaft sowie angemessene Belohnungen für jene, die in den Schlachten unter Einsatz ihres Lebens gekämpft hatten. Zum Missvergnügen der Bevölkerung, die deren Nutzen erst Jahre später erkannten, wurden die Reformen durchgesetzt. Als *zuoshuzhang* gelangte Shang Yang in den 11. Grad der Hierarchie. Er erkämpfte dem Herzog eine Reihe von Siegen und regte wohl auch die Verlegung der Hauptstadt von Yueyang nach Xianyang an. Die neue Kapitale lag den alten Städten Feng und Hao, den Hauptstädten der Westlichen Zhou, genau gegenüber (heute bilden sie alle zusammen die Stadt Xi'an). Bis zum Fall der Dynastie, 206 v. Chr., blieb Xianyang das Machtzentrum der Qin. Der erste auf Shang Yangs Initiative hin hier errichtete Monumentalbau war der *Jique* (Torturm), der den Eingang zum königlichen Palast bildete. Der Tradition nach verkündeten die Herrscher der Zhou von Bauten dieser Art *(que)* aus ihre Dekrete und Gesetze.

Es ist schwer, Shang Yangs Reformen in Kategorien zu fassen, denn jede einzelne Maßnahme hatte vielfältige Effekte auf die Wirtschaft und die Institutionen des Staates. Bei der Erneuerung und Verschärfung der Gesetze war das Hauptziel die Kontrolle der Hofcliquen und der Bauern, was man dadurch erreichte, dass alle vor dem Gesetz als gleich galten. Doch hatte das wiederum Auswirkungen auf die Ökonomie und die Gesellschaft, denn durch die Gleichstellung war auch das Prinzip der „kollektiven Verantwortung" und der „gegenseitigen Überwachung" geboren. Die Mitglieder der rund zehn Familienclane, aus denen die Bevölkerung des Staates bestand, waren dadurch in einer Art ziviler Solidarität miteinander verknüpft; doch war auch die Grundlage für ein nie zuvor da gewesenes Maß an militärischer Solidarität geschaffen, denn die Mitglieder der sich gegenseitig überwachenden, aber auch unterstützenden Gruppen hatten Seite an Seite zu kämpfen.

Nicht wenige Historiker schätzen die Maßnahmen, die die kollektive Verantwortung und die gegenseitige Überwachung einführten, negativ ein, so als müssten daraus notwendiger Weise schlechte Beziehungen zwischen Nachbarn, Kleingeist, Bespitzelung und Verdächtigung erwachsen. Wir sind der Ansicht, dass, sollte es dazu gekommen sein, dies eher die Ausnahme als die Regel war, denn offenbar herrschte eher Solidarität als Misstrauen. Eine andere Maßnahme, die weitreichende Folgen hatte, war die schriftliche Fixierung von Gesetzen auf Säulen, standardisierten Gewichten und Maßen, sodass niemand mehr sagen konnte, er kenne die Gesetze nicht. Dadurch wurden auch die gesellschaftlichen Schichten angeregt zumindest die Grundelemente der Schrift zu lernen, die zuvor Analphabeten gewesen waren.

Auch die neuen Titel und Belohnungen für diejenigen, die sich im Kampf als besonders tapfer erwiesen hatten (abzulesen an der Zahl der Köpfe oder Ohren der Feinde, die sie vorweisen konnten), und die individuellen wie auch kollektiven Strafen, die Feiglingen und Ungehorsamen drohten, schufen Solidarität unter den Kämpfern und banden sie enger an die Kommandeure. Zugleich unterminierten sie die Blutrechte des Qin-Adels. Als Ergebnis der Reformen Shang Yangs gab es nun ein Bauernheer, das Möglichkeiten für den gesellschaftlichen Aufstieg bot, selbst den aus der Fremde Zugewanderten. Ebenso wichtig war eine Reform, die Landparzellen von der Größe, wie ein Mann sie allein bearbeiten kann, vergab. Dem Familienoberhaupt wurde eine Steuer auferlegt, die sich mit der Zahl der schon erwachsenen Söhne, die noch beim Vater wohnten, unproportional erhöhte. Nur durch Urbarmachung und Bestellung noch unkultivierten Landes und durch Abgabe von Parzellen an Immigranten konnte man der Steuer entgehen.

Auch andere Reformen, die Shang Yang gleich nach dem Umzug nach Xianyang durchsetzte, hatten Auswirkungen auf die Gesellschaft und die Wirtschaft. 350 v. Chr. war der größte Teil Qins in 41 (anderen Historikern zufolge in 36) Verwaltungsdistrikte (xian) geteilt, denen jeweils ein Magistrat (ling), ein Vizemagistrat (cheng) und ein Militärkommandeur (wei) vorstand. Diese drei waren der herzoglichen Verwaltung gegenüber direkt verantwortlich und hatten ihrerseits eine Pyramide von lokalen Beamten unter sich, deren unterste Ebene die auf die kleinsten Dörfer verteilten Aufseher (sefu) bildeten. So wurde eine effiziente, gut strukturierte Verwaltung geschaffen, die bis in die lokale Ebene hinein reichte und auch sich selbst kontrollierte, indem ständig Dokumente vom Zentrum zur Peripherie und umgekehrt wanderten. Diese Dokumente wurden erst dann als gültig anerkannt, wenn sie das Zeichen der Authentizität trugen, das auch heute noch Gültigkeit hat: ein Siegel oder einen Stempel mit dem Namen des zuständigen Beamten.

Auch in militärischer Hinsicht hatte der xian Bedeutung, denn auf seiner Basis erfolgte die militärische Einberufung; so wurde es möglich, aus allen Territorien Soldaten einzuziehen und eine mobile Infanterie zu schaffen. Qin war nicht der einzige Staat, der sein Militär auf diese Weise erneuerte. Viele der Staaten der Streitenden Reiche schufen sich mit Hilfe der Elite große Heere aus eingezogenen Bauern. Als Herzog Xian 338 v. Chr. starb, fiel der inzwischen zu Ehre und Reichtum gekommene Shang Yang in Ungnade. Nach einer von den Beratern des Thronerben angezettelten Vendetta wurde er Opfer seiner eigenen scharfen Gesetze: Zwischen Streitwagen gespannt, wurde er öffentlich gevierteilt.

Ungeachtet des grausamen Schicksals ihres Schöpfers wurden die Reformen Shang Yangs nicht aufgehoben. Im Gegenteil, ihnen war es zu danken, dass Herzog Huiwen (Regierungszeit: 337–311 v. Chr.) dem Konflikt mit Wei, Hann und Zhao standhalten und Gebiete und befestigte Städte östlich des Huanghe einnehmen konnte.

Auch im Norden gewann er Territorium hinzu, und er vereinigte das mittlere Jangtse-Tal mit dem Sichuan-Becken. So wurde Qin zu einem Königreich, das geschützt zwischen Trockenländern, Bergketten und Flüssen lag. Huiwen konnte sich auf die traditionelle Aggressivität seiner Qin-Armee, auf den natürlichen Reichtum der Ressourcen von Chu und die großen Getreideernten von Sichuan stützen. Zehn Jahre nach dem Tod von Huiwen setzte General Li Bing von Qin in Sichuan eines der spektakulärsten wassertechnischen Werke des antiken China in die Tat um: Die Teilung des Minjiang nahe dem heutigen Dujiayan. Das Bewässerungssystem – während der Han-Dynastie durch Dämme und künstliche Kanäle erweitert – teilte den Fluss und leitete ihn in ein System, das ein fast 60 000 Hektar großes Anbaugebiet in der Ebene Chengdu bewässerte.

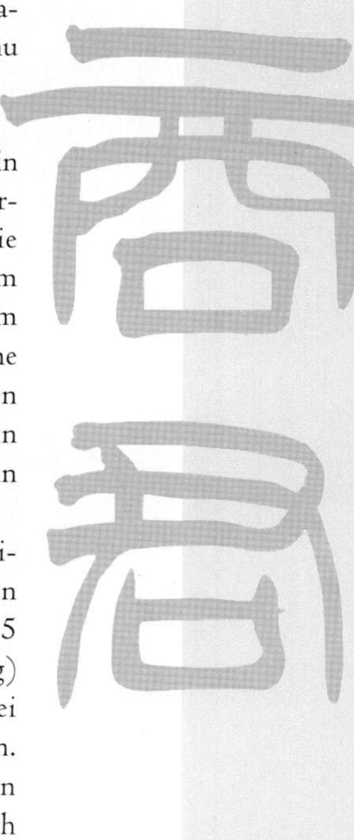

Es gelang Huiwen, seine Macht zu festigen und sich den Respekt der Herren der Streitenden Reiche zu erkämpfen. 325 v. Chr. legte er sich den Titel wang (König) zu, wie es 344 bereits der Herzog von Wei und 341 der Herzog von Qi getan hatten. 324 nannte sich sogar der Herzog von Hann König und schließlich, 322, taten das auch die Herren von Zhao, Yan und Zhongshan. Die Zeit der Entwicklung der Kleinstaaten zu zentralisierten Verwaltungseinheiten ging ebenso zu Ende wie die Heiligkeit des Titels, den zuvor nur der Herrscher der Zhou hatte beanspruchen dürfen.

Arme und Reiche: Die Nekropolen der Qin

Trotz der Bedeutung der Hauptstadt Yueyang, von der aus die Qin mit der Rückeroberung des gesamten Wei-Tals begannen, ehe sie sich endgültig in Xianyang niederließen, ist die Stadt, die ein Gebiet von etwa 4 Quadratkilometern umfasste, archäologisch bisher noch kaum erforscht. Untersucht wurden lediglich der Verlauf der Stadtmauer, sechs Tore, ein paar Straßen, die Überreste einiger Werkstätten sowie tönerne Dachziegel, die von größeren Gebäuden stammen, die durch ein Drainagesystem aus Tonröhren miteinander verbunden waren.

In Xianyang hat man intensiver geforscht (es wird später davon die Rede sein), doch ist es schwer, die Überreste aus der Spätzeit der Streitenden Reiche von denen aus der Zeit der Qin-Dynasie zu trennen. Wiederum sind es die Nekropolen, die die besten Aufschlüsse über die gesellschaftliche und politische Entwicklung von Qin geben.

In der Zeit der Streitenden Reiche hat sich in Qin eine neue Form der Bestattungsarchitektur entwickelt, doch die Gründe hierfür sind uns noch unbekannt. Die in der Frühlings- und Herbstperiode üblichen rechteckigen Schachtgräber kommen plötzlich aus der Mode. An ihre Stelle treten Gräber mit großen Grabkammern, die an der einen Seite eines tiefen Zugangsschachtes ausgehoben werden. Diese neue Begräbnisform bildet einen exzellenten Marker, mit dessen Hilfe sich die langsame Ausbreitung der Qin nach Osten ablesen lässt. Nachdem sie erstmals im Wei-Tal auftauchten, lässt sich die Spur der Gräber mit den großen Grabkammern durch das mittlere Huanghe-Tal verfolgen, wenngleich die traditionellen Schachtgräber hier nie ganz aufgegeben wurden.

Im Allgemeinen handelt es sich um kleinere Anlagen mit wenigen Grabbeigaben. In vielen Qin-Nekropolen des 4. und 3. Jahrhunderts v. Chr., die in der Provinz Shaanxi ausgegraben wurden (Keshengzhuang, Banpo, Baizhaizi, Lijiaya, Baoji und vor allem Taerpo), gibt es nur wenige Gräber, die entweder Gefäße, Waffen oder andere Objekte aus Bronze oder Eisen als Grabbeigaben enthielten. Die Norm waren Tontöpfe, in denen sich oft die Überreste von Opfertieren fanden. Anthropomorphe Statuetten oder persönlicher Schmuck waren selten; zahlreich waren hingegen die Gräber ohne alle Beigaben, was zeigt, dass es sich um Gräber von Menschen handelte, die der niedersten gesellschaftlichen Klasse angehörten. Da es so gänzlich an Grabbeigaben mangelt, lässt sich oft auch nicht sagen, welchem Beruf der Verstorbene nachging oder welche Rolle er in der Gesellschaft spielte. Möglicherweise sind es die Gräber der als Soldaten rekrutierten Bauern und der niederen Beamten, die aus Qin jenen großen Staat machten und deren Frauen und Kinder weiterhin, wie es schon in der Steinzeit üblich gewesen war, in schlichten Tonsärgen beigesetzt wurden.

In einem Grabungsfeld nördlich von Xi'an, es ist als „Minzhu Garten" bekannt, sind viele

70 Diese „geflügelten" oder „gerippten" Pfeilspitzen aus Bronze waren tödliche und in der Zeit der Streitenden Reiche sehr gefürchtete Waffen, mit denen die Bogenschützen der Qin meisterlich umzugehen verstanden. Bei vielen in den Gräbern gefundenen Skeletten lagen solche Pfeile. Die Rillen ließen die Spitzen leicht eindringen, verhinderten aber auch, dass man sie wieder aus dem Körper entfernen konnte. (Historisches Museum, Xi'an)

71 Diese bemalten Reiterfigürchen aus Ton wurden im Grab 28 057 der Nekropole Taerpo gefunden, die 350 v. Chr. eingerichtet wurde. Es ist kaum zu glauben, dass sie nur 100 Jahre älter sind als die Statuen der Terrakotta-Armee. Der Fortschritt, den die Töpferkunst bei den Qin machte, ist mehr als erstaunlich. (Städtisches Museum, Xianyang)

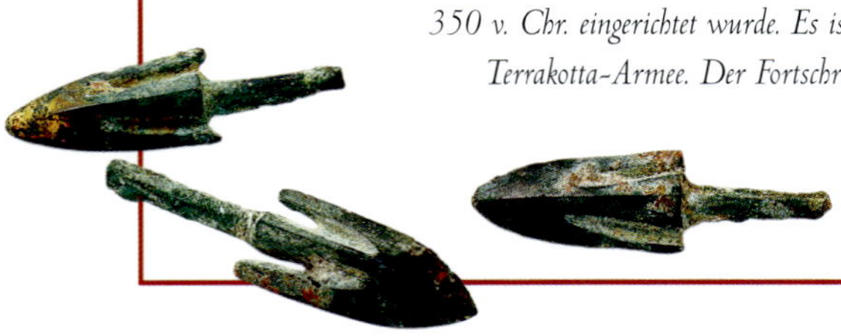

der 60 ausgegrabenen Gräber nicht nur ohne alle Beigaben, sie enthielten oft auch mehrere Skelette, die in zufälliger Anordnung, wie einfach hineingeworfen, darin lagen. Die Untersuchung der Knochen ist noch nicht abgeschlossen und folglich ist es schwer zu sagen, ob die Gräber Ergebnis eines einmaligen Ereignisses – einer Epidemie, einer Hungersnot, eines Kriegszuges – waren, oder ob es sich um eine atypische, bisher nicht dokumentierte Form der Bestattung handelte.

In den vielen Nekropolen, die sich zwischen oberem Wei-Tal und Huanghe finden, sind diejenigen Gräber, die Keramikgefäße (selten Bronze), Waffen, Spiegel, Bronzesiegel, bronzene Gürtelschnallen und rituelle Steininsignien enthalten, als typische Gräber der Mittel- und Oberschicht der Qin-Gesellschaft zu erkennen. Die Dekorationen auf den Tongefäßen (sie sind Nachahmungen der früheren Bronzegefäße) sind fließender, und sobald ihre frühere symbolische Bedeutung in Vergessenheit geraten war, verschwanden sie um die Mitte der Zeit der Streitenden Reiche; gleichzeitig nahmen die Gefäße kunstvoll gearbeitete Formen an, wobei das innere Volumen immer geringer wurde, weil der Boden so weit angehoben wurde, dass er fast den oberen Rand erreichte.

„Qin hat das Herz eines Tigers oder Wolfs“, pflegte man in den östlichen Nachbarstaaten zu sagen und spielte damit die wilde Angriffslust der Armee der Qin an. Während die Zeit der

Streitenden Reiche voranschritt, zeigten die Grabbeigaben, wie sehr diese Beschreibung der Wahrheit entsprach. In Taerpo, der größten Nekropole der Qin, die in der Hauptstadt Xinyang entdeckt wurde, fanden sich neben Objekten, die dem Alltagsleben der Bauern zuzuordnen sind – etwa Miniaturnachbildungen von Getreidespeichern oder von Ochsenkarren – vor allem Bronze- und Eisenwaffen: Schwerter, verschiedene Typen von Hellebarden, Pfeilspitzen, geschärfte Speerspitzen, Armbrustbolzen sowie kurze, gekrümmte Messerschneiden. Im Vergleich zu den Grabbeigaben, die sich in den Gräbern des Adels der östlicheren Königreiche fanden, legte man hier wenig Wert auf Raffinesse und Ausgefeiltheit; lediglich die vielfältigen mit Flachreliefs verzierten Bronzespiegel sind ebenso typisch für die Produktion der Qin, wie die zoomorph gestalteten Gewandspangen aus ineinander verschlungenen Drachen, die zu den schönsten Beispielen der hochentwickelten Metallverarbeitungskunst der Qin zählen.

Ein Aspekt ist bei der letztgenannten Kategorie von Objekten besonders interessant: Die Vermischung verschiedener Elemente, etwa von Tieren und Fabelwesen in Bewegung, macht deutlich, wie stark die Qin mit der Welt der Steppenvölker, ihrer animalistischen Kunst und

Die für die Qin-Gräber typischen Beigaben sind Modelle von Objekten des zeitgenössischen Alltagslebens sowohl der Bauernschaft wie der Aristokratie. Tierfiguren, wie dieses Bronzepferd mit Wagen, das Vertrautheit mit der Kultur der Steppenvölker verrät, waren häufig.

ihrer kulturellen Vielfalt, vertraut und verbunden waren. In einem Grab aus der Spätzeit der Qin, das bei Zaomiao, nahe der Steppe von Ordos entdeckt wurde, fand man eine Gewandfibel in reinstem „animalistischem" Stil, zeigt sie doch einen Tiger, der auf einen Steinbock gesprungen ist und ihm den tödlichen Biss in den Rücken versetzt. Und ein in Badiqan gefundener kleiner Ziernagel aus Bronze kombiniert durch zwei quadratische Spiralen ein menschliches Gesicht mit dem Kopf einer Langhornziege. Aus den Qin-Gräbern lässt sich aber noch ein weiterer Aspekt von größter Bedeutung ablesen: Das gesamte Handwerk stand unter zentralisierter Kontrolle, und das war die Voraussetzung zur Schaffung eines der größten Grabmonumente der ganzen menschlichen Geschichte, der riesigen Grabanlage des Ersten Erhabenen Herrschers der Qin-Dynastie, des Qin Shihuangdi.

❖

74 *Dieser aus der Qin-Periode stammende kleine Terrakottakopf zeigt das Gesicht eines Soldaten. Miniaturnachbildungen von Objekten, etwa menschliche Figurinen, Gehöfte, Getreidespeicher oder Wagen, bezeugen die Reife eines Wandlungsprozesses bei den Begräbnisriten, der zu Beginn der Frühlings- und Herbstperiode seinen Anfang nahm und sich in der Zeit der Streitenden Reiche allgemein durchsetzte.*

❖

75 *Besonders in den südlichen Gebieten des Königreichs Chu, das die Armeen der Qin erobert hatten, fanden sich neben Artefakten aus Bronze und Terrakotta häufig auch Objekte aus Holz und Lack, wie diese Figur aus der Zeit zwischen dem Ende der Östlichen Zhou und der Qin-Dynastie. Die Beliebtheit von Ersatzmodellen, den Chinesen sind sie unter dem merkwürdigen Namen* mingqi *(„Geistgüter“) bekannt, wuchs nur langsam. Es dauerte mehrere Jahrhunderte, bis sie in den Gräbern den Platz von echten Menschen und anderen Objekten einnahmen.*

Viele der in den Gräbern gefundenen Gefäße waren mit Siegeln versehen, deren Inschriften meist aus vier oder sechs Schriftzeichen bestanden, die den Produktionsort und den amtlichen Aufseher nannten. Wir wissen nicht, warum die Gefäße gesiegelt waren, möglicherweise hatte es mit der Kontrolle der Qualität oder des vorschriftsmäßigen Volumens der Ware zu tun. Weniger überzeugend ist die Annahme, die Siegel hätten etwas mit dem Gebrauchsort der Objekte zu tun.

Der Schriftstil der Ideogramme ist ebenfalls interessant. Er ist sehr einfach und linear und in den meisten Fällen gut lesbar. Damit unterscheiden sich diese Siegelinschriften sehr von den komplexeren und archaischeren Inschriften der Ritualbronzen oder dem Schriftstil, der in einigen anderen der Streitenden Reiche üblich war. Der Stil der Ideogramme auf den Töpferwaren der Qin gehört zu den frühesten Beispielen „regulärer Schrift". Die Qin zwangen diesen Schreibstil all jenen auf, deren Territorien zur Zeit der Gründung des Kaiserreichs von ihnen erobert wurden und er blieb fast unverändert in Gebrauch, bis ein paar Jahre nach der Gründung der Volksrepublik China im Jahr 1949 leicht vereinfachte Schriftzeichen eingeführt wurden. Die Stempel sind ein solider Beweis dafür, dass die Verwaltung der Qin Siegel zur Kontrolle und Beglaubigung verwendete. Erneut bestätigt wurde das im Jahr 2000, als in dem Dorf Xiangjiaxiang bei Ausgrabungsarbeiten am Kaiserpalast der Westlichen Han (206 v. Chr–3 n. Chr.) 325 gestempelte Tonsiegel entdeckt wurden. Die Paläste der Han sind Überbauungen von Gebäuden, die bereits in der Qin-Zeit oder früher errichtet wurden und zu der Zeit wahrscheinlich als Amtsgebäude der öffentlichen Verwaltung dienten. Die Siegel bestanden aus rohen Lehmklümpchen, in die der Stempel mit den Schriftzeichen gedrückt worden war. Dank der vielen Ortsnamen, die sie tragen, geben sie Aufschluss über die historische Geographie, und die vielen genannten und immer neuen Titel geben Hinweise auf die Entwicklung des Verwaltungsapparats mit seiner hierarchischen Ämterstruktur.

Mehr als 1 000 Tonsiegel mit aufgestempelten, leicht erhabenen Schriftzeichen, die Namen oder Titel von Amtspersonen oder Verwaltungsbegriffe bedeuten, wurden in den letzten Jahren im Gebiet um Xi'an gefunden. Die Sitte, offizielle Dokumente zu siegeln, setzte sich zur Zeit der Qin allgemein durch und wurde in der Folgezeit über Jahrhunderte beibehalten. Sie bezeugt so die Komplexität des Verwaltungssystems.

Dass nicht nur in Qin Siegel verwendet wurden, wissen wir durch Funde, die bei einer 1987–88 im Grab 2 bei Baoshan (Provinz Hubei) durchgeführten Grabung entdeckt wurden. Dieser Grabungsort liegt rund 15 Kilometer von Jinan entfernt, das während der Zeit der Streitenden Reiche Hauptstadt der Chu war. Das Grab enthielt die Überreste eines hohen Beamten namens Zhao Tuo, des *zuoyin dafu* des Königreichs Chu, der 316 v. Chr. gestorben war. Zu den 1 933 Objekten, die im Grab gefunden wurden, gehörten auch mehrere kleine Gefäße, die Nahrungsmittel enthielten. Sie waren sorgfältig mit Lederschnüren verschlossen, die über den Deckel und rund um den oberen Gefäßrand gelegt waren. Die losen Enden der Schnüre waren mit einem Lehmklümpchen „versiegelt“, dessen Inschrift besagte, was das Gefäß enthielt, oder die mit einem Ringabdruck versehen waren. Ganz offensichtlich sollte durch die Siegelung verhindert werden, dass jemand die Gefäße unbemerkt öffnet.

Die Siegel der Chu unterscheiden sich also insofern von denen der Qin, als sie keinem administrativen Zweck dienten. Dass Siegel als Verschluss von Speichergefäßen (öffentlichen wie privaten) eine lange Geschichte haben, ist bekannt – zu diesem Zweck wurden sie schon in den Tempeln der Mesopotamier zu Beginn des 3. Jahrtausends v. Chr. verwendet. Siegel aus Bronze und wertvollen Steinen waren in den westliche Regionen Zentralasiens im 3. und 2. Jahrtausend v. Chr. in Gebrauch, doch für die Dynastien der Shang und Zhou ist ihr Einsatz kaum dokumentiert. Ihr Gebrauch verbreitete sich aber zunehmend in der Zeit der Streitenden Reiche, nachdem sich zentralisierte Verwaltungen entwickelt hatten. Wie bei der Metallverarbeitung und beim Gebrauch von Wagen stellt sich also die Frage: Waren die Siegel ein von außen übernommenes oder ein unabhängig erfundenes, eigenes Kulturgut? Bisher kann die Frage nicht beantwortet werden. Konkrete Hinweise auf eine zentralisierte Verwaltung bei den Qin geben aber nicht nur die Siegelinschriften, sondern auch die Schriftzeichen auf Bronzewaffen. Ganz offensichtlich unterstand dieses wichtige Produktionsfeld staatlicher Kontrolle. Eine 1995 durchgeführte Ausgrabung in der Nekropole Taerpo förderte einen kleinen Bronzenagel vom Schaft einer Hellebarde (27 063:15) zutage, dessen Inschrift besagt, dass die Waffe im 19. Jahr der Oberaufsicht des Ministers Yang hergestellt wurde. Das heißt, sie wurde 343 v. Chr. (dem 19. Jahr der Regierung von Herzog Xiao) unter der Aufsicht von Shang Yang geschaffen. Andere Inschriften auf Bronzewaffen, drei weitere entstanden zur Zeit von Shang Yang, zeigen, dass die Waffenherstellung der direkten Kontrolle der höchsten Ebene der Administration unterstand, und zwar noch lange nach der Reichseinigung 221 v. Chr. Natürlich konnte die Armee nicht allein mit Waffen versorgt werden, die in der Hauptstadt gefertigt wurden (wie die unter Shang Yangs Aufsicht geschaffenen). Viele der Waffen, die in Gebieten außerhalb der Metropole gefunden wurden, tragen Inschriften, die als Oberaufseher den *shangjun* nennen, einen hohen Beamten der Lokalpräfektur *(jun)*. Sie sind möglicherweise ein Hinweis darauf, dass die Qin die durch Eroberung neu hinzugewonnenen Gebiete einer Verwaltung unterstellten, die nicht nach dem Modell der Distrikte *(xian)* arbeitete. Diese neuen Verwaltungseinheiten *(jun)* werden im allgemeinen mit dem Begriff „Präfektur“ übersetzt.

Die Siegel spiegeln die Entwicklung der chinesischen Schrift. Es ist wohl kein Zufall, dass der Qin-Stil, der die Grundlage jener klassischen chinesischen Schrift bildet, die in der Han-Periode ihre letzte Verfeinerung erfuhr, als xiaozhuang*, bekannt ist, bedeutet dies doch „kleines Siegel“.*

Eine weitere Kategorie von Inschriften auf Bronzewaffen ist aufschlussreich: Es handelt sich um kurze Phrasen in der Schrift der Qin, die sich auf Waffen finden, deren Typologie sie als Produkte anderer „Reiche" ausweist, die also Kriegsbeute darstellten und somit Beweis sind für die Eroberungen, die die Qin-Armeen besonders im 3. Jahrhundert v. Chr. machten. Solche Waffen mit Qin-Inschriften wurden in Liaoning im äußersten Norden und in Guanxi-Guangdong im äußersten Süden gefunden.

Die besten Beweise für die Ausdehnung der Qin bieten allerdings die Qin-Gräber, die außerhalb des Wei-Tals liegen und in die Mitte bis Spätzeit der Streitenden Reiche datiert werden können. In den meisten Fällen dokumentieren sie die große Flexibilität der Qin-Kultur, die in der Lage war, sich den jeweiligen lokalen Kulturen anzupassen, denn wie bereits erwähnt, änderte sich die Gestaltung, die Architektur und Ausstattung der Qin-Gräber je nach den äußeren Vorbildern.

Viele wichtige Funde wurden in den Wohngebieten und den zugehörigen Friedhöfen der Territorien der Qin-Könige, die seit dem 4. Jahrhundert v. Chr. herrschten, gemacht. So wurden beispielsweise nahe Houma (Provinz Shanxi) 70 Gräber aus der Zeit der Streitenden Reiche ausgegraben, in denen die Körper in hockender Stellung beigesetzt waren. Dies, zusammen mit den typischen Qin-Grabbeigaben, machte es leicht, sie als die Gräber von Funktionären und Beamten des Königreichs Qin zu identifizieren, obwohl sie in anderer Hinsicht untypisch sind. So sind sie von kleinen Kanälen umgeben, die die äußere Umgrenzung entweder zu einem einzelnen weiteren Grab oder zu einem Gräberpaar bildeten, die häufig Menschenopfer enthielten. Einige dieser Opfer trugen bronzene Halskragen, andere waren zerstückelt, fast so, als sollten die Kanäle und die Opfer den hier in der Fremde Bestatteten eine Art magischen Schutz gewähren.

Die Qin-Gräber der Chengdu-Ebene (Provinz Sichuan) enthielten Bronzegefäße und Waffen, die der einheimischen Ba-Kultur zuzuordnen sind, und Qin-Gräber, die im Territorium von Chu entdeckt wurden, enthielten nicht nur ein Übermaß an fein gestalteten Gegenständen aus Holz, Lack, Pflanzenfasern, Bronze, Ton und Jade, auch die Art der Bestattung entsprach der Chu-Tradition, derzufolge der Verstorbene in Grabtücher aus Seide gehüllt und in Holzsärgen bestattet wird. Die Holzsärge, meist sind zwei ineinandergeschachtelt, waren oft lackiert und bemalt, der Raum zwischen den beiden Särgen enthielt die Grabbeigaben und symbolisierte zugleich die verschiedenen Funktionen der Räume eines begüterten Hauses. Nur wenige Qin-Gräber kommen an Bedeutung denen gleich, die im Bezirk Yunmeng (Provinz Hubei) gefunden wurden, den König Zhao (Regierungszeit: 306–251 v. Chr.) den mächtigen Chu im Jahr 278 v. Chr. entrissen hatte. Im dortigen Grabungsfeld von Shuihudi wurden im Dezember 1995 elf Gräber entdeckt, die in die Endzeit der Streitenden Reiche oder in die frühe Qin-Ära zu datieren sind. Diese Funde sind von herausragender Wichtigkeit, ja, man könnte sagen, dass Grab M7 (aus dem 51. Jahr der Herrschaft von König Zhao, also 256 v. Chr.) und Grab M11 (30. Jahr der Herrschaft von Kaiser Shihuangdi, also 217 v. Chr.) nicht weniger bedeutungsvoll sind als die Terrakotta-Armee. Unter den Beigaben fanden sich nämlich rechtskundliche, administrative, militärische, wahrsagende, pharmazeutische, medizinische und philosophische Schriften, in Tusche auf dünne Bambusstreifen geschrieben, die einen vorher nicht gekannten Korpus an Information für die Erforschung der frühen chinesischen Zivilisation darstellen. Allein im Grab M11, in dem ein hoher Beamter namens Xi bestattet war, ergaben die wieder zusammengesetzten Bambusstreifen eine Bibliothek von 1 100 Kodizes. Neben diesen Schriftzeugnissen fanden sich Lackwaren, wie Teller und Platten, die in den kaiserlichen Werkstätten in Xianyang hergestellt worden waren, Schreibpinsel mit Bronzegriffen, Seidengewänder (zumeist zerfallen), Ton- und Bronzegefäße, sowie Gegenstände aus Holz und Bambus.

❖

79 oben Bronzespiegel gehörten zu den wichtigsten Gebrauchsgegenständen der Zeit der Streitenden Reiche, aber sie hatten auch ihrer Rückseiten wegen hohen Wert, denn die nicht polierte Seite war mit streng geometrisch angeordneten kosmologischen Motiven geschmückt. Grundlage der Muster waren oft, wie bei diesem in der Provinz Hubei in Südchina gefundenen Exemplar, paarig angeordnete Elemente, die sich um ein quadratisches Zentrum zu bewegen scheinen.

❖

79 unten Diese bemalte Lackschale stammt aus dem Grab des hohen Beamten Xi, das in Shuihudi nahe Yunmeng (Provinz Hubei) gefunden wurde. Xi starb 217 v. Chr. In seinem Grab fanden sich viele Schriften, darunter juristische Texte, die wichtigen Aufschluss geben über die Rechtsgrundlagen, auf denen die Qin ihr Imperium errichteten.

Die königlichen Nekropolen

Die reiche und feine Ausstattung der Gräber der Qin-Funktionäre in den eroberten Regionen von Chu zeigt deutlich, dass man in den Königreichen, die der Hua Xia als „barbarisch" galten, eine gepflegte Kultur und hohe Lebensqualität hatte. Dennoch ist die Opulenz dieser Gräber quasi nichts, verglichen mit der Pracht und Größe der Gräber des Königsclans. Nordöstlich von Xianyang, nahe der Stadt Zhouling, wurden zwei große mit gestampftem Lehm überdeckte Gräber entdeckt, die einige Forscher für die Gräber der Könige Huiwen (Regierungszeit: 337/324–311 v. Chr.) und Wu (Regierungszeit: 310–307 v. Chr.) halten. Sofern das stimmt, müsste es sich bei dem Areal um den *Bimo Lingyuan* handeln, von dem in historischen Quellen die Rede ist.

Sicherer ist die Bestimmung der Nekropole von Zhiyang, die sich nahe der heutigen Stadt Lintong befindet, nicht weit entfernt vom Grabmal des Ersten Erhabenen Kaisers. Diese Nekropole liegt in einem flachen Areal am Fuß der Westflanke der Berges Li. Vier umfriedete Friedhöfe wurden gefunden, in denen 1986 archäologische Grabungen in großem Stil stattfanden, um die Gesamtgröße der Nekropole (7,2 Quadratkilometer) sowie die Verteilung, die Größe und Form der Gräber bestimmen zu können.

Der umfriedete Friedhof 1 ist von Gräben umzogen und enthält zwei kreuzförmige Hauptgräber, die etwa 220 x 130 Meter messen. Jedes hat in einer Tiefe von 23, beziehungsweise 25 Metern eine Grabkammer mit einer Rampe an jeder der vier Seiten. Die Rampe der Ostseite gewährte den eigentlichen Zugang zum Grab. Interessant ist die Feststellung, dass die Kreuzform auch beim größten der königlichen Grabmäler der Shang in Yin vorkam. Verbunden mit diesen großen Grabmälern waren zwei kleinere und zwei Opfergräben. In der näheren Umgebung fanden sich auch die Überreste von vier Kultgebäuden, die mit den Gräbern in Zusammenhang standen.

Mehr noch als ihre Größe oder Form bildet ihre Sichtbarkeit den buchstäblich augenfälligsten Unterschied zwischen diesen Gräbern und den Grabmälern der Qin-Herzöge in Yong. Anders als die Gräber der antiken Aristokratie, sind diese Anlagen von mächtigen Grabhügeln aus vielen Lagen gestampften Lehms bedeckt, die sich noch heute bis zu 5 Meter hoch erheben, obwohl das nichts ist, im Vergleich zu dem Hügel über dem Grab des Ersten Kaisers, der zehnmal höher war.

Dieser Wandel in der Architektur und in der Gesamtkonzeption der Grabmale, in der das Kultgebäude von einem bewaldeten Hügel begleitet ist, trat während des 5. und 4. Jahrhunderts v. Chr. sporadisch in den verschiedenen Königreichen des Reichs der Mitte auf. Wie die Metallverarbeitung, der Gebrauch von Wagen und Siegeln, so mag auch die Anlage von Grabhügeln ein importierter Zug gewesen sein, denn von Hügeln bedeckte Gräber (als *Kurgan* bekannt), gab es in den nördlichen Steppen breits seit dem 6. Jahrhundert v. Chr.

Der Kurgan hat sich, so wird vermutet, über das Königtum Yan verbreitet, wurde zunächst von verschiedenen Herzögen und Königen der Streitenden Reiche und zuletzt von den Kaisern der Qin übernommen. Von da an sollte der mächtige Erdhügel für Jahrhunderte ein hervorstechendes Zeichen kaiserlicher Grablegen bleiben.

Auch die Praxis, den Terminus *ling* zur Beschreibung des ganzen Komplexes einer Grabanlage zu verwenden, die sich innerhalb eines Grabens oder eines mit Bäumen und Sträuchern bepflanzten Areals befindet (also Hauptgrab, Nebengräber, Opfergräben und Kultgebäude), geht auf die Spätzeit der Streitenden Reiche zurück und blieb bis zur Zeit der Qing-Dynastie (1644–1911) erhalten. Meist wird der Begriff mit dem Word *yuan* (Garten) verknüpft, denn *ling* allein vermittelt eine Vorstellung von der Pracht dieser Komplexe, doch es scheint nicht deutlich genug zum Ausdruck bringen zu können, dass neben der Architektur auch die Natur ein bestimmendes Element der Anlage ist.

Außer den Gräbern der Qin-Könige in Zhiyang scheinen auch andere Mitglieder des Königshauses wie Prinzen und außerdem hohe Funktionäre in dem umfriedeten Friedhof beigesetzt worden zu sein. Hier finden sich Opfergräben mit Streitwagen und Pferden, eine mit Flusskieseln gepflasterte „königliche Allee" und Plattformen aus gestampftem Lehm auf denen Kultgebäude standen.

Obwohl zukünftige Grabungen sicher ergeben werden, welche Qin-Könige hier bestattet wurden, sind wir doch jetzt schon sicher, dass der umfriedete Friedhof 1 (in dem der *Zhi lingyuan* liegt) in den kreuzförmigen Gräbern die Überreste von Königin Tang und König Zhaoxiang (Regierungszeit: 306–251 v. Chr.) barg. Dieser König wagte es im Jahr 256, König Zhou anzugreifen und brachte dadurch die Dynastie der Östlichen Zhou zu Fall. Der umfriedete Friedhof 2 enthält einen großen Graben mit zwei Rampen auf gegenüberliegenden Seiten, drei Gräben mit je nur einer Rampe, zwei Nebengräber, einen Opfergraben und Reste eines Kultgebäudes; all dies zusammen bildet den *Shou Lingyuan* des Königs Xiaowen (Regierungszeit: 250 v. Chr.) und der Königin Huayang.

Der umfriedete Friedhof 4 enthielt ein großes, ebenfalls kreuzförmiges Grab, zwei Gräber mit je einer Rampe sowie die Fundamente eines Kultgebäudes. Es ist der *Yang Lingyuan* in dem König Zhuangxiang (Regierungszeit: 249–247 v. Chr.) und seine Gemahlin bestattet wurden, die Eltern des Ersten Erhabenen Kaisers der Qin-Dynastie.

Das etwa 12 Zentimeter hohe birnenförmige Gefäß ist ein typisches Artefakt der Qin aus der Endzeit der Streitenden Reiche. Die Fläche im oberen Teil, auf der noch Reste roten Pigments zu sehen sind, trägt eine Inschrift, die den Herstellungsort und die Standardgröße dieser Gefäße angibt. Ähnliche kleine Vasen wurden in der Nekropole der Qin-Könige in Zhiyang an der Westflanke des Berges Li gefunden, wo sich auch die Grablege der Eltern des Ersten Erhabenen Kaisers befindet. (Museum der Terrakotta-Armee, Lintong)

Qin Shihuangdi und der Triumpf des Rechts

Eine der wichtigsten Leistungen der Verwaltung von König Ying Zheng von Qin war die Schaffung eines Gesetzeskodex und die strikte Anwendung dieser Gesetze auf die gesamte Bevölkerung. Zusammen mit einer stärken militärischen Organisation, setzte ihn dies in die Lage, seine mächtigen Gegner einen nach dem anderen zu überwältigen. Bis 221 v. Chr. schuf er so ein Imperium, wie man es vorher in dieser Weltregion nicht gesehen hatte. Es erstreckte sich von den westlichen Hochländern von Gansu und Qinghai bis zu den heutigen Südprovinzen Guangdong und Guangxi, und von den Küstenregionen im Osten bis zu den weiten Ebenen nördlich des Gelben Flusses einschließlich der Halbinsel Liaodong. Der Überlieferung zufolge verschleierte die Härte des Gesetzes und die Strenge, mit der es angewendet wurde, lediglich die Eroberungspolitik von Qin Shihuangdi, dem Ersten Erhabenen Kaiser der Qin-Dynastie, wie sich der König nannte, nachdem er den Kaiserthron bestiegen hatte. Mehr als 2 000 Jahre lang brandmarkte die offizielle (meist konfuzianische) Geschichtsschreibung den Kaiser und seinen Ersten Minister Li Si als infame Despoten, die schreckliche Untaten begingen, zum Beispiel die große Bücherverbrennung von 213 v. Chr. und die Hinrichtung von 460 Gelehrten, die Schriften zurückgehalten hatten. Heute beginnt man, an der Glaubwürdigkeit dieser Überlieferung zu zweifeln. Die Tendenz geht dahin, die positiven Ziele zu beleuchten, die dieser Kaiser zusammen mit seinem Minister erreichte. Heute sieht man die große und – für die damalige Zeit – moderne politische Vision und bewundert die Stabilität der Verwaltung und Jurisdiktion, die von solcher Dauerhaftigkeit waren, dass sie, wenn auch mit den gelegentlich nötigen Anpassungen, für Jahrhunderte das Rückgrat der imperialen Verwaltung bildeten.

Für die konfuzianischen Kritiker waren Gesetze und harte Strafen – wenn auch nötig, zur Kontrolle des Volkes – ein sekundäres Regierungsinstrument. Sitten und Bräuche und die aus ihnen erwachsenden Konventionen sollten das Herzstück der gesellschaftlichen Harmonie bilden. *„Wenn mit Hilfe der Gesetze regiert und die Ordnung mit Hilfe von Strafen aufrecht erhalten wird, so werden die Menschen versuchen, den Strafen zu entgehen, jedoch ihrer Unzulänglichkeiten wegen keine Scham empfinden; wenn hingegen mit Tugend regiert und die Ordnung durch Beachtung des rituellen Verhaltens und der traditionellen Werte aufrecht erhalten wird, so schämen sich die Menschen ihrer Unzulänglichkeiten und werden versuchen, sich zu bessern."* (*Lunyu*, 2.3).

Statt ihre ergänzende Wirkung zu sehen, wurden Gesetze (*fa*) lange für etwas gehalten, das mit den Normen der Riten und des guten Verhaltens (*li*) in Konflikt stand. Diese Vorstellung, der die reiche philosophische Tradition der Zeit der Streitenden Reiche (482–221 v. Chr.) noch größten Wert beimaß, wie wir aus den überlieferten Schriften wissen (die allerdings erst Jahrhunderte später zusammengestellt und von imperialen Zensoren überarbeitet wurden), wird heute infrage gestellt. Die Zweifel erwachsen aus der aufmerksamen Lektüre der vielen Manuskripte aus der Zeit zwischen der Mitte des 4. und des 1. Jahrhunderts v. Chr., die erst jüngst von Archäologen entdeckt wurden. Da die traditionellen Quellen sie nicht erwähnen, sind diese Dokumente etwas völlig Neues. Ihre Entdeckung zwingt die Fachwissenschaftler, ihr Wissen zu erweitern und ihre alten Ansichten zu revidieren. Einige der jüngst entdeckten Schriften enthalten Gesetze, Regelungen, Vorschriften, die bei der Rechtsfindung und Rechtssprechung zu beachten sind, andere befassen sich eher theoretisch mit Fragen der Rechtsphilosophie.

Die Entdeckung einiger der Gesetze, die zur Zeit der Gründung der Qin-Dynastie Gültigkeit hatten – und später Teil des imperialen Kodex wurden – ist von enormer Bedeutung, denn erst durch sie lässt sich nachvollziehen, wie das imperiale Gesetz entstand und wie es sich weiterentwickelte. Schauen wir uns zunächst die Rechtsprechung im vorkaiserlichen China an.

Auf dieser Bronzeplakette ist ein Edikt von Qin Er Shihuangdi, dem Zweiten Erhabenen Kaiser, erhalten, von dem die traditionelle Geschichtsschreibung ein besonders negatives Bild zeichnete. (*Archäologisches Institut der Provinz Shaanxi, Xi'an*)

Den Konfuzianern galten Rituale und normgerechte Verhaltensregeln (li) als das ideale Mittel, Stabilität und gesellschaftliche Ordnung zu garantieren, während den Legisten eher die Gesetze (fa) zur Erlangung dieses Ziels geeignet schienen. In einem Punkt waren sich die widerstreitenden Philosophien jedoch einig, und das Bild stellt es dar: Die soziale Hierarchie war unbedingt zu respektieren.

Verschiedene Legenden berichten über den Ursprung von Gesetz und Strafe. Einer zufolge sollen im 23. Jahrhundert v. Chr. der mythische Kaiser Shun und sein treuer Erster Minister Gao Yao die fünf Körperstrafen (*wu xing*) eingeführt und zur Erlangung hoher Tugend eingesetzt haben. Einer anderen zufolge waren es die barbarischen Miao, die die fünf Strafen – die bei dieser Gelegenheit *fa* (Gesetze) genannt wurden – erfanden und durch ihre Gouverneure mit solcher Erbarmungslosigkeit anwenden ließen, dass sich die wichtigsten Götter deshalb derart empörten, dass sie Miao ausrotteten. Der Unterschied in der Überlieferung zwischen der zur Tugend führenden Strenge der Shun und der mitleidlosen Härte der Miao zeigt, dass es schon in frühesten Zeiten zwei auseinander strebende politische Richtungen gab. Die erste gründete sich auf eine idealisierte Vision von einer besonnenen und umsichtigen Regierung, der weise und erleuchtete Könige vorstehen, die auch zur Härte fähig sind. Die zweite gründete sich auf der Verbreitung von Terror durch Anwendung härtester Strafen aufgrund von Gesetzen, die niemand kannte oder die zumindest unverständlich waren. Der unterschiedliche Ansatz zeigt sich in den klassischen Texten, besonders in den vom Konfuzianismus beeinflussten. Es überrascht nicht, dass die Geschichte der Miao in einem der ältesten literarischen Texte Chinas, dem *Lü xing* (Die Strafgesetze des Fürsten von Lü) überliefert wird – ebenso wie die des Herzogs Mu von Zhou, der im 10. Jahrhundert v. Chr. lebte, und ebenfalls einen Gesetzeskodex schuf, um die Ordnung zu erhalten und die Grausamkeit der Barbaren zu zügeln. Der wahrscheinlich im 9. oder 8. Jahrhundert v. Chr. verfasste Text (manche Forscher halten ihn für jünger) wurde später in das *Shu jing* (Klassische Geschichte) aufgenommen, einen der kanonischen konfuzianischen Texte, und lautet: *„Es war das Volk der Miao, das die fünf unterdrückerischen Strafen schuf und sie Gesetz nannte. Auch unschuldige Menschen wurden getötet, und sie fingen an, im Übermaß Nasen und Beine abzuschneiden und zu kastrieren und zu brandmarken. Jeder, der irgendwie mit dem Gesetz zu tun bekam, wurde auf die gleiche Weise behandelt, es gab keinerlei Unterschied, nicht einmal zwischen Angeklagten und Anklägern. Die Leute begannen, sich gegenseitig Fallen zu stellen, überall herrschte Verwirrung und Unordnung; ihr Glaube und ihre Treue erwuchs nicht aus ihrem Gewissen und so brachen sie Eide und Allianzen. Alle, die mit mitleidloser Härte bestraft wurden, erklärten vor dem Himmel ihre Unschuld. Der höchste Gott sah auf die Menschen, doch da war nicht einmal ein Hauch von Tugend, nur der Gestank, der von den Strafen aufstieg. Der Erhabene Herrscher empfand Mitleid mit den Unschuldigen, die gestraft wurden, und zahlte den Richtern der Miao ihre Tyrannei mit tugendhafter Strenge heim, indem er allem ein Ende setzte und das Volk der Miao ausrottete, sodass es keine Nachkommen mehr hatte.“*

Der unbekannte Autor dieser Textpassage erwähnt kurz, wie das gesamte juristische Prozedere aussah, aber er erwähnt kein einziges spezifisches Gesetz. Die Aufgabe der Gesetzeshüter aber war es, die Gesetze allen verständlich zu machen und ein Prinzip einzuführen, an das sich auch die Regierenden späterer Zeiten noch halten konnten. Ziel und Zweck der Gesetze war es, die Bevölkerung vor Exzess und Missbrauch zu schützen, und es oblag dem Herrscher, dafür zu sorgen, dass die Gesetze korrekt und unparteiisch angewendet wurden. Die Frage aber lautete, war das Gesetz das beste Instrument, Stabilität und gesellschaftliche Harmonie zu schaffen, oder waren persönliche Fähigkeiten und moralische Qualitäten des Herrschers und seiner Minister die besser geeigneten Mittel zur Erlangung dieses Ziels. Was die richtige Regierungspolitik sei, darüber waren die Philosophen unterschiedlicher Meinung.

Die Einführung der fünf Körperstrafen (wu xing) *wird dem mythischen Kaiser Shun (links), dem zweiten der drei prädynastischen weisen Herrscher, zugeschrieben. Der ihm gewidmete Abschnitt im* Shu jing *– der* Shun dian *– nennt ihn als ersten Gesetzgeber. Gao Yao, sein Erster Minister (Mitte) soll an der Formulierung dieser Gesetze mitgewirkt haben. Eine merkwürdige Legende bringt Gao Yao mit dem Einhorn* (qilin) *in Verbindung: Bei Schuldsprüchen pflegte er es um Rat zu bitten, denn dieses Fabeltier konnte den Schuldigen ermitteln, indem es ihn mit seinem Horn berührte.*

Zwei im *Shu jing* stehende moralisierende Passagen (*Kang gao* und *Jiu gao*) wurden zwar erst später verfasst, spiegeln aber Ansichten aus der Zeit der Westlichen Zhou (etwa 1045–771 v. Chr.), indem sie davon berichten, wie die gerade unterworfene Bevölkerung von Shang durch Gesetze unter Kontrolle gehalten wurde. Von den beiden genannten Abschnitten abgesehen, sind Hinweise auf alte Gesetzestexte in der klassischen Literatur sehr rar. Wir wissen nicht, ob der Inhalt der Gesetze in alter Zeit mündlich überliefert wurde oder ob sie auf Materialien festgehalten wurden, die die Zeiten nicht überdauerten. So wird vermutet, dass sie vielleicht auf Holz- oder Bambustafeln geschrieben waren (diese waren zusammen mit Seide die üblichsten Schreibunterlagen vor der Erfindung des Papiers). Allerdings gibt es auf bronzenen Ritualgefäßen aus der Zeit der Westlichen Zhou und der Frühlings- und Herbstperiode (770–476 v. Chr.) verschiedene Texte, die sich mit Rechtsangelegenheiten befassen. Erwähnt sind Streitigkeiten wegen Ländereien betreffenden Transaktionen und Episoden, die die Bezahlung von Abgaben oder andere mit der Verwaltung verknüpfte Rechtsfragen betreffen. Auf einem als *Ying yi* bekannten Wassergefäß aus der Mitte des 9. Jahrhunderts v. Chr. wird ein Fall von Meineid und Widersetzlichkeit beschrieben, und auf dem als *Hu ding 3* bekannten dreifüßigen Gefäß vom Ende des 10. Jahrhunderts v. Chr. ist die Rede von einer Hungersnot, während der eine große Menge Getreide gestohlen wurde. Eine Inschrift aus dem 9. Jahrhundert v. Chr. (*Hu ding 2*) dokumentiert die Existenz eines

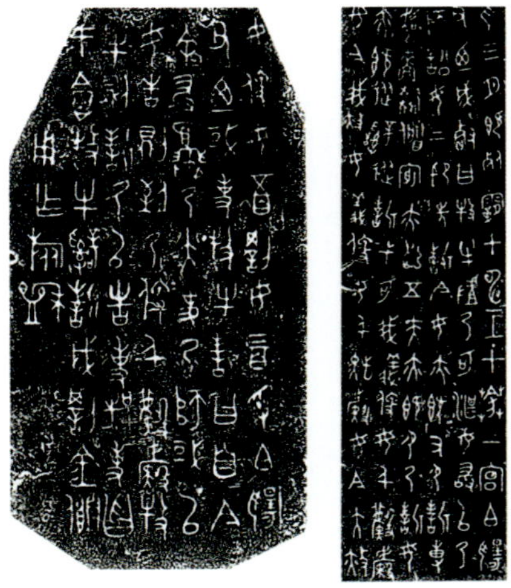

geschriebenen Kodex, der Gültigkeit für die Mitglieder der königlichen Familie hatte. Sie beschreibt den Streit, der entbrannte, nachdem ein Pferd und ein Stück Seide übergeben worden waren – die ausgemachte Bezahlung für die von fünf Dienern eines Mannes namens Xian für einen Adligen namens Hu geleistete Arbeit (oder, so eine andere Auslegung, für den Kauf der Diener). Die Verhandlungen waren von zwei Vermittlern geführt worden, die, nachdem sie Pferd und Seide in Besitz genommen hatten, Hu zusätzlich noch Geld abverlangten. Ihr Argument lautete, Pferd und Seide seien lediglich die Bezahlung für ihre Vermittlung, das verlangte Geld sei zur Bezahlung der Arbeit der fünf Diener. Hu suchte Rat bei der Obrigkeit und bat, man möge seine geleistete Zahlung berücksichtigen. Die mit dem Fall betrauten „Richter", mussten entscheiden, ob die Normen, die für Transaktionen zwischen Mitgliedern der königlichen Familie galten, hier anwendbar seien. Die Bezugnahme auf einen Satz kodifizierter Regeln, die für die Adligen von königlichem Blut Gültigkeit haben, ist hier der interessante Punkt. Die Inschrift endet mit der gerichtlichen Verfügung, dass die fünf Männer, wie abgemacht, Hu zur Verfügung zu stellen seien, ohne sie jedoch der Möglichkeit zu berauben, ihren Wohnort beizubehalten und ihre Felder zu bestellen. Der traditionelle Austausch von Pfeilen, den das Ritual zu Beginn und zum Ende einer Verhandlung erforderte, bestätigte die Anerkennung des Richterspruchs durch alle Seiten.

Die Beurteilung des Rechtsfalls war ein Zeremonialakt, der zu den administrativen und religiösen Aufgaben der Herrscher und Minister zählte. Seit den frühesten Zeiten waren Praktiken der Rechtsprechung auf das intimste mit religiösen und rituellen Aktivitäten und Vorstellungen verknüpft. Daher auch die Inschriften auf den als heilig erachteten Ritualbronzen, auf denen auch andere wichtige Ereignisse festgehalten wurden, etwa Schenkungen oder Vergabe von Privilegien von den Herrschenden an ihre Untergebenen und Vasallen. Diese Gefäße waren die wichtigsten Beigaben in den Gräbern der Adligen, sie waren von immensem Wert und spielten eine wichtige Rolle bei den religiösen Zeremonien, die abgehalten wurden, um mit den Ahnen und Göttern im Jenseits zu kommunizieren.

Während die von Schreibern auf vergänglichem Material, wie Holz oder Bambus, festgehaltenen Texten sich an die Lebenden richte-

Eines der interessantesten Zeugnisse, das über die Justizverwaltung zur Zeit der frühen Zhou-Dynastie Aufschluss gibt, ist die als Ying yi *bekannte Inschrift (oben), die auf einem bronzenen* yi *(rechts) festgehalten ist, der in Dong, Bezirk Qishan (Provinz Shaanxi) gefunden wurde. Er berichtet von der Verurteilung eines gewissen Muniu, der seinen Vorgesetzten Ying fälschlich beschuldigte. (Bezirksmuseum, Qishan)*

❖

Die Abbildung zeigt zwei mengshu, die in Opfergräben nahe Houma, der Hauptstadt des alten Königreichs Jun (Provinz Shanxi), gefunden wurden. Diese aus verschiedenen Materialien bestehenden Täfelchen haben unterschiedliche Formen und sind meist mit roter oder schwarzer Tusche mit 30 bis 200 Zeichen beschrieben. Die Texte sind Bestätigungen von Abmachungen, Pakten, heiligen Eiden oder Antworten eines Orakels.

ten, waren die Inschriften auf den Sakralbronzen für die Geister in der anderen Welt gedacht, wie eine Inschrift auf einem *Shi Qi ding* genannten bronzenen Ritualgefäß aus dem frühen 10. Jahrhundert v. Chr. deutlich macht. Beschrieben wird ein Fall von Meuterei einiger Soldaten, die ihrem Kommandeur bei einem Militäreinsatz nicht gehorchten. Die Verhandlung endete mit der ausdrücklichen Verfügung, den Urteilsspruch sowohl auf den Standardformularen (den Holz- oder Bambustafeln), die wohl in einem Archiv verwahrt wurden, festzuhalten, als auch auf einem Bronzegefäß, um die Heiligkeit des Verfahrens zu betonen und um vor der Welt der Geister Zeugnis abzulegen.

Der Prozess, das Gesetz für heilig zu erklären, begann in der Zeit der Westlichen Zhou und setzte sich in der Folgezeit fort. Dem *Zuo zhuan* zufolge (die Annalen der Frühlings- und Herbstperiode, die im 4. Jahrhundert v. Chr. zusammengestellt wurden, die wir aber nur aus späteren Abschriften kennen) wurde die erste Kodifizierung des Rechts im Jahr 536 v. Chr. vorgenommen, als Zichan, der Erste Minister des Fürstentums Zheng, befahl, die Strafrechte als Inschriften auf Bronzegefäßen festzuhalten. 513 v. Chr. unternahm man im Fürstentum Jin eine ähnliche Operation.

Der 501 v. Chr. gestorbene, aus Zheng stammende Sophist Deng Xi, ein großer Jurist und Redner, war Autor eines auf Bambustafeln geschriebenen Kodex, der aber verloren ging. Die vor allem im 7.–5. Jahrhundert v. Chr. üblich werdende Praxis, Eidesformeln *(meng)* auf Jade- oder Steintafeln zu schreiben, um so die Abmachungen und Bündnisse zwischen Clanen und Fürstentümern zu festigen, war aber wohl der erste Schritt in Richtung auf eine Gesetzessammlung.

Die feierlichen Eidesformeln wurden in Gegenwart der mächtigen, durch Zeremonien herbeibeschworenen Ahnengeister, mit Blut unterzeichnet. Am Ende der Zeremonie erklärten die Beteiligten ihren Oberhäuptern gegenüber ihre Treue und besiegelten dies erneut mit Blut. Man verpflichtete sich, den Ahnentempel des Oberhaupts mit Waffen zu verteidigen und sich den strengen Verhaltensregeln zu beugen.

Die schriftlich festgehaltenen Eide nennen manchmal auch die Strafen, die den Wortbrüchigen treffen sollen. Üblicherweise wurden zum Schluss die Worte rezitiert: *„Mögen die Herrscher der Vergangenheit, die uns von fern beobachten, meine ganze Familie auslöschen, sollten sie mich beim Eidbruch ertappen."*

Die Teilnehmer dieser Zeremonien waren Clanoberhäupter, die sich dem Herrn eines mächtigeren Fürstentums gegenüber zur militärischen und politischen Loyalität verpflichteten, was starke Bindungen zwischen den Mitgliedern der verschiedenen Clane schuf. Die auferlegten Regeln waren politischer Natur, doch durch die Anrufung der Ahnengeister und die Blutopfer bekamen sie einen stark religiösen Charakter. Wer die Regeln brach, wurde während der Zeremonien öffentlich genannt, schwer bestraft und manchmal aus dem Bund ausgeschlossen, was in seiner Wirkung einem Todesurteil gleichkommen konnte. Manche Inschriften nennen die Namen solcher Ausgestoßenen, die dann ins Exil gehen mussten.

Die Erfordernis von schriftlich fixierten Regeln als Grundlage einer auf Gegenseitigkeit gegründeten Gesellschaft, führte schließlich zur Zusammenstellung ganzer Gesetzbücher, in denen das Prinzip der kollektiven Verantwortung – das Herzstück der Gesetzgebung der Zeit der Streitenden Reiche und des Ersten Kaisers – dazu diente, die Macht der nötigen repressiven Maßnahmen noch zu verstärken.

Das alte Ritual verlangte, dass nach Beendigung der heiligen Zeremonie die beschrifteten Tafeln in Opfergräben vergraben wurden, sodass sie den Geistern, die darüber wachten, dass alle Verpflichtungen eingehalten wurden, jederzeit zugänglich waren. Bei einer Reihe von archäologischen Grabungen sind per Zufall Tausende solcher Tafeln ans Licht gekommen. Besonders interessant sind die Houma *mengshu* (656 bei Houma in der Provinz Shanxi 1965–66 gefundene Tafeln), die Wanxian *mengshu* (mehr als 1 000 beschriftete Fragmente die 1980–82 in Wanxian, rund 150 Kilometer östlich von Houma gefunden wurden) sowie die Qiyang *mengshu*.

Die ältesten erhaltenen Gesetzestexte

Der erste komplett erhaltene Gesetzeskodex, stammt aus der Tang-Periode (618 – 907 n. Chr.). Erstmals formuliert wurde er 653, in den Jahren 725 und 737 erfolgten Neuauflagen. Bis vor wenigen Jahrzehnten war der unvollständige Kodex der Han-Dynastie (202–220 n. Chr.), festgehalten im *Hanshu* (Dynastische Geschichte der Han), einer Kompilation verschiedener Quellen, der älteste Kodex, den wir hatten. Ergänzt wurde er durch handschriftliche Aufzeichnungen auf Holz- und Bambustafeln, die man in Gräbern der Zeit gefunden hatte. Doch von der Gesetzgebung der vorangegangenen Perioden war uns nichts bekannt. Nicht einmal die angesehensten Vertreter der Schule der Legisten *(fajia)*, die sich im Fürstentum Qin zwischen dem 4. und 5. Jahrhundert v. Chr. herausbildete, haben uns detaillierte Informationen hinterlassen. Ihre Werke sind zumeist philosophische Abhandlungen über das Gesetz und die Regierungskunst. Das *Shang jun shu* (Buch des Herrn von Shang) und das *Han Feizi* (Meister Han Fei) sind Ecksteine der Rechtsliteratur des 4. und 2. Jahrhunderts v. Chr., aber sie zitieren aus keinem Kodex und erwähnen nur beiläufig spezifische Gesetze. Vielleicht hielt man die Kenntnis der Gesetze für selbstverständlich. Für uns aber blieben durch diesen Mangel an Information wichtige Fragen offen. Etwa auch die, ob die Lehren der Legisten die Gesetzgebung beeinflussten und wie viele der von den Qin erlassenen Gesetze in den Kodex der nachfolgenden Han-Dynastie übernommen wurden. Noch immer wissen wir nicht, ob das rasche Ende der Qin-Dynastie mit der Härte der Gesetze und deren strikter Anwendung zusammenhing, wie es die Konfuzianer immer behaupteten, oder ob andere, komplexere Gründe eine Rolle spielten.

Trotz Ermangelung direkter Quellen versuchten die Fachleute, diese Fragen zu beantworten, kamen aber, erwartungsgemäß, zu widersprüchlichen Antworten. Dank wichtiger archäologischer Funde der letzten Jahrzehnte, scheint es jetzt endlich möglich, die politische, religiöse und gesellschaftliche Situation des 3. Jahrhunderts v. Chr. objektiver zu beurteilen. Vor allem sind jetzt einige Gesetzessammlungen zugänglich, dazu Anweisungen, wie Befragungen, Verhandlungen und Prozesse durchzuführen sind. Auch andere Dokumente helfen uns, die Lücken zu füllen und unsere früheren Ansichten zu revidieren, denn wir gründeten sie – fälschlicherweise – auf selektive Aufzeichnungen, die durch eine Gesellschaft zensiert und standardisiert worden waren, die nur das weiterzugeben bereit war, was ihrer eigenen Weltsicht entsprach. Am wichtigsten für unsere Thematik scheint mir das 1975 in Shuihudi nahe Yunmeng in der Provinz Hubei entdeckte Grab, das im Jahr 217 v. Chr. angelegt wurde und das 1125 beschriftete Bambusstreifen enthielt, von denen mehr als 600 ausschließlich juristische Texte trugen, darunter ein gewichtiger Teil des Gesetzbuches, das im Fürstentum Qin kurz vor der Errichtung des Imperiums in Kraft war. Ebenfalls von enormer Bedeutung sind die 1986 in Baoshan (Provinz Hubei) in einem Grab aus dem frühen 4. oder späten 3. Jahrhundert v. Chr. gefundenen Manuskripte, sowie ein 1979 in Qingchuan (Provinz Sichuan) gefundener Bambusstreifen, der in drei Kolumnen ein 309 v. Chr. in Qin erlassenes Gesetz zum Ackerbau wiedergibt. Ein 1973 in Mawangdui (Provinz Hunan) ausgegrabenes Grabmal aus dem Jahr 169 v. Chr. enthielt verschiedene Seidenmanuskripte, die unter dem Sammelnamen *Jing fa* bekannt sind und sich mit rechtsphilosophischen Fragen befassen.

Die in Shuihudi, Baoshan und Mawangdui gefundenen juristischen Texte waren von Manuskripten begleitet, die mit der Jurisprudenz offenbar nichts zu tun hatten. Es waren bis dahin unbekannt gewesene Werke, die sich mit astronomischen und astrologischen Kalendern, Orakeln, Exorzismus, und den Praktiken der Wahrsagekunst befassen. Alles in allem Ausdruck der Traditionen, die sich zwischen Magie und Okkultismus bewegten, und über die wir aus Mangel an Dokumentation wenig wussten. Diese Texte enthüllen nun die Existenz eines magisch-religiösen Glaubenskomplexes, der in allen Schichten der Gesellschaft tief verankert war. Sie lassen ein Weltkonzept erkennen, das von zwei parallelen Bereichen – dem natürlichen und dem übernatürlichen – ausgeht, die aber in ständiger Interaktion und Kommunikation miteinander stehen. Die für die Forscher überraschende Neuheit ist die Erkenntnis, dass das gesamte Alltagsleben von Wahrsagepraktiken durchdrungen war und dass dies auch das Gesetz betraf, von dem man bisher gemeint hatte, es sei von der Sphäre der Weissagung strikt getrennt gehalten worden. Die Wahrsagetexte vermitteln die allgemein anerkannte Sicht, dass die soziale Ordnung nur dadurch aufrecht erhalten wird, dass die Welt der Geister und Ahnen für den ganzen Gesetz gebenden Komplex von der gleichen Bedeutung ist wie für die täglichen Handlungen der Menschen. Jegliche Untergrabung der Ordnung machte zu ihrer Wiederherstellung spezielle Riten erforderlich, die in Zeremonial- oder Rechtsprechungshallen vollzogen werden mussten. Die Suche nach dem verantwortlichen Auslöser einer Krankheit – ein Geist, den der Exorzist durch entsprechende Riten zu beruhigen oder zu verjagen hatte – und die Nachforschungen bei einem Verbrechen – für das sich der Täter gegenüber dem Gesetz ebenso zu verantworten hatte, wie gegenüber den Geistern – folgte ganz ähnlichen Richtlinien.

Die Wechselbeziehung zwischen religiösen Zeremonien und rechtswirksamen Praktiken war seit frühesten Zeiten bis in die Zeit der Streitenden Reiche hinein unverändert wirksam geblieben. So verwundert es nicht, dass sich in Shuihudi neben einer Gesetzessammlung ein Text wie das *Ri shu* (Buch der Tage) fand, eine Art Almanach, der die für bestimmte Tätigkeiten günstigen und ungünstigen Tage auflistet. Der Magistrat konsultierte dieses Buch, bevor er den geeigneten Tag für eine Audienz bestimmte oder auch den richtigen Tag zur Befragung eines Angeklagten. Selbst die verwendete Terminologie stimmt gelegentlich überein, zum Beispiel die Begriffe *jie* und *zi*. *Jie* bezeichnet die Fähigkeit, mit einem Geist in Kontakt zu treten, indem man ihn durch geschriebene magische Formeln anlockt, zugleich aber eine formale Kontrolle über ihn ausübt, indem man ihn veranlasst, zum Nutzen des Bittstellers tätig zu werden. Im juristischen Sinne meint *jie* die Anhörung und Befragung des Zeugen und die Protokollierung seiner Antworten durch den Justizbeamten, also auch eine Situation, in der eine gewisse formale Kontrolle ausgeübt wird. In beiden Fällen war es nötig, erst einmal die Umstände des Problems zu bestimmen, um dann die beste Lösung finden zu können. Und das konnte die Durchführung eines bestimmten Rituals oder die Verurteilung zu einer bestimmten Strafe sein. Der Begriff *zi* war im juristischen Sinne in der Zeit der Westlichen Zhou in Gebrauch (in der zuvor erwähnten *Ying yi*-Inschrift) und bezeichnete dort die sorgfältig aufgezeichnete Deklaration, die zu Beginn der Verhandlung von den streitenden Parteien abgegeben worden war, er meinte aber auch das Sündenbekenntnis des Herrschers, das dieser abgab, um die höchsten Götter zu beschwichtigen, die ihren Ärger durch allerlei Kalamitäten kundtaten: *„In jedem Staat müssen den Bergen und den Flüssen Opfer dargebracht werden. Wenn ein Bergbach oder Fluss austrocknet, so muss der Herrscher große Bankette veranstalten, er muss in luxuriöser Aufmachung in der Öffentlichkeit erscheinen, muss in herrlichen Wagen reisen, wunderbarer Musik lauschen und in den großartigen Palästen der Hauptstadt weilen. Er muss den Amtsträgern, die für die Zeremonien zuständig sind, befehlen, die vorgeschriebenen Opfer zu bereiten, und die Beamten der Archive müssen die Sündenbekenntnisse des Herrschers zu Protokoll nehmen. Dann muss er die für die Berge und Flüsse vorgeschriebenen Opferhandlungen vornehmen."* (Zuo zhuan, Cheng 5)

Die Bildung unabhängiger Kleinstaaten, die sich im 5. Jahrhundert v. Chr. aus den städtischen Zentren entwickelten, machte eine neue politische, soziale und militärische Organisation nötig. Folgende Voraussetzungen erkannte man für die straffe, gut strukturierte Kontrolle dieser großen Gebiete als unabdingbar: effektive Kommunikationsmittel zwischen zentraler Regierung und lokaler Verwaltung, effiziente Organisation der Landwirtschaft und des Handwerks, die beide die wachsende Militärmacht zu versorgen hatten, sowie ein effektives System zur Registrierung und Besteuerung der Bevölkerung. Um dem Ziel, die soziale Ordnung zu garantieren, gerecht zu werden, wurde es nötig, eine Reihe von Regeln schriftlich zu fixieren, die konsolidierend wirkten und den gesellschaftlichen Wandel unter Kontrolle hielten. Ein langer Reifungsprozess, der mit den Bronzeinschriften auf den Kultgefäßen der Westlichen Zhou und mit den auf Jade festgehaltenen Zeremonialeiden der Frühlings- und Herbstperiode begonnen hatte, kam zur Vollendung. Eine strukturiertere Gesetzgebung wurde geschaffen, die sich der neuen Bürokratie, der Verwaltung und der militärischen Organisation eines Staates anpassen konnte, der noch damit beschäftigt war, um seine Vorherrschaft und um die Kontrolle großer Gebiete zu kämpfen. Die Aufmerksamkeit des Gesetzgebers wendete sich jetzt mehr dem Individuum als dem Clan zu. Die Zeremonialeide spielten weiterhin eine bedeutende Rolle, besonders bei Erlassung neuer geschriebener Gesetze oder bei den erforderlichen Ritualen, bevor jemand seine Aussage machte, wie aus einem in Baoshan gefundenen Dokument erhellt, das von Hunderten von Zeugen berichtet. Sie alle waren verpflichtet, einen geschriebenen Eid mit einem Blutopfer zu bestätigen.

Eine der wichtigsten Entdeckungen der chinesischen Archäologie sind diese Seidenmanuskripte, die in Fürstengräbern bei Mawangdui (Provinz Hunan) gefunden wurden und in die Zeit nach dem Fall der Qin-Dynastie zu datieren sind. Sie umfassen Abhandlungen über die Rechtsphilosophie der Streitenden Reiche und des Qin-Staates, und lassen eine Verbindung zwischen Gesetzgebung und magisch-wahrsagerischen Praktiken erkennen; zwei Sektoren, die man früher für völlig unabhängig voneinander angesehen hatte.

Der Kodex der Qin

Unter den Beigaben im Grab des in mittlerem Rang stehenden Funktionärs Xi in Shuihudi fanden sich auch eine Reihe von Dokumenten, die wegen ihrer reichen Information über juristische Angelegenheiten von größter Bedeutung sind. Darunter waren etwa 30 Gesetze *(lü)*, die in insgesamt fast 200 Artikel geteilt waren. Für einige Experten stellt dieses Dokument eine Art Handbuch des Rechtswesens dar, andere meinen, es handle sich eher um einen Verfahrenskodex, der festlegt, wie Befragungen durchzuführen und Protokolle *(Feng zhen shi)* anzufertigen und zu verwahren sind. Ferner enthält die Sammlung Texte, die Hinweise auf den bürokratischen Apparat der Zeit geben, darunter ein mit *Wei li zhi dao* (Die Kunst des perfekten Funktionärs) betitelter Text, eine chronologische Abhandlung der Ereignisse im Fürstentum Qin in der Zeit zwischen 306 und 217 v. Chr. *(Pian jian ji)*, zwei Almanache *(Ri shu)*, und die Abschrift von Korrespondenzen *(Yu shu)* zwischen „Richter" Xi und einem hohen, in Nanjun tätigen Funktionär namens Teng.

262 v. Chr. geboren, trat Xi 244 als einfacher Beamter in die öffentliche Verwaltung ein und wurde 241 in den höheren Rang eines Präfekturbeamten erhoben. Ab 235 war er für die Justizverwaltung auf lokaler Ebene verantwortlich. Diese ehrenvolle Ernennung erklärt wohl, warum sich Texte in seinem Grab fanden, die sich mit Verwaltungsfragen, juristischen Belangen aber auch mit Wahrsagepraktiken befassen. Auf 625 Bambusstreifen (612 davon heil, 13 zerbrochen) geschrieben, lagen sie unter dem Körper des Toten in seinem Sarg. Man weiß nicht, welche Bedeutung diese Platzierung in der Symbolik der Bestattungsriten hatte. Möglicherweise drückte sich hier die Vorstellung aus, die Texte müssten dem Verstorbenen zugänglich sein, damit er im Jenseits seinem Beruf ebenso wie im diesseitigen Leben nachgehen könne. Außerdem waren die Grabbeigaben natürlich auch das sichtbare Zeichen des großen Privilegs, das ihm der Herrscher gewährt hatte, sowie seiner engen Verbindungen zu den höchsten Rängen der Hierarchie, über die die Macht von oben nach unten verteilt wurde, und die Xi seinerseits über seine Untergebenen ausübte. Der Verstorbene hatte also möglicherweise seine Textsammlung selbst mit Bedacht zusammengestellt, um sie als Symbol seiner Macht und seines Ranges mit ins Grab nehmen und im Jenseits seiner Tätigkeit weiterhin nachgehen zu können.

Der Glaube an eine parallele Welt jenseits des Grabes, die genauer Spiegel der diesseitigen war, wurzelte in der Zeit der Streitenden Reiche und blieb auch in der Zeit der Herrschaft des Ersten Kaisers erhalten. Dies zeigt sich an der Art der Zusammenstellung und dem symbolischen Gehalt der Grabbeigaben, die in letzter Zeit entdeckt wurden, wird aber auch durch die zeitgenössische Literatur gestützt. 1986 fand man in Fangmatan in der Provinz Gansu einen 269 v. Chr. beschrifteten Bambusstreifen, der wahrscheinlich aus einem Qin-Archiv stammte. Erzählt wird die Geschichte eines Mannes namens Dan, die sich 30 Jahre zuvor abgespielt hatte. Besagter Dan hatte einen Mann verwundet und sich dann selbst getötet, um so der Schande der öffentlichen Bestrafung zu entgehen. Wie damals üblich, wurde der Körper des Toten, der eines schweren Verbrechens für schuldig befunden worden war, zunächst auf dem Platz in der Stadtmitte öffentlich zur Schau gestellt und dann vor dem Südtor seines Dorfes, Yuanyong, verscharrt. Xi Wu, ein General aus Wei in dessen Diensten Dan gestanden hatte, war überzeugt, dass Dan früher verstorben war, als es dem Wunsch der Götter entsprach, und so sandte er – drei Jahre nach Dans Selbsttötung – dem Schreiber *(shi)* des Vorstehers des Himmlischen Mandats *(Siming)* eine Botschaft, in der er die sofortige Wiedererweckung seines Untergebenen verlangte. Der Vorsteher Gongsu Qiang erachtete das Ansinnen als gerechtfertigt und entsandte einen weißen Hund, nach der Seele des Verstorbenen zu suchen. Der Hund buddelte an der Stelle, an der man Dan begraben hatte. Ins Leben zurückgekehrt, berichtete Dan, er habe die Nördlichen Territorien durchwandert, die als jene Regionen galten, die jenseits des Grabes lagen, und wolle nun seinen angestammten Platz in der Welt der Lebenden wieder einnehmen, obwohl er nicht mehr im Vollbesitz seiner Fähigkeiten sei. Dieser ungewöhnliche Fall ist nicht nur deshalb interessant, weil er unser Verständnis für die Religiosität der Zeit vertieft, sondern auch, weil er deutlich macht, wie fest die Überzeugung verankert war, dass es zwei parallele Welten mit ihren je eigenen Bürokratien gab, die miteinander kommunizieren konnten, um Fehler zu korrigieren, die von Menschen in der diesseitigen Welt begangen worden waren.

Die in Shuihudi entdeckten Dokumente bestätigen in weiten Teilen, was wir bereits aus anderen Quellen wussten, andererseits aber erweitern sie auch unsere Kenntnisse über die Zeit zwischen dem Ende der Streitenden Reiche und der ersten Phase der imperialen Epoche. Vor allem informativ sind die Texte, die sich mit der Organisation der Verwaltung und der Jurisdiktion des jungen Imperiums befassen, aber auch die, in denen wir Dinge über das Alltagsleben erfahren, mit denen sich unsere traditionellen Quellen kaum je befassen. Trotz der überraschend großen Zahl von Gesetzen, die in Xis Grab gefunden wurden, ist der Gesamtkodex damit nicht abgedeckt, was bedeutet, dass es ein sehr viel komplexeres Rechtssystem gab, als wir bisher vermuteten, denn der traditionellen Überlieferung zufolge waren zu Lebzeiten Shang Yangs (390?–338 v. Chr.) im Königreich nur sechs grundlegende Gesetze in Kraft. Wir können jetzt schließen, dass der Kodex der Qin schon dieselbe Vollständigkeit und Systematik besaß, wie der nachfolgende Kodex der Han.

Die Gouverneure der Qin waren überzeugt von ihrem Recht, sich in Angelegenheiten der zentralen wie der lokalen Verwaltung einmischen zu dürfen, wenn dies zum Besten der Menschen war und der Sicherung der materiellen Ressourcen diente, von denen die erfolgreiche Verwaltung des Imperiums ja abhing. Aber sie mischten sich auch in andere, weniger wichtig erscheinende Aspekte des persönlichen Lebens der Menschen ein, denn die zentralisierte Kontrolle aller Lebensbereiche hatte ein extremes Ausmaß erreicht. So regelte das Gesetz beispielsweise die Menge an Fett, das verwendet werden durfte, um die Achsen der Wagen zu schmieren, oder die Maße der Kleidung von Gefängnisinsassen. Ein wichtiger Aspekt machte das ohnehin unnachgiebige Regime noch bedrückender: Das legistische Prinzip der „kollektiven Verantwortlichkeit", das Shang Yang formuliert hatte – und das sich, wie wir gesehen haben, aus der gegenseitigen Solidarität der Clane herleitete, die diese durch ihre auf Jade- oder Steintafeln verewigten Bluteide bestätigten – wurde fest verankert.

Wie die gefundenen Dokumente zeigen, befasste sich der Qin-Kodex vorrangig mit Verwaltungsfragen und dem Strafrecht. Dieses Charakteristikum der chinesischen Gesetzgebung sollte sich über viele Dynastien hin unverändert erhalten. Die Strafen für die verschiedenen Verbrechen und Vergehen waren grundsätzlich dieselben, die auch der Han-Kodex vorsieht: Todesstrafe, Zwangsarbeit, Exil, Verstümmelung und Geldstrafen. In vielen Fällen (nicht bei der Todesstrafe) war es möglich, die verhängte Strafe in eine Geldstrafe oder in eine angemessen lange Zeit der Arbeit für die örtliche Verwaltung umzuwandeln. Konnte eine hohe Geldstrafe nicht erbracht werden, was meist bei Funktionären der Fall war, so konnten stattdessen Versorgungsgüter an die Armee geliefert werden, etwa Waffen, Schilde oder Lederschnüre, wie sie zur Verbindung der Schuppen der Rüstungen gebraucht wurden. Auspeitschung war die Strafe für Gefangene, die zu fliehen versucht oder bei der Zwangsarbeit Eigentum beschädigt hatten. Es war auch eine Strafe für diejenigen, die vor Gericht gelogen oder die Aussage verweigert hatten. In diesen Fällen war der befragende Magistrat verpflichtet, nach strengen Regeln vorzugehen.

Das *Feng zhen shi* schreibt vor: *„Die beste Befragungsmethode besteht darin, die Auspeitschung zu meiden und sich auf Beweise durch Dokumente und Tatsachen zu verlassen. Die Auspeitschung ist ein schlechtes Mittel. Die Befragung unter Einschüchterung ist die schlechteste. Wer streitende Parteien anhört, muss genau hinhören und alles, was gesagt wird, getreulich festhalten. Jeder Zeuge muss eine vollständige Aussage machen. Selbst wenn klar ist, dass er lügt, soll man ihn vorläufig nicht unter Druck setzen oder beschuldigen. Ist seine Aussage abgeschlossen und protokolliert, und bestehen Zweifel an der Richtigkeit, befrage man ihn erneut und genauer. Auch in diesem Stadium sollte keine Unterbrechung erfolgen, aber alles genau mitgeschrieben werden. Sobald die Schwachpunkte seiner Aussage deutlich hervortreten, muss er dazu erneut befragt werden. Fährt er fort zu lügen oder tischt er ohne Begründung immer neue Versionen auf und ist er auspeitschungsfähig* [d. h. die fragliche Person zählt nicht zu den „Beschützten" wie die sehr Alten oder kleine Kinder], *so kann die Auspeitschung stattfinden. In diesem Fall muss der Magistrat ein Dokument folgender Art anlegen: ‚Da der besagte X seine Aussage mehrfach geändert hat, ohne dies plausibel begründen zu können, schreitet die Befragung zur Auspeitschung voran.'"*

Die übliche Hinrichtungsmethode war die Enthauptung, die bei besonders schweren Verbrechen öffentlich auf dem Stadtplatz stattfand. Die tagelange öffentliche Zurschaustellung der Leiche galt als weitere Verschärfung der Kapitalstrafe. Andere Methoden der Hinrichtung waren, je nach der Schwere des begangenen Verbrechens, Vierteilung, Zerstückelung oder Ertränken. Auch bei der Verstümmelung gab es mehrere Grade: Abschneiden der Nase, Abhacken von einem oder beiden Füßen, Brandmarken und Kastrieren. Öffentliches Scheren von Bart und Kopfhaar (was als schändliche Prozedur galt) war denen vorbehalten, die zu Zwangsarbeit verurteilt wurden, und das war die Strafe für die meisten Verbrechen. Die Verurteilten mussten auf den Feldern arbeiten oder Verteidigungswälle aus gestampftem Lehm errichten. Beides allerdings waren Arbeiten, zu deren Verrichtung auch die ganz normale Bevölkerung periodisch verpflichtet war. Alle, die am Bau eines Verteidigungswalls mitgearbeitet hatten, waren für mindestens ein Jahr haftbar für die Haltbarkeit der Konstruktion. Sollte die Mauer vor dieser Zeit einstürzen, so mussten diejenigen, die sie errichtet hatten, auf eigene Kosten eine neue bauen.

Der Kodex unterscheidet klar zwischen (geplantem) Mord und (unbeabsichtigtem) Totschlag oder ungewollt zugefügter Verletzung. Eine interessante Ausnahme beschreibt folgender Artikel: *„Man erwäge den Fall eines Polizisten, der, während er versucht, einen Delinquenten festzunehmen, von diesem geschlagen und dadurch getötet wird. Frage: Hat der Delinquent in Tötungsabsicht gehandelt, oder war der Tod nur ein Unfall? Die Antwort lautet: Unfall während eines Handgemenges, dennoch wird nach den Vorschriften der Präzedenzfälle des Hofes der Fall als geplanter Mord behandelt."* Hier handelt es sich ganz eindeutig um ein Gesetz, das in Angleichung an die „Präzedenzfälle des Hofes" auf höchster Ebene geändert wurde, doch hat die ursprüngliche Gesetzesfassung leider nicht überdauert.

Es wurde auch unterschieden, ob jemand einen anderen mit Faustschlägen angriff, am Haar oder an den Ohren zog, oder ob der Angriff mit einem stumpfen Gegenstand oder einer echten Waffe erfolgte. Besondere Beachtung fand auch der Kindsmord oder die Tötung von Dienern und Sklaven. Ein behindertes Neugeborenes zu töten, galt nicht als Verbrechen. Töteten die Eltern jedoch ein gesundes Neugeborenes, weil sie schon zu viele Kinder hatten, so galt dies als Mord. Auch adoptierte Kinder wurden durch das Gesetz geschützt: *„Ein Vater, der von seinem leiblichen Sohn stiehlt, gilt nicht als Dieb. Wie aber ist ein Vater einzu-*

Die beschrifteten Bambusstreifen, die in einem Grab in Zhangjiashan (Provinz Hubei) gefunden wurden, listeten 16 Gesetze (lü) *und Anordnungen* (ling) *aus der Han-Zeit auf. Damit trägt dieser Fund zur Klärung der Frage bei, inwieweit der Gesetzeskodex der Qin von der Han-Dynastie übernommen wurde.*

stufen, der von seinem adoptierten Sohn stiehlt? Er ist einem Dieb gleichzusetzen.“

Eltern, die ein Kind strafen wollten, da es an Respekt mangeln ließ, hatten das Recht, das Kind zu verstümmeln oder sogar zu töten, sofern dafür die Zustimmung der Behörden vorlag. Fehlte allerdings diese behördliche Erlaubnis, so galt ihre Tat als Verletzung oder Mord.

Die folgende Anzeige eines Vaters ist insofern interessant, als sie zeigt, dass die konfuzianischen Prinzipien in höchstem Ansehen standen, selbst wenn die Faktenlage unklar sein sollte. Der Vater hatte an den Magistrat geschrieben: *„Mein Sohn benimmt sich mir gegenüber nicht wie ein Sohn; ich bitte folglich darum, dass er getötet werde. Ich wage es, diese Anzeige zu machen.“* Der Sohn wurde unverzüglich festgenommen und befragt und erklärte: *„Ich bin sein Sohn und ich gebe zu, mich ihm gegenüber nicht respektvoll zu verhalten. Ich gestehe meine Schuld.“*

Für derart respektloses Verhalten war die Todesstrafe vorgesehen. In einem ähnlichen Fall bat ein Vater, dass sein unwürdiger Sohn auf Lebenszeit aus dem Königreich Shu (in der heutigen Provinz Sichuan) zu verbannen und außerdem zur Amputation der Füße zu verurteilen sei (der Text ist nicht klar, vielleicht ist auch nur gemeint, es sollen ihm Fußfesseln angelegt werden). Mangel an Sohnesliebe gilt einer Reihe von aufeinander folgenden Kodizes als schweres Verbrechen. Die Fachwissenschaftler meinten lange, dass sich darin die „Konfuzianisierung“ des Gesetzes ausdrückte, die sich nach dem Fall der Qin durchsetzte, denn die Erfüllung der Pflichten gegenüber der Familie waren den Konfuzionisten quasi heilig. Es ist deshalb überraschend, festzustellen, dass auch der Qin-Kodex mangelnde Sohnesliebe als Verbrechen einstuft, hatte man doch angenommen, dass er von den konfuzianischen Prinzipien unbeeinflusst sei.

Andere Artikel des Gesetzes zeigen eine Umsicht und Rücksichtnahme, die als undenkbar für die Legisten galt, und sich stark von dem unterscheiden, was spätere Überlieferungen den Legisten unterstellten. Als Beispiel diene der folgende Artikel, den man eher in einem konfuzianischen oder taoistischen Werk vermutet hätte: *„Im zweiten Frühlingsmonat dürfen die Bäume im Wald nicht geschlagen und die Flüsse nicht gestaut werden. Mit der einzigen Ausnahme der Sommermonate darf Unkraut nicht auf den Feldern verbrannt werden, noch dürfen Indigopflanzen, Eier, Jungvögel oder die Jungen von Wildtieren gesammelt werden. Fische und Schildkröten dürfen nicht* [hier fehlen sechs Schriftzeichen] *vergiftet oder Fallen oder Netze zum Fischfang ausgelegt werden. Vom 7. Monat an sind diese Verbote aufgehoben. Nur im unglückverheißenden Fall eines plötzlichen Todes darf in der Verbotszeit Holz geschlagen werden, um den Sarg zu zimmern. In Siedlungen nahe umzäunten Geländes oder Parkanlagen, zu denen der Zutritt verboten ist, darf in der Zeit, in der das Wild seine Jungen säugt und großzieht niemand mit Jagdhunden eindringen. Wenn Hunde, die einfachen Bürgern gehören, ohne die Absicht dort Wild zu jagen, in nicht öffentliche Parkanlagen eindringen, so wage nicht, sie zu töten; dringen sie aber ein, um zu jagen, so müssen sie getötet werden. Hunde, die in Gebiete eindringen, die von Wildhütern bewacht werden, müssen den Behörden übergeben werden; das Fleisch der Hunde, die in anderen verbotenen Anlagen getötet wurden, darf verzehrt werden, doch die Felle müssen abgeliefert werden.“*

Diebstahl und Hehlerei wurden schwer bestraft, dabei hing das Strafmaß vom Wert der gestohlenen Güter ab. Auch üble Nachrede oder Falschanzeige wurde bestraft, dabei unterschied der Kodex verschiedene Möglichkeiten: Erwies sich eine Anschuldigung als falsch, dann wurde der Anschuldiger bestraft, als hätte er selbst das Verbrechen begangen, dessen er den andern beschuldigte, sofern ihm nachgewiesen werden konnte, dass er mit der Absicht, dem anderen zu schaden, verleumdet hatte. Konnte dieser Nachweis nicht geführt werden, so galt die Anschuldigung als „ungenaue Aussage“ und wurde nur leicht bestraft. Einige Beispiele erhellen die Absicht des Gesetzgebers: *„A zeigt B wegen des Diebstahls eines Ochsen und wegen Verleumdung einer Person an. Es wird bewiesen, dass B kein Verbrechen begangen hat. Frage: Wie muss A abgeurteilt werden? Handelte er in der Absicht, B zu schaden, so ist er ein Falschankläger; handelte er ohne die Absicht, B zu schaden, so ist es ein Fall von ungenauer Aussage.“*

Dem folgenden Fall unterliegt eine sehr subtile Logik: *„A wurde von B beschuldigt, 1 000 Münzen gestohlen zu haben. Es stellt sich heraus, dass er „nur“ 670 Münzen stahl. Wie soll B abgeurteilt werden? Er soll freigesprochen werden.“*

Das Gesetz legte verschiedene Strafen für den Diebstahl von Geld fest, und die Strafe war äußerst hart, wurden mehr als 660 Münzen gestohlen. Im erwähnten Fall blieb der Ankläger verschont, weil die Gesamtzahl der gestohlenen Münzen die Zahl 660 überstieg und der Angeklagte dieselbe Strafe erhielt, die er auch erhalten hätte, hätte er tatsächlich 1 000 Münzen gestohlen; das heißt, rein formal lag keine Falschaussage vor. Hätte der Beschuldigte jedoch weniger als 660 Münzen gestohlen, dann wäre der Ankläger entweder der Strafe als Falschaussager unterlegen oder zumindest wäre er der ungenauen Aussage bezichtigt worden.

Im Falle von gemeinschaftlich ausgeübtem Raub wurden alle Mitglieder der Bande mit derselben Strafe belegt, auch derjenige, der das gestohlene Gut entgegennahm, vorausgesetzt, es konnte bewiesen werden, dass er die Herkunft der Ware kannte.

Ein großer Teil der Dokumente von Shuihudi befasst sich mit Verwaltungsrecht. Genaue Regeln legten jeden Aspekt des Lebens von Gefangenen fest, besonders derjenigen, die zu Zwangsarbeit verurteilt waren. Gleichermaßen detailliert waren die Regelungen, denen die lokalen Funktionäre unterlagen. Genau aufgelistet sind die minutiös auszuführenden Prüfungen, die bei der Ernte und Einlagerung der verschiedenen Feldfrüchte zu beachten waren, die Qualität und Quantität des Saatguts war zu untersuchen und auch der Einsatz und die Pflege der verwendeten Geräte unterlag genauer Kontrolle. Ebenfalls streng reguliert waren alle Stadien der Viehzucht. Die Funktionäre mussten alle komplizierten Formalitäten kennen und anwenden können, die im Verlauf der Erstellung von Inventarlisten anfielen und sie waren verpflichtet, der Zentralverwaltung ständig über alles Bericht zu erstatten, was in Bezug zu ihrer Aufsichtsarbeit stand. Sie mussten wissen, wie sie sich im Falle unvorhergesehener Ereignisse oder von Naturkatastrophen zu verhalten hatten, und so weiter. Von größter Bedeutung waren die Methoden, mit denen der lokale Magistrat vorging. Alles war festgeschrieben, Disziplinarmaßnahmen ebenso wie die Regeln, nach denen die Zeugenbefragungen stattzufinden hatten, die der Urteilsfindung vorausgingen, und die Entscheidungskriterien für die Urteilsfindung, aber auch die Art, wie Protokoll zu führen und wie die Urteilssprüche schriftlich zu fixieren waren. Die wichtigsten Gesetze wurden durch Beispiele und erklärende Ergänzungen erläutert. Daraus ergibt sich, dass man auf die Kompetenz, Effizienz und Unbescholtenheit der Bürokraten großen Wert legte. Der *Wei li zhi dao* betitelte Text stellt das Idealbild des Qin-Funktionärs (des Verbindungsgliedes zwischen der zentralen und der lokalen Verwaltung) vor. Danach zeichnet sich der Funktionär durch Loyalität gegenüber den Vorgesetzten aus, durch ein Maximum an Gehorsam und Unterwürfigkeit, durch eiserne Disziplin, äußerste Selbstkontrolle, beispielhaftes Verhalten, Mäßigkeit sowie einen absoluten Mangel sowohl an Autonomiestreben als auch an Argumentierfreude. Dies waren die Charakteristika des perfekten Funktionärs, der wichtigsten Stütze der bürokratischen Maschinerie der Qin, mit deren Hilfe sie das große Imperium regierte. Der Kodex der Qin verlangte, dass faule, unfähige, Ärger machende oder unehrliche Funktionäre bestraft und schlimmstenfalls von ihrem Posten entfernt wurden.

Ein weiterer Punkt, den die erst kürzlich entdeckten Dokumente offenbar werden ließen, betrifft die Unparteilichkeit, mit der die Gesetze zur Anwendung kamen. Um Missbrauch zu unterbinden, waren sie klar und verständlich formuliert und sie galten, in Übereinstimmung mit den Prinzipien der Legisten, für alle Menschen des Landes ohne Ansehen der Person. Allerdings spielten Rang und Amt des Angeklagten bei der Zumessung der Strafe durchaus eine Rolle. Wer durch militärische Verdienste eine privilegierte Position erlangt hatte, selbst wenn ihm als Belohnung für geleistete Dienste Ehrungen durch den Herrscher persönlich zugekommen waren, der konnte all dessen verlustig gehen, wenn er sich schwerwiegender Verfehlungen schuldig machte. Meist wurden Geldbußen verhängt, oft zahlbar in Form von Waffen, Rüstungen oder Lederbändern, um damit die Armee auszustatten.

Im Großen und Ganzen unterschied sich der Kodex der Qin nicht sehr von dem der nachfolgenden Han, wie sich beim Vergleich zwischen den beiden – soweit wir sie aus den bisher gefundenen Dokumenten kennen – zeigt. 1983–84 fand man in einem Grab in Zhangjiashan (Provinz Hubei) mehr als 500 Bambusstreifen, die 16 Gesetze *(lü)* und Anordnungen *(ling)* aus der Han-Zeit enthielten. Eine ähnlich große Zahl von Bambusstreifen enthielt Berichte über juristische Fälle, Almanache, Wahrsagetexte, medizinische, mathematische und historische Abhandlungen. Sie sind noch nicht im Detail ausgewertet, doch lässt sich anhand des Materials schon jetzt sagen, dass die Änderungen, die von den Gesetzgebern der Han-Zeit vorgenommen wurden, sich eher auf die Form als auf den Inhalt bezog. Die im Qin-Kodex festgesetzten Strafen waren nicht härter als die der Kodizes späterer Epochen. Noch gibt es Anzeichen dafür, dass die Gesetze, wie von den Legisten empfohlen, zum Zweck der Abschreckung besonders scharf angewendet wurden. Im Gegenteil, die Strafzumessung erfolgte ohne allen moralischen Beigeschmack, die Verhängung einer Strafe bei nachgewiesen kriminellem Verhalten war schlicht eine Pflichterfüllung. Der schuldig Gewordene hatte sich von seiner Übeltat frei zu machen, indem er für die Gesellschaft einen Zwangsdienst leistete oder eine Buße zahlte, die der Armee, und damit wiederum der Gemeinschaft, die ja durch die Armee geschützt wurde, zugute kam. Nur für die schwersten Verbrechen waren Todesstrafe, Verstümmelung oder Exil vorgesehen. Die Qin und die Repräsentanten der Legistischen Schule sind als erbarmungslose Verwalter in die Geschichte eingegangen. Obwohl wir heute Grund zu der Annahme haben, dass die traditionelle Historiographie sie zu Unrecht in dieses Licht rückte, sind die Gründe, die zu ihrem plötzliche Fall führten, bis heute ungeklärt.

Vielleicht bestand ihr größter Fehler darin, Gesetze, die in ihrem eigenen Fürstentum lange in Kraft waren, sofort auf die Länder zu übertragen, die sie eroberten. Vielleicht waren sie dabei zu schnell und unnachgiebig vorgegangen und hatten zu wenig Rücksicht genommen auf lokale Sitten, Bräuche und Regeln. Die nachfolgende Han-Dynastie änderte wenig an den juristischen und administrativen Institutionen, schon gar nicht zu Beginn ihrer Herrschaft. Doch die Han-Herrscher sahen die Fehler, die ihre Vorgänger begangen hatten, und versuchten, sich in ihrem Regierungsstil von der eisernen Hand der Qin zu unterscheiden, indem sie mit größerer Flexibilität regierten und lokalen Traditionen gegenüber mehr Toleranz zeigten. In vielen Fällen erließen die Han Amnestien für Verbrechen, die bereits gerichtlich abgeurteilt waren, und sie übertrugen den Funktionären die undankbare Aufgabe, die Gesetze den sich wandelnden Zeiten anzupassen. Tatsächlich aber kostete diese Verantwortung mehr als einen Minister das Leben. Sima Qian (etwa 145–89 v. Chr.), der große Historiker der Han-Zeit, beschließt seine Biographie von Chao Cuo (gestorben 154 v. Chr.), einem mächtigen Minister, der hingerichtet wurde, nachdem er – auf Befehl des Kaisers – die von der Vorgängerdynastie übernommenen Gesetze zu modernisieren versucht hatte, mit den Worten: *„Zu ändern, was lange Bestand hatte, und zu verwirren, was immer war, bringt nur Unglück und manchmal den Tod."*

Die Entwicklung der chinesischen Philosophie in der Zeit der Streitenden Reiche

Der letzte Abschnitt der Geschichte der dritten chinesichen Königs-Dynastie – der Zhou (1045–221 v. Chr.) – war von einer tiefen wirtschaftlichen und politischen Krise gekennzeichnet, die schließlich zu blutigen Kriegen zwischen den Feudalstaaten führte, die aber nominell der immer schwächer werdenden Zentralmacht verpflichtet blieben. Später wurde diese Epoche, die von 476–221 v. Chr. dauerte, die Zeit der Streitenden Reiche genannt.

Die politische Zerstückelung und der fortschreitende Zerfall der Institutionen brachte tiefgreifende Veränderungen mit sich, die auch die Ideologien und Denkströmungen erfassten. Neue Lehrsätze wurden formuliert, die im Gegensatz zu den älteren standen und oft auch untereinander in Konflikt lagen. Diese neuen Strömungen wurden „Hundert Schulen" *(Bai Jia)* genannt, doch sollte die Zahl Hundert lediglich auf die Vielzahl verweisen, sie war nicht wörtlich gemeint. Die Lösung der politischen Krise war das Hauptproblem, mit dem sich die neuen Schulen des Denkens befassten. Es wird deshalb, sowohl im Westen als auch in China, nicht ganz zu Unrecht gesagt, dass es sich hier nicht um Philosophie im klassischen Sinne handelte, die sich ja mit Ontologie und Metaphysik befasst. Die chinesische Philosophie (wir wollen sie trotzdem weiterhin so nennen) konzentrierte sich hauptsächlich auf Fragen der Politik und der Ethik. Die chinesische Eisenzeit hatte erst vor kurzem begonnen, aber sie hatte die Wirtschaft des Landes, die sich bis in die Moderne hinein vor allem auf die Landwirtschaft stützte, bereits tiefgreifend verändert. Neue Technologien hatten auf den Gebieten des Ackerbaus und des Militärs Einzug gehalten. Verwirrt durch die anhaltenden Kriege und die daraus erwachsenden wirtschaftlichen Krisen vertrauten die Menschen ihren traditionellen Religionsformen nicht mehr. Wie es immer, in allen Teilen der Welt und zu allen Zeiten geschieht, löste die politische und die ökonomische Krise auch eine tiefe spirituelle Krise aus.

94 Auf die politische Philosophie der Han-Dynastie hatte der Konfuzianismus einen viel größeren Einfluss als auf die Denkrichtungen der Qin-Ära. Tatsächlich waren die Han die ersten, die einen rein säkularen Kult des Meisters einrichteten. Konfuzius wurde lediglich als Kulturheros gesehen, er wurde nie als heilig erachtet, und sein Geburtsort Qufu (in der heutigen Provinz Shandong) – hier dargestellt auf einer Seidenmalerei aus der Qing-Zeit (1644–1911) – wurde das eigentliche Zentrum der Verehrung, wo seine Nachfahren die Erinnerung an ihn bis auf den heutigen Tag bewahren. (Bibliothèque Nationale, Paris)

95 Diese Seidenmalerei aus der Song-Zeit (oder eine Ming-Kopie eines Song-Originals) ist vom berühmten Meister Li Tang (1050–1130) signiert und zeigt Kong Fuzi „Meister Kong", dessen Name die im 16. Jahrhundert nach China gekommenen jesuitischen Missionare zu „Konfuzius" lateinisierten. Der Meister ist im Gespräch mit seinen Schülern dargestellt, doch deutet die Komposition mit ihren fast wie in einer Prozession zum Meister hin aufsteigenden Figuren auch an, dass es – im Raum wie in der Zeit – eine nicht abreißende Folge von Jüngern gibt.

Die konfuzianische Lösung

Die älteste Form des Konfuzianismus, die Lehren des Meisters Konfuzius (551–479 v. Chr.), befassten sich nicht mit der Frage der Schöpfung und der des Lebens nach dem Tod. Als sein Schüler Zi Lu den Meister nach dem Tod fragte, antwortete dieser: *„Wie sollen die, die nicht wissen, was das Leben ist, je verstehen, was der Tod ist?"* (Dialoge, XI/11). Die Antwort beinhaltet die Ermahnung, sich auf die wichtigen Probleme zu konzentrieren, statt auf die außerweltlichen. In einer anderen Passage der Dialoge (VIII/20) heißt es, dass sich der Meister nie mit außergewöhnlichen Dingen oder transzendenten Wesen befasst habe.

Die konfuzianische Doktrin und die Lehren des Meisters richteten sich nicht an das gemeine Volk, sondern an die Lehngüter besitzende Klasse, die in der Zeit des 6. und 5. Jahrhunderts v. Chr. die verschiedenen Staaten regierten. Auch sah sich Konfuzius nie als Neuerer oder Begründer einer Doktrin, die Jahrhunderte überdauern würde. Sein berühmter Satz: *„Ich erschaffe nicht, ich übermittle; ich liebe die Vergangenheit und glaube an sie"* (Dialoge VII/1) charakterisiert ihn vollständig. Der Meister hatte die Hypothese von einem mythischen Goldenen Zeitalter aufgestellt, das am Beginn der Zivilisation stand, und von dem sich der Mensch Schritt um Schritt entfernt hatte, bis der Zustand des zeitgenössischen materiellen und spirituellen Chaos erreicht war. Jetzt musste der ursprüngliche glückliche Staat wiederhergestellt werden (weshalb man später, als man in China nur die Idee des Fortschritts akzeptierte, die konfuzianische Theorie als „historische Regression" definierte), was, so die Ansicht des Konfuzius, nur gelingen konnte, wenn man die alten ethischen Normen wiederbelebte, durch die die Beziehungen der Menschen untereinander geregelt werden. Deshalb spielt in seiner Lehre die Hochschätzung gewisser „Tugenden" *(De)* eine so große Rolle: Güte, Altruismus, Aufrichtigkeit, Treue, Gerechtigkeit, Weisheit und Respekt vor den Ahnen und den Traditionen. Für Konfuzius waren die ersten weisen Herrscher, die das Land im Goldenen Zeitalter regiert hatten, vor allem tugendhaft. Daraus erwuchs ganz natürlich eine gute Regierung und daraus das gute Verhalten der Untertanen. Doch wie konnte man die Menschen wieder in ein glückliches Zeitalter zurückführen?

Um die gepriesenen „Tugenden" richtig anwenden zu können, war das Studium der alten Texte wichtig. Konfuzius selbst, oder seine engsten Jünger, sollen philosophische und literarische Traktate verfasst haben, in denen sie die Taten der Männer der Vorzeit beschrieben:

die guten als Vorbild, die schlechten als Abschreckung. Es war die Zeit der Veröffentlichung von drei Werken, die zum Prototyp der chinesischen Literatur werden sollten: des *Shi jing* (Buch der Lieder), des ersten literarischen Werks, des *Shu jing* (Kanon der Schriften), des ersten historischen Dokuments, und des *Yi jing* (Buch der Wandlungen), das als philosophischer Text gewertet wird. Das Lesen war ein Mittel, ethisches Verhalten in der Gesellschaft zu lernen, und so galten die Schriften vor allem als Erziehungsmittel.

Die Lehngüter besitzende Klasse, an die sich Konfuzius wandte, schenkte ihm allerdings wenig Aufmerksamkeit. Nur für eine sehr kurze Zeit ernannte ihn Ding, Herzog von Lu (dem Heimatstaat von Konfuzius), zum Gouverneur der Stadt Zhongdu, und, später, zum „Justizminister". Konfuzius schien dies die rechte Gelegenheit, seine Theorien in die Praxis umzusetzen, mit dem Ergebnis, dass der Herzog von Qi, ein Rivale von Lu, befürchtete, ein so weise verwaltetes Territorium, in dem die Verbesserungen nur zu schnell sichtbar wurden, könne die Ambition entwickeln, Macht über ganz China auszuüben. Um Konfuzius seinem Herrn zu entfremden, schickte er Herzog Ding acht Tänzerinnen und Musiker sowie einige Pferdegespanne als Geschenk. Davon überwältigt, folgte Ding den Ratschlägen des Konfuzius nicht mehr. Der indignierte Meister trat von seinem Amt zurück und verließ das Herzogtum. Das war der Beginn seiner Wanderschaft durch andere Feudalstaaten. Immer wieder pflegte Konfuzius zu betonen: *„Fürsten sollen sich wie Fürsten benehmen, Minister wie Minister, Väter wie Väter und Söhne wie Söhne."* Daraus ist abzulesen, dass schon zu jener Zeit die Herrscher und Fürsten nicht mehr im Vollbesitz ihrer Macht waren, Minister ihre Privilegien missbrauchten und selbst in der Familie der Respekt dem Alter gegenüber nachgelassen hatte. Der Staat wurde paternalistisch gesehen, wie eine große Familie, mit dem Herrscher als Vater seiner Untertanen. Da er aber keinen Feudalstaat fand, wo man auf ihn hören wollte, kehrte Konfuzius 483 v. Chr. nach Lu zurück, wo er, überzeugt, im Leben versagt zu haben, vier Jahre später starb. Seine letzten an seinen Schüler Zi Gong gerichteten Worte sollen gewesen sein: *„Seit langer Zeit gibt es keine Weisheit mehr in der Welt und niemand wollte mich als Lehrer."*

Dieses Idealbild des Konfizius als alter Mann zeigt die respektvolle Verehrung, die der Künstler für den Meister hegt. Es ist das Werk des zeitgenössischen Malers Dai Dunbang, ein Maler, der sich auf die Darstellung von bedeutenden historischen Persönlichkeiten Chinas spezialisiert hat.

❖

Konfuzius zufolge soll sich ein guter „Diener des Staates", egal, ob Herrscher oder Untertan, an den weisen, tugendhaften Herrschern des Goldenen Zeitalters orientieren, wie etwa an dem Großen Yu (Da Yu), dem letzten der drei weisen Könige und Gründer der mythischen Xia-Dynastie, der nach der Überlieferung „die Wasser zähmte."

Mengzi und Mozi

Der Konfuzianismus überlebte den Tod seines Begründers, und Konfuzius selbst blieb, sogar seinen Gegnern, nicht mit seinem Namen, sondern schlicht als „der Meister“ in Erinnerung. Der Ausdruck *Zi yue* (der Meister sagte) entsprach Jahrhunderte lang dem auf Aristoteles bezogenen *Ipse dixit*.

Größter Verfechter der konfuzianischen Lehre war Mengzi (Meister Meng, in der lateinisierten Form seines Namens Mencius), der von 372–288 v. Chr. lebte.

Eines der Themen, das zu seinen Lebzeiten die verschiedenen Denkschulen bewegte, war die Frage nach der Natur des Menschen zum Zeitpunkt seiner Geburt. Die einen meinten, der Mensch sei von Natur böse und müsse gebessert werden, andere meinten, der Mensch sei grundsätzlich gut, wieder andere sahen ihn als weder so noch so determiniert. Dispute über solche Fragen konnten innerhalb derselben Schule stattfinden. Mencius neigte der Vorstelllung von der guten Natur des Menschen zu; er meinte, es seien äußere Einflüsse, wie die Gesellschaft, in der der Mensch lebt, oder individuelle Motive, wie das Verlangen nach persönlichem Vorteil, die ihn verderben. Als guter Konfuzianer war Mencius überzeugt, dass die Übung der Tugenden und die Lektüre der Schriften unverzichtbare Mittel seien, „das Herz des roten Kindes“ (den Zustand der Unschuld des Neugeborenen) wiederzuerlangen. Mencius zufolge hat der Mensch die Pflicht, sich zu perfektionieren, um so zur Besserung der Gesamtgesellschaft beizutragen, doch sprach er dabei dem Individuum größere Freiheit zu, als Konfuzius dies tat. In der Zwischenzeit hatten sich das politische und gesellschaftliche Klima noch weiter verschlechtert und Mencius gestand erstmals den Ministern und Denkern das Recht zu, die Herrscher zu kritisieren, wenn sie sich schlecht benahmen. Selbst den Königsmord hielt er für gerechtfertigt, wenn sich der König wie ein Krimineller benahm.

Bis zu einem gewissen Grade demokratisierte Mencius das konfuzianische Denken, er passte es seiner Zeit an und sorgte für seine Verbreitung im Lande. Aus diesem Grund nannte Giuseppe Tucci, ein bedeutender italienischer Orientalist des 20. Jahrhunderts Mencius den Hl. Paulus des Konfuzianismus.

Ein Jahrhundert vor Mencius, etwa um die Zeit, als Konfuzius starb, wurde ein Denker namens Moti oder Mozi (Meister Mo) geboren. Sein Geburtsort sowie sein Geburts- und Todesjahr sind ungewiss,

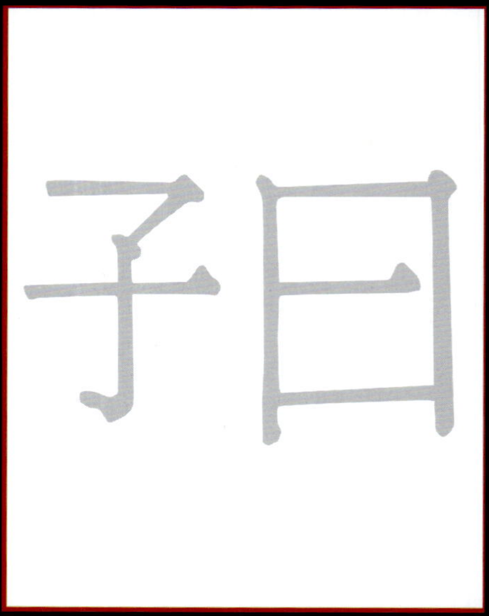

❖

Der Ausdruck Zi yue, wörtlich übertragen „Der Meister spricht“, diente den Konfuzianern oft dazu, Texte oder Theorien zu legitimieren, die Konfuzius eigentlich gar nicht direkt zugeschrieben werden konnten. Die Sitte der Zuschreibung diente aber aus Sicht der Argumentierenden als eine Art Garantie für die Richtigkeit des Gedankens.

aber er könnte um 479 v. Chr. geboren, und um 381 gestorben sein. Über sein Leben ist wenig bekannt, aber seine Theorien sind in dem von ihm verfassten Werk klar zum Ausdruck gebracht. Der Überlieferung zufolge soll er als junger Mann Konfuzianer gewesen sein, sich aber enttäuscht abgewendet haben, als er die Mittelmäßigkeit der zeitgenössischen Vertreter der Schule sah. Als Spross einer anderen sozialen Klasse als der Aristokrat Konfuzius (dessen Lehren sich vor allem an die herrschende Klasse richteten) hatte Mozi eher die Gesamtbevölkerung im Auge, als er seine Theorien von der universalen Liebe und einer gewissen Form des Pazifismus formulierte, die sich sehr von den eher asozialen und anarchistischen Theorien der Taoisten unterschieden, denn er trat für einen streng hierarchisch gegliederten, autokratischen Staat ein, in dem sich die Menschen mit gegenseitigem Respekt begegneten.

Sein Antikonfuzianismus richtete sich eher gegen die Konfuzianer seiner eigenen Zeit als gegen den Meister selbst. Er kritisierte den exzessiven Formalismus der konfuzianischen Rituale und Etikette, er predigte eine fast asketische Lebensweise und verdammte den Luxus des Hauses der Musik. Die Konfuzianer galten ihm als atheistisch und träge, und ihre Sitte, beim Tod des Vaters drei Jahre lang zu trauern, lehnte er ab. Tatsächlich wurde erwartet, dass man in der Trauerzeit entweder alle Arbeit ruhen ließ oder einen öffentlichen Posten bekleidete (man beachte, dass der Sohn von Kim Il Sung diese typisch konfuzianische Sitte im „altkommunistischen“ Nordkorea streng einhielt!).

Mozi war der erste, der den Zusammenhang zwischen Demographie und Ökonomie erkannte und sich ein großes Bevölkerungswachstum wünschte, um so die landwirtschaftliche Produktion steigern zu können. Er war ein Visionär und Utopist und seine Ideen erfreuten sich in China einer gewissen Beliebtheit.

Doch langsam schwand der Einfluss seiner Schule und mit dem Aufblühen der Vulgären Ära ging er ganz verloren. Salvatore Cognetti de Martiis, ein berühmter italienischer Ökonom des 19. Jahrhunderts, widmete Mozi 1888 ein Werk mit dem Titel *Un socialista cinese del V secolo a.C. Mih-tei* [Mih-tei, ein chinesischer Sozialist des 5. Jahrhunderts v. Chr.] , und war damit einer der ersten westlichen Wissenschaftler, der sich fachkundig mit Mozi beschäftigte.

❖

Mengzi (Mencius), der bedeutendste Verfechter der Lehre des Konfuzius, war Autor eines Buches, das seinen Namen trägt und für so wichtig gehalten wurde, dass es dem Kanon der vier konfuzianischen Texte eingegliedert wurde. Er arbeitete das Konzept des „Himmlichen Mandats“ – tianming –, *das während der ganzen chinesischen Geschichte eine fundamentale*

Die taoistische Schule leitet sich von dem berühmten Laozi her, der, so wird behauptet, eine kurze Abhandlung verfasste, die zunächst seinen Namen trug, dann aber den Titel *Daode jing* (Buch des Weges und der Macht) erhielt. Die profundeste Darstellung dieser wichtigen Schule des Denkens findet sich im Werk des Zhuangzi (369?–286 v. Chr.), der aber, wie andere chinesische Denker, keine systematische Abhandlung der Theorien seiner Schule vorlegte, vielmehr ist sein Werk eine Sammlung von Anekdoten, Maximen, Dialogen und Paradoxen, die in hoch ästhetisierter Form präsentiert werden.

Anders als die Konfuzianer, die im Individuum ein Mitglied der Familie und des Staates sahen, dessen Pflicht es sei, die Gesellschaft zu bessern, verweigerten die Taoisten jegliche soziale Zusammearbeit. Man erzählt die Anekdote, dass Zhuangzi gerade angelte, als zwei Gesandte des Hofes ihm die Nachricht überbrachten, der Fürst wolle ihm einen hohen Verwaltungsposten anvertrauen. Zhuangzi lehnte ab mit der Bemerkung, er wolle nicht wie all die anderen in Zhou verehrten heiligen Schildkröten 3 000 Jahre lang tot sein, er ziehe es vor zu leben, seine Angelschnur durch den Schlamm zu ziehen und seine Freiheit zu behalten (*Zhuangzi*, Kapitel 17).

Der Taoismus ist, kurz gesagt, die Lehre der individuellen „Errettung". Er lehnt jegliche Wissenschaft und Kultur als nutzlos ab und hält nichts von den Tugenden, die den Konfuzianern so wichtig sind. Zhuangzi, selbst Autor eines bedeutenden philosophischen Werks, hielt Bücher für den „Abschaum der Welt". Das Individuum müsse auf alle politische oder literarische Ambition verzichten, müsse sich von der Welt und der Gesellschaft, in die es hineingeboren sei, lösen, müsse seine Werte und Praktiken ablehnen, ja, es solle sogar seine eigene Existenz infrage stellen. Es gibt die berühmte Geschichte von Zhuangzi, der erwachte, nachdem er geträumt hatte, ein Schmetterling zu sein, und nun nicht mehr wusste, ob er ein Mensch war, der träumte, ein Schmetterling zu sein, oder ein Schmetterling, der träumte Zhuangzi zu sein. Das Leben ist Traum, aber wo ist die Wahrheit, wenn sie denn existiert? (*Zhuangzi*, Kapitel 2).

Die Taoisten glaubten an den *Dao* (Weg, Pfad), der den Ursprung aller Dinge und der zehntausend Wesen bildet, von denen der Mensch nur eines ist. Zwischen uns Menschen und den Pflanzen, den Tieren, dem Himmel oder der Erde sei kein Unterschied. Doch, wie Zhuangzi warnend betont, kann *Dao* nicht durch Lernen, Verstand oder irgend eine Art von Zwang erfasst werden; allein durch mysthische Ereignisse kann es zum Verstehen und Erfassen des *Dao* kommen.

Der philosophische Taoismus unterschied sich vom populären religiösen Taoismus, dessen verschiedene Strömungen die persönliche physische und mentale Hygiene in den Mittelpunkt stellte, bewusstes Atmen, bestimmte Ernährungsweisen sowie sexuelle und alchimistische Praktiken empfahl, um so die Unsterblichkeit oder zumindest ein langes Leben zu erreichen.

Es ist schwierig, den Beginn dieses religösen Taoismus zu datieren, doch scheint er sich im 4. und 3. Jahrhundert v. Chr. schon durchgesetzt zu haben, denn Zhuangzi erwähnt ihn und auch der dritte taoistische Meister, Liezi. Man darf nicht vergessen, dass Konfuzianismus und Taoismus große Etiketten sind, die den verschiedensten Strömungen innerhalb der Schule aufgeklebt werden, die aber oftmals untereinander rivalisierten, sich gar bekämpften. Jede neue Strömung versuchte, einen bestimmten Aspekt der ursprünglichen Lehre hervorzuheben. So behauptete beispielsweise der spätere taoistische Dichter Dongfang Shuo, indem er sich auf Zhuangzis Weigerung berief, einen Posten am Hof von Zhou anzunehmen, die beste Art allein zu sein, sei der Aufenthalt inmitten der Menge der Hofleute. Solche Paradoxien sind typisch für die taoistische Schule.

In Lienzis Werk finden sich Fragmente eines verlorenen Textes, der Jangtse zugeordnet wird, Vertreter einer wieder anderen Richtung, der Mitte des 4. Jahrhundert v. Chr. lebte. Einmal gefragt, ob er bereit sei, zur Rettung der ganzen Menschheit ein einziges Haar von seinem Kopf zu opfern, soll er verneint haben; ein Ausdruck des absoluten Individualismus.

100 links Laozi der „alte Meister", wird oft auf der Flucht auf einem Büffel reitend dargestellt. Der Überlieferung zufolge soll diese halb legendäre Persönlichkeit ihren Posten am Hof von Zhou verlassen und in den Wüstenländern des Westens Zuflucht gesucht haben, wo er seine Lehren in dem Dao De jing *betitelten Werk festhielt.*

100 rechts Aus der taoistischen Philosophie erwuchs ein religiöse Form des Taoismus mit vergöttlichten, unsterblichen Figuren und Geistern, die mit kosmologischen und kosmogonischen Aspekten verknüpft waren. Das Wandgemälde im Ming-Stil zeigt die Gottheiten Fu, Lu und Shou, auch als „Drei Sterne" oder sanxing *bekannt, die Glück, Wohlstand und langes Leben repräsentieren.*

Das Bild zeigt den exzentrischen taoistischen Dichter Dongfang Shuo (ca. 154 – 93 v. Chr.) der die Ansicht vertrat, die beste Art allein zu sein, sei der Aufenthalt inmitten der Menge der Hofleute. Er hält einen Pfirsich in der Hand, der die Frucht vom Baum der Unsterblichkeit darstellt, der im Garten der Xiwangmu, der Königinmutter des Westens, wächst, eine der wichtigsten Gottheiten im Pantheon der Taoisten. Erlangung der Unsterblichkeit war ein wichtiges Ziel der Taoisten, vor allem der Alchimisten und Esoteriker.

Die *mingjia*, die Schule der Dialektiker, wurde durch zwei Denker vertreten, Hui Shi und Gongsun Long, deren Werke nur bruchstückhaft überdauert haben.

Hui Shi (380–300? v. Chr.) war berühmt für seine umfassende Bildung und seine Vielzahl von Schriften. Man sagte, um all seine Werke aufzunehmen, würden fünf Ochsenkarren nicht reichen. Doch all seine Schriften gingen durch die Bücherverbrennung des Shihuangdi im Jahr 213 v. Chr. verloren. Nur ein kleines ihm zugeschriebenes Fragment, das von Zhuangzi erwähnt wird, hat überlebt.

Die Schule der Dialektiker machte gern Gebrauch von Paradoxien. In der Politik gehörten sie zu den Gemäßigten und waren vom Pazifismus angetan, was in einer Zeit desaströser Kriege verständlich ist. Hier einige der aufschlussreichen Paradoxien, wie sie Zhuangzi (Kapitel 33) überliefert: *Der Himmel ist niedriger als die Erde; ein Berg ist flacher als eine Ebene; ein Neugeborenes ist ein sterbendes Wesen; heute gehe ich nach Yue und gestern komme ich von dort zurück; ein Ei enthält die Feder; ein Huhn hat drei Beine; Feuer brennt nicht.*

Zhuangzi berichtet, dass Hui Shi viele Neigungen hatte, die auch der Schule der Taoisten gefielen. Dem taoistischen Meister zufolge waren sie aber durch ihre Paradoxien *„nur in der Lage, den Mund der Menschen zu beherrschen, doch nicht ihr Herz.“*

Gongsun Long (320–259? V. Chr.) gilt als Autor einer gleichnamigen fünfteiligen Abhandlung voller hochgelehrter Argumente. In einem berühmten Abschnitt demonstriert er in einer an Platons Ideenlehre erinnernden Weise, dass „ein weißes Pferd kein Pferd ist“.

Dies war das philosophische Klima, in dem die Intellektuellen der Zeit der Streitenden Reiche lebten und disputierten. Ihr eigentliches Anliegen war das Finden eines politischen Programms, dass die Gesellschaft aus einer Krise führen konnte, die bereits Jahrhunderte anhielt und das Land wirtschaftlich wie demographisch zerstörte. Es gab Konservative, die zu einer idealen Vergangenheit zurück wollten, und Utopisten, die auf die universale Liebe und die allgemeine Verbrüderung hofften. Den Konfuzionisten und Moisten antworteten die Taoisten, der Rückzug aus der Gesellschaft und das Konzept der Anarchie sei die richtige Lösung. Doch als die Taoisten im 2. Jahrhundert n. Chr. große Revolten anzettelten und die Bewegung der Gelben Turbane ins Leben riefen, da waren auch sie gezwungen, ein Konzept der sozialen Organisation zu entwerfen. Teilnahme am politischen Leben kann abgelehnt werden, aber wenn man selbst an die Macht kommt, muss man irgendeine Form von gesellschaftlicher Organisation schaffen.

❖

102 Gongsun Long, der im 3. Jahrhundert v. Chr. lebte, war ein führender Repräsentant der mingjia, der Schule der Dialektiker, die ein wenig den griechischen Sophisten ähnelten. Die Schule ist berühmt für ihre logischen und linguistischen Paradoxien, unter denen baima fei ma „ein weißes Pferd ist kein Pferd" eine der berühmtesten ist.

❖

103 Gongsun Yang (4. Jahrhundert v. C als Shang Yang bekannt, begann seine Ka Funktionär im Staat Wey, kam dann nach das Vertrauen von Herzog Xiao gewann Herrn von Shang, Shangjun shu ernann Das war auch der Titel – hier abgeb des ihm zugeschriebenen Werkes.

Die Schule der Legisten

Im Feudalstaat Qin, in dem der zukünftige Erste Erhabene Kaiser geboren werden sollte, hatten weder der Konfuzianismus, noch andere philosophische Strömungen Fuß gefasst. Obwohl militärisch straff organisiert, war Qin rückständig und bewegte sich kulturell gesehen auf niedrigem Niveau. Doch wurden eine Reihe von Reformen durchgeführt, die alle einem einzigen Mann zugeschrieben werden, der als Shang Yang oder Herr von Shang in die Geschichte einging.

Shang Yang (390?–338 v. Chr.) kann als Begründer oder zumindest erster bedeutender Exponent der Schule der Legisten *(fajia)* angesehen werden. Doch war nicht er es, der diesen Namen prägte. Der erste der von *fajia* sprach, war der konfuzianische Historiker Sima Qian (145–89 v. Chr.), der in seinem *Shi ji* (Historische Aufzeichnungen) bei der Abhandlung der Denkschulen die Schule der Legisten mit den Worten beschreibt: *„Die Legisten machen keinen Unterschied zwischen Verwandten und Nichtverwandten, jedermann gilt als vor dem Gesetz gleich. So verschwindet sowohl die Liebe, die man seinem Verwandten zeigt, als auch der Respekt, den man denen zollt, die Ehre verdienen. Diese Doktrin kann nur in einem bestimmten Moment und nur für einen bestimmten Zweck praktiziert werden, sie kann nicht immer Anwendung finden. Keine Theorie kann je das Prinzip der klaren Trennung abändern, das zwischen der herausragenden Stellung des Herrschers und der Unterwerfung der Untertanen besteht."* Gefangen in seinem konfuzianischen Konzept vom streng hierarchisch gegliederten Staat, war es dem großen Historiker unmöglich, sich vorzustellen, dass das Gesetz alle, den Herrscher wie den geringsten Untertan, auf die gleiche Stufe stellt. Die Antwort auf die Frage, wie sich ein Sohn zu verhalten habe, der seinen Vater bei der Begehung einer Straftat ertappte, war für Konfuzianer klar: Die Liebe zu den Eltern sollte die Handlungsweise des Sohnes bestimmen. Die Legisten hingegen meinten, es solle ohne Ansehen der Person Gerechtigkeit geübt werden. In der idealen Gesellschaft der Konfuzianer überwog die Hierarchie, galt der Herrscher mehr als der Untertan, der Vater mehr als die Kinder, der Ältere mehr als der Jüngere, der Ehemann mehr als die Frau. Dieser männliche Chauvinismus regierte in China bis in die Moderne hinein. Trotzdem ist es interessant zu sehen, dass Sima Qian zugestand, dass die Doktrin des Gesetzes zumindest *„in einem bestimmten Moment und nur für einen bestimmten Zweck praktiziert"* werden könne. Das erinnert an das alte republikanische Rom, in dem man gelegentlich die Einsetzung eines Diktators befürwortete.

Einige Forscher sehen in dem Denker Guanzi (gestorben 645 v. Chr.), dem auch der gleichnamige Text zugeschrieben wird, den ersten Vertreter der Schule der Legisten. Es ist wenig über ihn bekannt und die Schrift, die seinen Namen trägt (philologischen Forschungen zufolge ein viel späteres Werk) ist weniger ein Ausdruck legistischer Lehrmeinung, als vielmehr eines späten philosophischen Synkretismus. Grundlage des Lehrgebäudes der *fajia* ist das Gesetz *(fa)*, das ausschließlich ein Strafgesetz war. Das soll nicht heißen, dass man vorher in China keine Gesetze gekannt und Verbrecher nicht bestraft hätte. Aber die Konfuzianer, die vom idealen, nach ethischen Prinzipien geregelten Staat träumten, und den moralischen Verfall der Zeit beklagten, hatten Mühe die Körperstrafen, zu denen auch Verstümmelungen gehörten, zu rechtfertigen. Da sie den mythischen Herrschern des Goldenen Zeitalters, die angeblich alles geschaffen hatten, unmöglich solche Grausamkeiten unterstellen konnten, schoben sie die Erfindung der Körperstrafen den „Barbaren" in die Schuhe, die diese Strafen in Zeiten der Krise (wie es die gegenwärtige ja war) angewendet hätten. Eine perfekte Gesellschaft mit perfekten Bürgern aber würde Gesetze und Strafen gar nicht benötigen. Shang Yang, der führende Legist im Dienste des Herzogs Xiao von Qin, reformierte nicht nur die Gesetze der Qin, er erneuerte auch die Verwaltung und das Steuersystem und ließ eine neue Hauptstadt bauen. Danach begann Qin mit seinen Eroberungskriegen, in denen der Staat Wei, in dem Shang Yang aufgewachsen war, als erster unterlag. Nach dem Tod von Xiao fiel Shang Yang beim neuen Herzog in Ungnade. Er suchte Zuflucht in einem anderen Feudalstaat und kam im Kampf ums Leben. Die Lebensdaten von Shang Yang sind unsicher, lediglich die Tatsache, dass zu seiner Zeit Reformen in Qin durchgeführt wurden, ist gesichert. Eine dieser Reformen bestand in der Aufteilung der Gesellschaft in Gruppen von etwa zehn Personen, die sich gegenseitig zu kontrollieren hatten und als Einheit zur Rechenschaft gezogen werden konnten, sollte eine Straftat, von einem Mitglied begangen worden, von den anderen nicht angezeigt werden. Die gesellschaftlichen Klassen waren klar unterschieden; Unterbringung, Land, Hausrat etc. wurde nach dem hierarchischen Stand der Familie zugeteilt. Das Land wurde in Bezirke geteilt, es wurde eine Einheitssteuer eingeführt, Maße und Gewichte wurden vereinheitlicht. All diese Reformen bildeten später die Grundlage, auf der das Reich des Ersten Erhabenen Herrschers aufgebaut werden konnte.

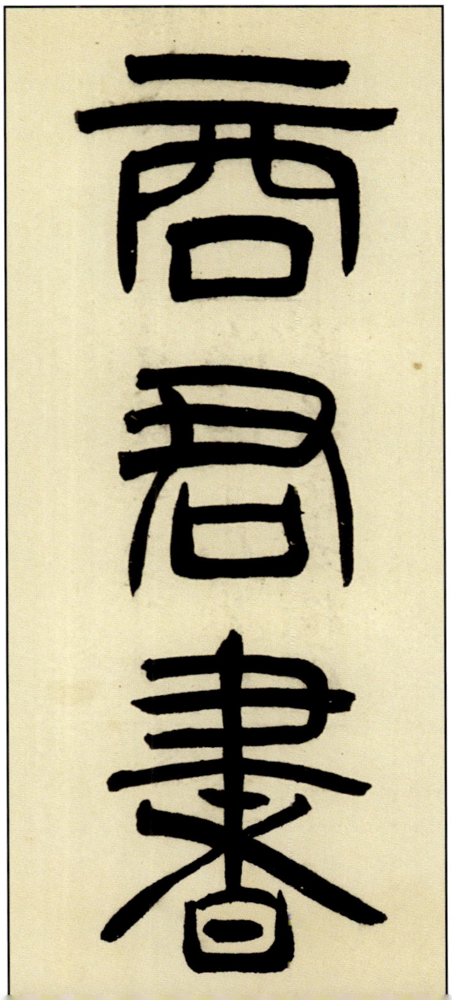

❖

04 In seinen Schriften behandelt der r abgebildete Xunzi die Themen, die den Konfuzionisten teuer sind, systematisch und konkret, doch ist der Einfluss der egisten unübersehbar. Seine Reflexionen ber den Menschen, zusammengefasst in lem berühmten Wort ren xing e *(von atur ist der Mensch schlecht), führte ihn u einer Distanzierung vom Denken des Mengzi, der von der fundametal guten Natur des Menschen überzeugt war.*

❖

105 Han Fei war ein Schüler de Xunzi. Sein Werk Han Feizi *– hier Seite aus dem Buch VI – ist quasi d Manifest der Legisten. Ein neuer Asp seiner Lehre ist die Idee der historisch Evolution: Jedes Zeitalter hat seine eig Konditionen. Die Gegenwart, so Han Schluss, brauchte ein Regierungssystem, auf einer strengen zentralen Autorit beruhte, der des Herrschers, genau so, es im Reich der Qin der Fall war.*

Han Feizi

Han Feizi stammte aus einer alten Adelsfamilie im Staat Han. Er erkannte, dass in einer Zeit blutiger Kriege die Autorität des Herrschers gestärkt und die Schlagkraft der Armee verbessert werden musste, dass die Gesetze allen Untertanen bekannt und verständlich sein, dass die Verwaltungsbeamten nach ihren Fähigkeiten, nicht nach ihrer familiären Herkunft ausgewählt werden und in ein striktes System eingebunden sein mussten, das auf Belohnung und Betrafung basierte. Han Feizis Werk übt scharfe Kritik an der konfuzianischen Schule, ein Signal, dass das Ende der dahin siechenden Feudalstaaten nahe war und für Staat und Gesellschaft eine neue Ordnung kommen musste.

Die Schule der Legisten legte den Grundstein für einen autoritären Staat, in dem der Herrscher nicht tugendhaftes Vorbild seiner Untertanen zu sein hatte, sondern ein starkes Individuum, das in der Lage war, das gesamte Land nach strengen Regeln zu führen, nach denen diejenigen, deren Verhalten dem Wohl der Gemeinschaft dienlich ist, belohnt, und diejenigen, deren Verhalten der Gemeinschaft schadet, hart bestraft werden. Das wichtigste Instrument zur Durchsetzung dieser neuen Ordnung war *fa*, das Gesetz. Sah das Konzept der Konfuzianer einen tugend- und vorbildlichen Herrscher vor und das der Taoisten einen Herrscher, der die Gesetze abschaffte und überhaupt nicht regierte, so war der ideale Herrscher im Konzept der Legisten weder ein Tyrann noch von ethischen Maßstäben bestimmt, sondern ein allen Untertanen gegenüber neutraler Machthaber, der fähig war, den Respekt vor dem Gesetz zu garantieren. In den Worten von Han Feizi: *„Ein intelligenter Herrscher stellt sicher, dass das Gesetz die Männer wählt, er befördert nicht willkürlich. Er stellt sicher, dass das Gesetz die Fähigkeiten misst, er bestimmt sie nicht nach Beliebigkeit. Die Fähigen werden dann nicht mehr beiseite geschoben, und die Bösen und Unfähigen können sich nicht länger verstecken. Diejenigen, die zu Unrecht gepriesen wurden, sollen nicht länger befördert werden, und diejenigen, die zu Unrecht degradiert wurden, sollen nicht länger gedemütigt werden. Daraus wird sich ergeben, dass der Unterschied zwischen dem Herrscher und seinen Ministern klar ist und Ordnung herrscht. Es reicht aus, dass der Herrscher die Gesetze anwendet.“* (*Han Feizi*, Kapitel VI).

Zusammen mit Li Si, einem jungen Mann, der in der Geschichte des chinesischen Kaiserreichs noch eine bedeutende Rolle spielen sollte, war Han Feizi Schüler des Xunzi. Li Si führte Han Feizi am Hof von Qin ein und setzte, Jahre später, viele seiner Ideen um. In eine Palastintrige hineingezogen, die Li Si aus politischer Eifersucht angezettelt hatte, kam Han Feizi in Qin ins Gefängnis und beging, der traditionellen Überlieferung zufolge, 233 v. Chr. Selbstmord. So war es ihm nicht mehr vergönnt, die Geburt des ersten Imperiums zu erleben, das sich auf die Prinzipien seiner Ideologie gründete.

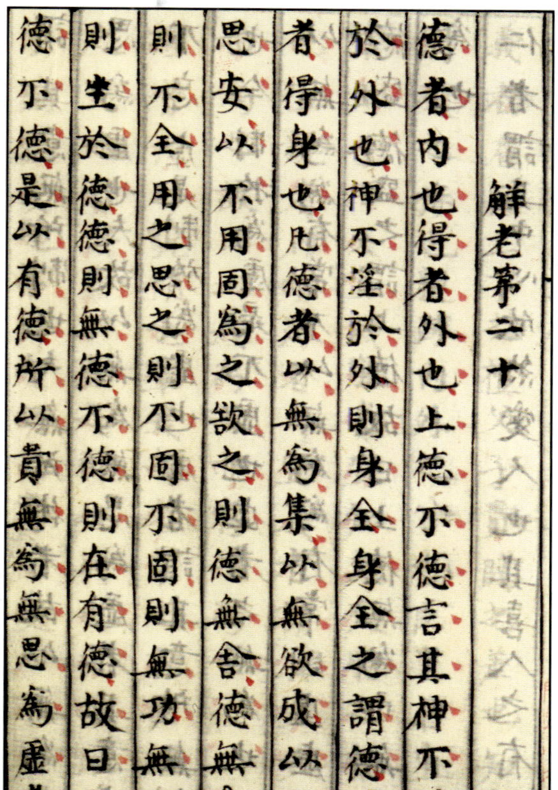
解老第二十
德者内也得者外也上德不德言其神不淫
於外也神不淫於外則身全身全之謂德德
者得身也凡德者以無爲集以無欲成以不
思安以不用固爲之欲之則德無舍德無舍
則不全用之思之則不固不固則無功無功
則生於德德則無德不德則在有德故曰上
德不德是以有德所以貴無爲無思爲虚者

Die ersten Reformen der Legisten

Was geschah in China, als 221 v. Chr. das Imperium entstand? Der imperiale Staat war geeinigt, so wie es die Konfuzianer sich erträumt hatten, aber er war gewiss keine Restauration der Vergangenheit. Das Land war kein Königreich, in dem der Herrscher statt des Titels *wang* (König) nun wieder den Titel *di* (Imperator, Kaiser) annahm, den auch schon die frühesten Herrscher der mythischen Zeit geführt hatten. China *war* ein Imperium, doch nicht im Sinne des Ideengebäudes der Konfuzianer, demzufolge der Himmel *(Tian)* dem Herrscher die Macht als *tianming* (Himmlisches Mandat) verlieh, und ihm auch wieder entzog, sollte der Herrscher sich als korrupt und dekadent erweisen.

In Qin hatte dank der Stärke der Armeen und der großen inneren Geschlossenheit eine Revolution stattgefunden. Dadurch war es Qin gelungen, die anderen Feudalstaaten nacheinander zu besiegen und sich zu unterwerfen. Der Herrscher war nurmehr der Garant des praktisch angewendeten Gesetzes, nicht mehr die moralische Instanz, die der Konfuzianismus in ihm sah. Die Idee, das Goldene Zeitalter wiedererstehen zu lassen, war weggefegt, alle Betonung lag auf der Gegenwart. Der Imperator verordnete einen radikalen Umbau der Verwaltung, an die Stelle des Feudalsystems traten neue Institutionen. Von Beamten geleitete Präfekturen wurden eingerichtet, und spezielle Bereiche, in denen das Militär vorherrschte. Die Modernisierung der Landwirtschaft führte zur Bildung einer Klasse der Neureichen, und die von den Bauern (immer die große Mehrheit der chinesichen Bevölkerung) geleistete Arbeit wurde liberalisiert, denn man begriff, dass die von Einzelnen auf den Feldern geleistete Arbeit produktiver sein konnte, als die des Kollektivs.

Die im Lande gebräuchlichen Maße und Gewichte, die Münzen, sogar die Wagenachsen (sowohl bei den Streitwagen, wie bei den zivil genutzten, deren Länge von Staat zu Staat aus militärischen und rituellen Gründen variiert hatte) wurden vereinheitlicht. Ja, man versuchte sogar, das Denken zu vereinheitlichen. 213 v. Chr. kam es zu einer Bücherverbrennung. Es war Minister Li Si, der dem Herrscher vorschlug, alle klassischen Werke, die Bücher der Hundert Schulen, das Buch der Lieder, Das Buch der Geschichte und alle anderen offiziellen Texte, außer denen des Reiches Qin, den Flammen zu übergeben. Li Si begründete es so: *„Die Literaten* [d.h. die Konfuzianer] *nehmen sich nicht die Gegenwart zum Vorbild, sie studieren die Vergangenheit, um die Gegenwart zu verunglimpfen."* Nur wissenschaftliche Werke und das Buch der Wandlungen (populär als *I Ging* bekannt) waren von dem Autodafé ausgenommen. Am meisten litten die Konfuzianer; viele wurden getötet und viele mussten beim Bau der Großen Mauer Zwangsarbeit leisten. Die Verschonung wissenschaftlicher Werke und die darin sich ausdrückende Erkenntnis ihrer Bedeutung kann auch als der erste Zusammenstoß von Geistes- und Naturwissenschaften interpretiert werden. In späteren Zeiten wurde – nicht zuletzt beeinflusst durch das Wiedererstarken des Konfuzianismus – die Bücherverbrennung als das größte der Verbrechen bezeichnet, das der Erste Erhabene Kaiser begangen hatte. In der folgenden Dynastie der Han (206 v. Chr.–220 n. Chr.) blühte der Konfuzianismus wieder auf, dennoch blieben die meisten von den Legisten eingeführten Neuerungen in Kraft. Die Fassade des Imperiums war konfuzianisch, doch seine tragenden Säulen waren die Reformen der Legisten. Viele Gedankenströmungen der Streitenden Reiche waren überholt, aber Konfuzianismus und Taoismus überlebten, wenn auch in viele Schulen gespalten.

106 Die höchste der archaischen chinesischen Gottheiten, Tian *(Himmel), nahm nie menschliche Gestalt an, obwohl sich der Kaiser bis in das beginnende 20. Jahrhundert hinein als „Sohn des Himmels" verstand. Trotzdem versuchten die Maler dieser übergeordneten höchsten Macht und undefinierten Wesenheit Ausdruck zu verleihen.*

107 links 219 v. Chr. brachte Qin Shihuangdi erstmals Opfer auf dem heiligen Berg Taishan dar. Viele Kaiser der folgenden Dynastien wiederholten dieses Ritual zum Zeichen der Aneignung des Landes. Das Bild zeigt den Abdruck einer Steininschrift, die der Erste Minister Li Si zur Feier des Ereignisses verfasst haben soll.

107 rechts Das Abbild zweier ineinander verschlungener göttlicher Wesen mit Schlangenkörpern, Fuxi *und* Nüwa, *versinnbildlicht die Idee der zwei gegensätzlichen Prinzipien von yin und yang, auf das sich die gleichnamige Schule gründete. Ihr bedeutendster Repräsentant war Zou Yan (305–240? V. Chr.).*

Nachdem er alles, was er sich nur wünschen konnte, erreicht hatte, unternahm der Gründer des ersten Imperiums Reisen durch sein Land, um zu sehen, ob alle Reformen durchgeführt worden waren. 219 v. Chr. vollzog Shihuangdi wichtige religiöse Riten und brachte am heiligen Berg Taishan Opfer dar. Spätere Monarchen verschiedenster Dynastien wiederholten diese Opferhandlungen, als wollten sie damit ihre Inthronisierung heiligen. In jenem Jahr der Opferhandlung traf der Kaiser einen Mann namens Xushi, der ihm von der im Ostmeer gelegenen Insel Penglai, der Insel der Unsterblichen, berichtete. Dies war eine taoistische Vorstellung, doch, wie Sima Qian berichtet, erlaubte der Herrscher Xushi nach der Insel zu suchen und stattete ihn dafür mit einem Gefolge von 3 000 Männern und Frauen aus, von denen keiner zurückkehrte. 215 v. Chr. sandte der Herrscher eine neue Expedition von nur drei Männern aus, die die Insel suchen sollten, auf der das Elixier der Unsterblichkeit hergestellt wurde, doch auch sie kehrten nicht wieder.

Ob historisch oder Legende, die Episode ist Zeichen der Existenz eines gewissen Synkretismus: Sollte es wirklich überraschen, dass ein Imperator, der seine Herrschaft auf die Ideen der Legisten gründete, sich von der taoistischen Mythe der Unsterblichkeit angezogen fühlte? Sich einer bestimmten philosophischen Strömung oder einem religiösen Glauben anzuschließen, war etwas anderes als das Bekenntnis zu einer der drei monotheistischen „Buch-Religionen". China errichtete nie unüberwindliche Schranken zwischen den verschiedenen Denkschulen. Erst in der Han-Zeit kam es zu einer ersten Klassifizierung der früheren Schulen, besonders denen der Zeit der Streitenden Reiche, zu denen die Konfuzianer, die Legisten, die Taoisten, die Schule der gegensätzlichen Prinzipien von *yin* und *yang*, die Mohisten, die Dialektiker und weitere kleinere Gruppierungen gehört hatten. Einig Denker wurden in Schubladen gesteckt, in die sie nicht wirklich gehörten. Was die chinesische Kultur und das Denken ihrer Philosophen aber immer auszeichnete, war die Tendenz zum Synkretismus. Ihm ist es zu danken, dass es oft möglich war, die Elemente der unterschiedlichsten Strömungen und Doktrin zu Neuem zu vereinen.

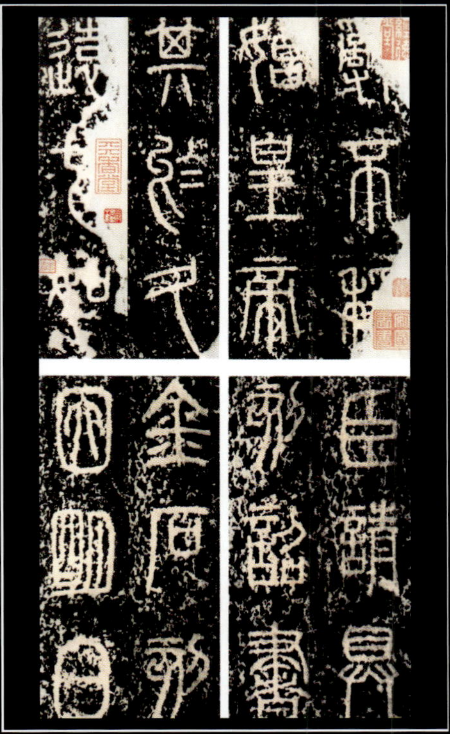

DER ERSTE KAISER

秦始皇
姓嬴名政始自始皇乙卯即王位庚辰併天下稱皇帝
在位三十七年居王位二十五年即帝位十二年壽五十
十一

Sima Qian berichtet, die Mutter Qin Shihuangdis, sei, ehe sie die Gattin von König Zhuangxiang wurde, als wunderschöne Tänzerin die Konkubine des reichen und gebildeten Kaufmanns Lü Buwei gewesen. Zhuangxiang hingegen hatte, ehe er den Thron von Qin bestieg, unglückselige Jahre als Friedensgeisel in Handan, der Hauptstadt des Königreichs Zhao verbracht. Er war dort mit wenig Respekt und noch weniger Großzügigkeit behandelt worden, weil sein Großvater, König Zhao von Qin, uneingedenk der Tatsache, dass einer seiner rund 20 Enkel dort Geisel war, das Königreich Zhao unablässig angriff. Zum Glück für den zukünftigen König Zhuangxiang (damals noch Zichu genannt), erkannte der Kaufmann – der *„billig ein- und teuer verkaufte"*, wie Sima Qian bissig anmerkte – bei einem Besuch am Hof von Handan die Talente des jungen Mannes. Lü Buwei schloss Freundschaft mit Zichu und begann Pläne zu schmieden, ihn als Thronerben nach Qin zurückzubringen. In seiner Biographie des Lü Buwei (Kapitel 85 des *Shi Ji*) erzählt Sima Qian, dass der Kaufmann und Zichu gerade miteinander zechten, als Zichu die zauberhafte Tänzerin sah, die in Lü Buweis Haus lebte, und sich sofort in sie verliebte. Ohne ein Blatt vor den Mund zu nehmen, bat Zichu den Kaufmann, ihm die Frau zu überlassen und Lü Buwei willigte zögernd ein, denn sie war schwanger von ihm. Im 48. Jahr des Königs Zhaoxiang von Qin (259 v. Chr.) gebar sie einen Knaben, der den Namen Zheng (Wahr, Gerecht, Aufrichtig) oder Ying Zheng (Zheng aus dem Haus Ying) erhielt und der zukünftige Erste Erhabene Kaiser der Qin-Dynastie sein sollte.

War Zheng also nicht der leibliche Sohn von Zhuang, sondern der uneheliche Spross eines Kaufmanns? Natürlich nicht. Die diffamierenden Passagen im *Shi Ji* sind mit aller Wahrscheinlichkeit verleumderische Interpolationen eines unbekannten späteren konfuzianischen Bearbeiters, der den Ersten Kaiser und sein Haus bloßstellen wollte. Neben der Feigheit, mit der hier ideologischer Hass hinter der Maske einer verunglimpfenden Unwahrheit verborgen wird (kein seltener Zug in chinesischen oder anderen nationalen Historiographien), zeigt sich merwürdiger Weise bei vielen konfuzianischen Intellektuellen auch eine große Verachtung für alles, was mit Handel und Kommerz zu tun hat. Das wird seit der Han-Dynastie besonders deutlich, in der die Konfuzianer dazu tendieren, Kaufleute den niedersten Gesellschaftsschichten zuzuordnen, kaum angesehener als Fischer, die der Überlieferung nach als die rüdesten Gesellen galten.

Der Ruhm des Qin Shi Huang Di hat Raum und Zeit überdauert und ihn zu einer der meist abgebildeten Figuren der Antike der fernöstlichen Länder im Dunstkreis Chinas gemacht. Ein Idealporträt aus dem 19. Jahrhundert (links) aus einem koreanischen Aquarell-Album, das in der British Library aufbewahrt wird, zeigt ihn als Herrscher der Choson-Dynastie (1392–1910) (man beachte Sonne, Mond und Sternbilder auf dem Festgewand, Symbole der Macht und des langen Lebens). Ein gleichermaßen der Phantasie geschuldetes Bild ist das chinesische Gemälde aus einem Album des 18. Jahrhunderts (oben), das den Kaiser in der informellen Hofkleidung der Qing-Periode (1644–1911) und mit strengen Gesichtszügen zeigt.

Konfuzuis selbst hat hingegen nie negative Urteile über Händler abgegeben, denn wie schon erwähnt, war ein Kaufmann einer seiner ersten Schüler. Andererseits war es der große legalistische Reformer Shang Yang, der im 4. Jahrhundert v. Chr. gegen Händler gerichtete Verfügungen erließ und Händler und ihre Familien als „minderwertige Personen" zu registrieren befahl, weil sie durch ihren Beruf ständig auf Reisen und deshalb schwer zu kontrollieren waren. Sie bewegten ihre Geldmittel ungehindert und waren Freidenker.

Um auf die „uneheliche" Herkunft des Kaisers zurückzukommen, so sollte er zweifach angeschwärzt werden, als der illegitime Sohn einer Tänzerin und als der Sohn eines Kaufmanns.

Zhuangxiang wurde 250 v. Chr. König von Qin und machte Lü Buwei unter dem Titel Marquis von Wenxin zu seinem Ersten Minister. Mehrere hundert Familien mussten für seine Bezüge aufkommen. In der Darstellung, die Sima Qian von Lü Buwei gibt, erfährt man Einiges über die „kulturellen Zirkel" der Zeit der Streitenden Reiche, in der das Mäzenatentum weiter verbreitet war, als in jeder anderen Zeit der chinesischen Geschichte. Lü Buwei *„scharte einen Kreis von Gästen und fahrenden Gelehrten um sich, weil er hoffte, so die Welt zu einen, und einer unter diesen war Li Si."* In diesem einen Satz fasst der große Historiker die Essenz der Zeit der Streitenden Reiche zusammen: Gäste waren „Fremde", die ihre (politische, militärische, medizinische oder magische) Kunst am Hof des Herrn eines beliebigen Staates ausübten. Shang Yang beispielsweise stammte aus Wei, war aber Gast in Qin. Fahrende Gelehrte *(shi)* waren in der Zeit der Streitenden Reiche gebildete Aristokraten, die von den Herrschern eingeladen wurden als „Amtspersonen und Edelleute" am Hof ihre Sechs Künste (Rituale, Musik, Bogenschießen, Wagenlenken, Kalligraphie und Mathematik) auszuüben. Später, in der turbulenten Zeit der Frühlings- und Herbstperiode, wandten sich die jüngsten Söhne des niederen Adels und die Sprösslinge verarmter Adelsfamilien langsam von der Waffenkunst ab und konzentrierten sich mehr auf Philosophie und Literatur. Aus dieser Klasse der Intellektuellen holten sich die Feudalherren die Theoretiker der neuen sozialen und politischen Ordnung: Konfuzius zum Beispiel war ein *shi*. Möglicherweise ist der von Sima Qian erwähnte *„Kreis von Gästen und fahrenden Gelehrten"* derselbe, bei dem Lü Buwei das bekannte historische Werk *Lü Shi Chun Qiu* (Annalen des Frühlings und Herbstes der Familie Lü) in Auftrag gab. Und was die Hoffnung, *„so die Welt zu einen"* anlangt, so war dies das Ziel aller Feudalherren der Streitenden Reiche, und der Kalligraph und Literat Li Si, ein überzeugter Legist, war sozusagen der letzte Schmied der Zentralisation der Macht, als er zum Berater des Ersten Kaisers ernannt wurde.

Zheng war erst 13 Jahre alt, als sein Vater Zhuangxiang 246 v. Chr. starb und unterstand praktisch der Vormundschaft und Führung Lü Buweis. Mehrmals griffen die anderen Streitenden Reiche an, 241 v. Chr. bildeten Hann, Wei, Zhao, Wey und Chu sogar eine Allianz gegen Qin, doch Qin verstand sich zur Wehr zu setzen. Am Hof intrigierten verschiedene Cliquen, um Kontrolle über den jungen König zu bekommen. Eine dieser Cliquen hatte sich um Zhengs Mutter gebildet, deren Name – bezeichnenderweise – weder von Sima Qian, noch von anderen Quellen je genannt wird. Die Fraktion der Königinmutter scheint von einem gewissen Lao Ai unterstützt worden zu sein, einem mächtigen Palastaufseher, über den die konfuzianischen Historiographen und auch Sima Qian (oder sein späteter Bearbeiter) mit beißender Schärfe herziehen.

❖

Sima Qian berichtet, dass Qin Shi Huang Di mehrere Inspektionsreisen durch sein Land unternahm, vielleicht, um damit seinen Herrschaftsanspruch zu untermauern. Eine Seite aus einem Album des 18. Jahrhunderts, das Aquarellbilder auf Seide enthält (Bibliothèque Nationale, Paris), zeigt den in einer Sänfte reisenden Kaiser vor einer Meeresküste oder einem Flussufer. Vielleicht ist seine letzte Reise dargestellt, denn nachdem er den Jangtse zweimal überquert hatte, wandte er sich Richtung Norden zur Küste von Wu, von Ahnungen bevorstehenden Unglücks geplagt. Tatsächlich wurde er an der Furt von Pingyuan krank und starb kurz darauf im siebten Monat des Jahres 206 v. Chr.

Eines der berühmtesten Idealbilder von Qin Shi Huang Di erinnert an das Bild des Gründers der Jin-Dynastie, Wudi (265–420 n. Chr.): Dieses Rollbild aus der Tang-Periode (618–907) zeigt den Imperator in kaiserlichem Gewand, möglicherweise der Mode der Zeit entsprechend, zu dem der Kopfputz mit den Perlenschnüren (um das Antlitz des Kaisers zu verbergen) sowie ein Gürtel aus Jadeplaketten gehörte, wie er vor allem für die Ming-Dynastie (1368–1644) typisch war. Nur der Kaiser und die höchsten Generäle durften solche Gürtel tragen.

Im Kapitel 85 des *Shi Ji*, der Biographie des Lü Buwei, lesen wir, dass Lao Ai sexuell überdimensional ausgestattet war, und dass die Königin – die gesehen hatte, wie er ein schweres Holzrad mit seinem Riesenglied angehoben hatte – ihn sich zum Liebhaber nahm und zwei Kinder mit ihm zeugte. Der schwache Lü Buwei begünstigte diese Union, und so gingen fast alle Staatsangelegenheiten durch Lao Ais Hände. Zusammen sollen die Königin und er den Plan gehegt haben, Zheng auszuschalten und durch eines ihrer beiden eigenen Kinder zu ersetzen. Zheng aber wurde zum Glück rechtzeitig volljährig. Im 4. Monat des Jahres 238 v. Chr. ging er im Alter von 22 Jahren nach Yong, wo er im Ahnentempel der Qin die Kopfbedeckung erhielt, die ihn als männlichen Erwachsenen auszeichnete. Damit war er berechtigt, auch die königlichen Insignien zu tragen, das Schwert und den Gürtel, der wahrscheinlich aus Jade geschnitten war. Lao Ai sah seine Felle davonschwimmen; er zog seine eigenen Truppen zusammen (denen sich Söldner der Rong und Di anschlossen) und zog mit ihnen nach Yong um Zheng anzugreifen. Aber er kam zu spät. Der König hatte von dem Komplott erfahren und seinem Ersten Minister Changping sowie dem Herrn von Changwen befohlen, die Verräter anzugreifen. In Xianyang kam es zu einem blutigen Zusammenstoß, der einem Bürgerkrieg gleichkam. Alle, die bei Hof den Kopf eines Rebellen vorweisen konnten, bekamen Adelstitel versprochen, selbst die Eunuchen sollten einen Grad aufrücken. Lao Ai wurde geschlagen, konnte aber entkommen, weshalb ein Kopfgeld von 10 000 Münzen auf ihn ausgesetzt wurde, sollte er lebend gefangen werden. Seine engsten Mitverschwörer, alles hohe Funktionäre, wurden enthauptet. Ihre Köpfe wurden öffentlich zur Schau gestellt. Lao Ai aber wurde nach seiner Gefangennahme öffentlich gevierteilt, sein ganzer Clan wurde ausgerottet. 4 000 Adelsfamilien waren in die nachfolgende Säuberungsaktion verwickelt, viele hochrangige Individuen wurden nach Fangling deportiert, das an der Grenze zur Provinz Sichuan lag. Schließlich kam heraus, dass auch Lü Buwei in die Machenschaften verwickelt gewesen war. Er wurde seines Amtes enthoben und nach Sichuan verbannt, wo er 235 v. Chr. Selbstmord beging.

Nach diesen Ereignissen und nachdem Li Si zum Ersten Minister und königlichen Berater aufgestiegen war, kennzeichneten die Siege über die einzelnen der Streitenden Reiche die

Herrschaft Zhengs. 230 wurde Hann unterworfen und sein Territorium in die Präfektur (*jun*) Yingchuan umgewandelt. 228 war Zhao an der Reihe, das nach seiner Unterwerfung Ausgangsbasis für die Angriffe auf Yan wurde, das 226 fiel. Ein Jahr später griff General Wang Pen von Qin den Nachbarn Wei an, doch der ergab sich kampflos, nachdem einer der Flutkanäle des Huanghe geöffnet worden war und mit seinen Wassern den umgebenden Erdwall der Hauptstadt Daliang überflutet und weggespült hatte. 223 fiel Königreich Chu und wiederum ein Jahr später das nördliche Königreich der Dai (das von Yan auf der Halbinsel Liadong an der Grenze zum modernen Korea übrig geblieben war). Im unteren Jangtse-Tal wurde Yue in die Qin-Präfektur Kuaijia umgewandelt, und das Königreich Qi auf der Halbinsel Shandong, das letzte Bollwerk der Streitenden Reiche, wurde 221 von General Wang Pen durch einen Angriff aus dem Norden weggewischt.

Es war im Jahre 221 v. Chr., nachdem die letzten sechs großen Staaten unterworfen waren, dass König Ying Zheng den historischen Wandel mit Worten beschrieb, die Sima Qian wie folgt zitiert: „*Unbedeutend wie ich bin, sammelte ich Truppen, um Gewalt und Rebellion zu strafen. Mit Hilfe der Ahnengeister haben diese sechs Herrscher ihre Missetaten und ihre Schuld erkannt und die Welt erfreut sich wieder großer Ordnung. Wenn es jetzt keinen Wandel des Titels gibt, wird der Erfolg nicht gepriesen und kann nicht auf die kommenden Generationen übertragen werden. Entscheidet daher über den Titel des Herrschers.*“

Ein Komitee aus führenden Männern, darunter der Konfuzianer Wang Wan und der Legist Li Si, erhielt die schwierige Aufgabe, einen neuen Titel zu finden, der die Heiligkeit der Königswürde der Westlichen Zhou zum Ausdruck brachte, aber den Terminus *wang* mied, war der doch durch die Östlichen Zhou und die Usurpierung durch die Feudalherren diskreditiert. Auch sollte der neue Titel eine gewisse Überlegenheit über den Titel der Zhou zum Ausdruck bringen, denn die Majestät der Zhou hatte ja darin bestanden, den Konsensus der Feudalherren zu erlangen und zu behalten, obgleich er zuletzt ohne überzeugende Macht gewesen war. Die Mitglieder des Komitee bemerkten diesbezüglich: „*...einige der Feudalherren kamen zum Hof, um dem König zu huldigen, andere nicht, und der Sohn des Himmels konnte ihnen seinen Willen nicht aufzwingen...*“

Das Komitee war sich auch im klaren, dass die von König Zheng zustande gebrachte Zentralisierung einen radikalen Wandel der Institutionen bewirkt hatte, denn es sagte: „*Nun hat*

❖

Das Bild stellt jene Episode dar, die Qin Shi Huang Di den ewigen Hass der Konfuzianer eintrug: Die Bücherverbrennung von 213 v. Chr. und die Hinrichtung von Gelehrten, die Bücher zu retten versucht hatten. Konfuzianischer Überlieferung zufolge waren sie bei lebendigem Leibe begraben worden.

Euer Majestät die Welt befriedet, in allen vom Meer umflossenen Ländern Distrikte und Präfekturen eingerichet und damit sichergestellt, dass Gesetze und Regeln von einer einzigen Autorität ausgehen. Seit den frühesten der alten Zeiten hat es das nicht gegeben“

Um ein Vorbild zu finden, das in Bezug auf seine heilige Aura und Macht mit König Zheng vergleichbar sei, mussten sich die Gelehrten den *San Huang* (den drei Edelleuten) aus der mythischen Zeit zuwenden. Auf den letzten der drei, Tai Huang (der Große Erhabene), fiel die Wahl des Komitees zur Schaffung des neuen kaiserlichen Titels. König Zheng nahm die Wahl an, verlangte aber, dass man das *Tai* (der Große) weglasse. Stattdessen wollte er dem Titel den Terminus *Di* (Herr/Kaiser) hinzufügen, der den *Wu Di* (Fünf Kaisern) zugestanden worden war, die als Nachfolger der *San Huang* die Zivilisation geschaffen hatten. *Di* war auch der Name, den die Shang der mächtigsten „übernatürlichen Macht“ gegeben hatten, der *Shang Di* (Di in der Höhe), in der einige den Höchsten Ahnen sahen, der im religiösen Reich der Geister und unsichtbaren Mächte residierte. Der Begriff *huang* ist ein Homonym, er kann „strahlend/leuchtend“ bedeuten (meist, da uns dieses Konzept vertrauter ist, mit „erhaben“ übersetzt) aber auch *„gelb“*, wie im Namen *Huang Di* (Gelber Herr). Dieser *Huang Di* war der erste der *Wu Di* der mythischen Zeit und in der Periode der Streitenden Reiche eine Person kultischer Verehrung. Der Gelbe Kaiser/*Huang Di* war nicht nur symbolisch mit der Erde, der Farbe Gelb, mit Drachen sowie dem Konzept der Zentralität assoziiert, er hatte auch enge Verbindungen zu den im äußersten Westen Chinas weit verbreiteten Unsterblichkeitskulten. Es ist daher möglich, dass die Wahl des Titels *Huang Di* (Leuchtender Herr/Erhabener Kaiser) bestimmt war durch die rituelle Kraft der Verbindung mit den *San Huang* und den *Wu Di* einerseits, andererseits aber auch durch das Wortspiel der Begriffe huang sowie der Anspielung auf die Macht des *Huang Di* in der Verkleidung des Gelben Kaisers, Herr der unsterblichen Geister und des Zentrums, Herr der *axis mundi* und des Reichs der Mitte, das unter dem Himmel liegt. All diese Vorstellungen – und noch weitere – mögen in die Wahl des Titels, für den Ying Zheng sich entschied, eingeflossen sein.

Indem auch er die „kindliche Unterwerfung“, die in der Familie geübte Unterordnung unter den Älteren (ein typisch konfuzia-

nisches Konzept) betonte, schaffte König Zheng, die alte Praxis ab, nach der dem gerade Verstorbenen durch den neuen Herrscher posthum ein neuer Name verliehen wurde, der die Tugenden des Verstorbenen würdigte oder einen Aspekt seiner Herrschaft pries: *„Wenn ein Sohn dem Vater auf der Basis von dessen Taten posthum einen Namen verleiht“*, so soll der Kaiser gesagt haben, *„so fällt der Sohn damit ein Urteil über seinen Vater. Das ist ungehörig, und wir können es nicht zulassen. Von heute an ist diese Sitte abgeschafft. Unsere Person soll Shi Huang Di* [Erster Erhabener Kaiser] *genannt werden, und folgende Generationen sollen sich entsprechend Zweiter, Dritter bis Zehntausendster Huang Di nennen.“* Wie wir wissen, haben sich Zhengs Erwartungen nicht erfüllt, nach ihm gab es nur noch einen Zweiten Erhabenen Kaiser. Im selben Jahr, in dem die politische Einigung stattfand, konzentrierte sich der Kaiser darauf, in allen eroberten Ländern die Reformen in Kraft zu setzen, die auch das Königreich Qin stabil und mächtig gemacht hatten. Unterstützt von seinem *ting wei* (hoher Justizbeamter) Li Si, verbot der Kaiser allen Mitgliedern seines Haushalts sowie allen Familien seiner Minister weiterhin feudale Landvergabe zu betreiben. Er teilte das Land in 30 Präfekturen, die jeweils, nach dem von Shang Yang entworfenen Konzept, einem *shou* (Gouverneur) einem *wei* (Militärkommandanten) und einem *jian yushi* (kaiserlichen Inspektor) unterstanden. Dann konfiszierte er in den neu unterworfenen Staaten alle Bronzewaffen (sie gehörten wahrscheinlich den privaten Militärs der großen Adelsfamilien), ließ sie einschmelzen und Glocken sowie 12 große, die „Barbaren“ repräsentierende Statuen daraus gießen. In der Han Zeit verfassten Beschreibungen zufolge, wog jede der Statuen rund 29 Tonnen (was eine Übertreibung sein kann) und trug eine große Inschrift auf der Brust. Während der Ära der Östlichen Han-Dynastie (25–220 n. Chr.) standen die Bronzekolosse noch in der Hauptstadt Chang'an vor dem Eingang des Changle-Palastes, heute aber exitieren sie nicht mehr. Zehn wurden zum Ende des 2. Jahrhunderts zur Herstellung von Münzen eingeschmolzen, die restlichen beiden im 4. Jahrhundert.

Ein fundamentaler Fortschritt war die Standardisierung von Maßen, Gewichten, Wagenachsen, Bronzemünzen und vor allem auch der Schrift, wodurch dem Imperium eine einheitliche Möglichkeit der Kommunikation gegeben war. Außerdem begann man mit der Anlegung eines landüberspannenden Straßennetzes, nicht zuletzt, um darauf die Truppen und

116 links Diese Bronzetafel wurde 1961 nahe Xianyang, der Hauptstadt des Qin-Imperiums, entdeckt. Sie war an einem öffentlichen Gebäude angebracht, sodass sie jeder lesen konnte. In der xiaozhuang-*Schrift verfasst, lautet der Text: „26. Jahr. Der Erhabene Kaiser hat alle Feudalherren unter seinem Himmel geeint, das Volk erfreut sich großen Friedens. Der Erhabene Kaiser hat für Chengxiang, Zhuang und Wan ein Erdikt erlassen: Alle Maße sollen genormt sein; sind sie nicht einheitlich oder zweifelhaft, müssen sie geprüft und standardisiert werden." (Historisches Museum, Xi'an)*

116 Mitte Dieses ovale Gefäß diente zur Endzeit der Streitenden Reiche als Normmaß zur Abmessung von Korn. (Städtisches Museum, Xianyang)

116 rechts Dieses quadratische Hohlmaß, es wurde in Yaodian, nahe der Qin-Hauptstadt Xianyang gefunden, ist ein sheng, *ein Standardmaß für Korn und bestätigt anschaulich, dass die von Qin Shihuangdi im Jahr 221 v. Chr. verordneten Reformen umgesetzt wurden. Der Wortlaut zweier Edikte ist auf den Seiten eingraviert: das zur Vereinheitlichung der Maße und Gewichte, das der Erste Erhabene Kaiser erließ, und das seines Nachfolgers, der das erste Edikt bei seiner Thronbesteigung 210 v. Chr. bestätigte. (Historisches Museum, Xi'an)*

Wagen besser bewegen, aber auch um den Handel befördern zu können. Die Verteidigungswälle, die die Streitenden Reiche entlang ihrer Grenzen errichtet hatten, wurden niedergerissen, nur die nördlichsten Abschnitte wurden miteinander vebunden, um das Land vor den Einfällen der Hirtennomaden zu schützen. Diese Maßnahme schuf den Kern der Großen Mauer.

All diese Reformen sind durch archäologische Funde belegt. Das neu eingeführte Münzsystem ist an den typischen Bronzemünzen der Qin, *banliang* (Halbliang), abzulesen, die zusammen mit einem königlichen Edikt, dem *Jin Bu Lu* (Normenfestlegung für Gold und Stoffe) im Grab M11 von Shuihudi gefunden wurden. Das Edikt informiert detailliert über das Münzsystem: Am Ende der Zeit der Streitenden Reiche waren zwei verschiedene Münzen in Qin im Umlauf, der *qian*, eine runde Münze, mit einem quadratischen Loch in der Mitte, die einen halben *liang* wert war, und der *bu* oder *bubo* (Tuch/Material), ein Stück Stoff, möglicherweise aus Hanf, von 8 *chi* (ca. 185 Zentimeter) Länge und 2 *chi* 5 *cun* (ca. 58 Zentimeter) Breite, das 11 *qian* wert war. Da die Mengenangaben von *banliang* immer als ein Mehrfaches von 11 angegeben werden, lässt das den Schluss zu, dass die Referenzwährung der *bu* war und die Metallmünzen erst nach der Tuchwährung eingeführt wurden. Dies wird durch das Kapitel *Liu Guo Nianbian* (Jahrbuch der Sechs Königreiche) im *Shi Ji des* Sima Qian bestätigt, wo es heißt, dass Qin erst 336 v. Chr. als letztes der Streitenden Reiche Metallmünzen geprägt habe. Nach der Reichseinigung verfiel der Gebrauch des *bu* wahrscheinlich, und das standardisierte System schuf jene traditionell chinesische Münzform, die bis ins 20. Jahrhundert unverändert erhalten blieb.

Man fand auch viele Gegegenstände, die als Standardmaße zur Bestimmung von Gewichten und Längenmaßen dienten; auf ihnen war das Edikt des Kaisers eingeschrieben. Darunter waren die Normgewichte für die Waagen der Händler (die zwischen 1 und 120 *jin* variierten), und Hohlmaße in Form von quadratischen oder ovalen Schöpflöffeln aus gebranntem Ton oder Bronze, die man zur Abmessung von Korn oder Flüssigkeiten verwendete. Ihr Fassungsvermögen reichte von 1 *sheng* (ca. 0,2 Liter) bis zu 1 *dou* (ca. 2 Liter). Die in Shuihudi gefundenen Kodizes haben Klarheit über den Gebrauch dieser Maße gebracht, denn in einem dieser Schriftstücke, dem *Canglü*, sind die Standardrationen für die Zwangsarbeiter festgelegt. Erwachsene Männer, die am Bau der Lehnmauern arbeiteten oder ähnlich schwere Arbeit verrichteten, erhielten eine Morgenmahlzeit, die dem Gewicht von einem halben *dou* entsprach, und eine Abendration von einem Drittel eines *dou*. Frauen erhielten sowohl morgens als auch abends lediglich ein Drittel eines *dou*. Einem im Grab M11 von Shuihudi gefundenen Dokument zufolge mussten Funktionäre, die falsche Maße verwendeten, eine Strafe zahlen, meist im Wert

117 Die Abbildungen zeigen die typischen Bronzemünzen der Qin (eine Münzform, die in China qian *genannt wird). Die zur Qin-Zeit* banliang *genannten Münzen, entsprachen dem Wert einer halben* (ban) *Gewichtseinheit, die* liang *hieß; dies besagt die Beschriftung der Münzen. Nach der Vereinheitlichung der Maße und Gewichte und der Schaffung eines Standardisierungssystems behielten die chinesichen Münzen ihre typische Form als Rundling mit quadratischem Loch in der Mitte bis in die frühen Jahrzehnte des 20. Jahrhunderts bei. Die Metallmünzen wurden in Formen (oben) gegossen. Die rechteckigen Gussformen hatten einen in der Mitte verlaufenden Gusskanal, der sich in schmalere Seitenkanäle verzweigte. Durch sie lief das eingegossene geschmolzene Metall in die für die Münzen eingelassenen Vertiefungen. Münzen dieser Art, die seit 336 v. Chr. in Umlauf waren, wurden in vielen archäologischen Grabungsstätten gefunden, auch in den Gräben der Terrakotta-Armee und den Gräbern derer, die am Monument am Berg Li gebaut hatten (Museum der Terrakotta-Armee, Lintong)*

einer Waffe oder eines Schildes. Während die in Shuihudi gefundenen Kodizes über Theorie und Praxis der Gesetze und der Verwaltung der Qin informieren, verdeutlichen Funde, die in Grab M1 von Fangmatan, der Nekropole nahe Tianshui (Provinz Gansu) im Herzen des traditionellen Qin-Territoriums gemacht wurden, die Effizient des Verwaltungssystems. In diesem Grab war ein Qin-Funktionär namens Dan bestattet, dem man seine Arbeitsgeräte mitgegeben hatte: Schreibpinsel, hölzerne Messwerkzeuge und sieben Tafeln, die zusammen eine Landkarte ergaben (die einzige dieser Art, die man kennt). Die Karte war im Maßstab gezeichnet und zeigte Flüsse, Berge, Pässe, Brücken und Straßen, außerdem waren die Ortsnamen genannt, sowie Informationen über lokale Versorgungsquellen. Angesichts einer solchen Verwaltung war es Zheng möglich, sein neues Imperium unter dem Namen Qin Shihuangdi zu leiten und im ersten Jahr seiner Regierung als Kaiser (es war sein 26. Regierungsjahr als König) ein Edikt herauszugeben, das im ganzen Lande bekannt gemacht wurde.

Das politischen Konzept jener Zeit war das eines Landes, das *Tian Xia* war (das, was unter dem Himmel liegt), also eines „Zivilisierten Universums". Und es waren die vom Kaiser erlassenen Gesetze und die Bautätigkeit der Tausenden von Zwangsarbeitern, die dieses zivilisierte Universum schufen. Beispiele großer Bauprojekte sind Bewässerungskanäle, wie der Zhengguo-Kanal (schon vor der Einigung angelegt, machte er Hunderte von Hektar Land im Wei-Tal zu fruchtbarem Ackerland), der Bau der Großen Mauer unter General Meng Tian, der über ein Jahrzehnt lang 300 000 Männer damit beschäftigte, eine etwa 4 000 Kilometer (archäologisch noch nicht verifiziert) lange Mauer zu bauen, die Anlegung von Straßen, wie der *Zhi Dao* (Gerade Straße), die 1 800 *li* (ca. 800 Kilometer) lang war und die kaiserliche Sommerresidenz in Yuyang, nördlich von Xianyang, mit Jiuyan in der Inneren Mongolei verbinden sollte.

Viele Abschnitte dieser Straße, die beim Tod des Kaisers im Jahr 210 v. Chr. noch nicht vollendet war, wurden von Archäologen wiederentdeckt. In bergigen Gebieten war sie rund 5 Meter breit, doch in den Ebenen bis zu 20. *Qi dao* (Schnellstraßen) fächerten von Xiangyang her aus und beliefen sich auf eine Gesamtlänge von 6 800 Kilometern. Das sind rund 1 000 Kilometer mehr, als das berühmte Straßennetz des Römischen Reiches in der Zeit um 150 n. Chr. umfasste.

Auch bei den beiden ehrzeizigsten Bauprojekten des Ersten Erhabenen Kaisers wurden Zwangsarbeiter eingesetzt, beim Bau seiner Hauptstadt Xianyang (von der nur wenig erhalten blieb) und beim Bau seiner monumentalen Grabanlage am Fuß des Berges Li. Die drei großen Gräben mit der Terrakotta-Armee sind nur eine kleine Repräsentanz jenes Konzepts von Macht, das sich während der Zeit der Streitenden Reiche herausgebildet hatte. Die Aufmerksamkeit der Archäologen – und der allgemeinen Öffentlichkeit – gilt diesen Monumentalwerken, die den Kulminationspunkt der Qin-Herrschaft darstellen.

Die Kaiserstadt Xianyang

Am Südufer des Wei, das weiter und flacher war als das Nordufer, über dem eine Hocheben aufragte, war Xianyang unter den sechs vorangegangenen Königen gewachsen. Nun ließ der Erste Erhabene Kaiser die Stadt nach einem großen politischen Plan, der an das Konzept Ludwigs XIV. für Versailles erinnert, neu anlegen. *„Reiche, mächtige Familien aus dem ganzen Imperium, 120 000 Familien, wurden nach Xianyang umgesiedelt. Die Ahnentempel, der Zhangtai-Palast und der Shanglin-Park lagen am Südufer des Wei. Jedesmal wenn Qin einen weiteren Feudalstaat eroberte, wurden nördlich von Xianyang Nachbildungen ihrer Paläste und Pavillons errichtet... Paläste, erhöhte Übergänge, geschützte Pavillons reihten sich einer an den anderen und waren gefüllt mit schönen Frauen, Glocken und Trommeln, die Qin den Feudalherren geraubt hatte...“*, mit diesen Worten beschreibt Sima Qian die Großartigkeit von Xianyang, das sich über ein Gebiet von etwa 25 Quadratkilometern erstreckte. Die archäologische Forschung konzentrierte sich bisher auf einen der vielen Paläste und ein Tempelareal, das auf großen Terrassen aus gestampftem Lehm errichtet war. Besonders in den 1970er Jahren gemachte Ausgrabungen brachten riesige Brennöfen ans Licht, in denen die Bausteine gebrannt worden waren, und Überreste von drei Gebäuden (Paläste 1, 2 und 3), von denen die Paläste 1 und 3 Teil eines Monumentalkomplexes waren.

Die Überreste der Fundamente des am Nordufer des Wei errichteten Komplexes zeigen, dass die Plattformen etwa 6 Meter hoch, in Ost-West- Richtung etwa 60 und in Nord-Süd-Richtung etwa 45 Meter lang waren. Der Palast besteht aus Pavillons auf verschiedenen Ebenen und scheint ursprünglich zwei symmetrische Flügel (auf je einer dreistufigen Pyramide aus gestampftem Lehm) gehabt zu haben, die einen Wildbach überbrückten. Rund um diesen Lehmkern waren Räume angeordnet, deren Gebälk mit Bronzefiguren verziert war. Die Böden und Wände waren verputzt und in Rot und Weiß bemalt. In den Ruinen von Palast 1 fand man mehr als 440 Fragmente von mehrfarbig dekoriertem Putz und in Palast 3 mit Quadrigen, Ritualprozessionen, Gebäuden, Pflanzen und menschlichen Figuren bemalte Wandreste, die noch etwa 1 Meter hoch standen.

Die Räume waren durch Portale, Flure, Treppen und überdachte Gänge miteinander verbunden, die alle mit Flusskieseln und gelegentlich mit großen hohlen Backsteinen gepflastert waren, die wiederum mit Phönixen, Drachen und geometrischen Mustern dekoriert waren. Auf der zweiten und dritten Terrasse belebten hervorstehende Pavillons das Profil der Anlage, und im Erdgeschoss schuf eine Arkade mit großen, mit Flusskieseln besetzten Säulen den Eindruck von Monumentalität. Der Gesamtkomplex war von einem gut durchdachten Bewässerungs- und Abwassersystem durchzogen, das Fallrohre, Sammelbecken, Syphons, und Lehmröhren von ver-

Das Modell zeigt den königlichen Qin-Palast. Der Komplex besteht aus Pavillons mit Terrassen, die auf drei Ebenen angeordnet sind. Kern der Anlage waren zwei symmetrische Flügel, die einen Wildbach überbrückten. Die Innenräume waren durch Flure und Treppen verbunden, die Böden mit Flusskieseln und hohlen Backsteinen gepflastert, die wiederum mit Phönixen, Drachen und geometrischen Mustern dekoriert waren. Kleinere Pavillons belebten das Profil der Anlage, die im Erdgeschoss von einer Säulenarkade umgeben ist. Einige Archäologen meinen, es handle sich um den Jique-Palast, den der Erste Minister Shang Yang erbauten ließ, als die Hauptsstadt nach Xianyang verlegt wurde, und den sich dann Qin Shihuangdi als Sitz der kaiserlichen Macht wählte. (Städtisches Museum, Xianyang)

schiedenem Durchmesser nutzte. Die Größe der Anlage mit ihren drei durch ziegelgedeckte Dächer unterschiedenen Ebenen ließ zuerst vermuten, Shihuangdi sei der Bauherr gewesen, doch später stellte sich heraus, dass der Komplex mehrfach umgebaut und erweitert worden war und die Kernanlage bereits aus der Zeit der Streitenden Reiche stammte. Einige Archäologen meinen, es handle sich um den von Shang Yang als Symbol der Macht der Qin erbauten Jique-Palast, der dann von Qin Shihuangdi als Sitz der kaiserlichen Macht verwendet wurde.

Brandspuren in den beiden Palästen könnten bestätigen, was Sima Qian berichtet: *„Xiang Yu setzte die Paläste von Xianyang in Brand; drei Monate lang ging das Feuer nicht aus."*

Die in Xianyang errichteten Nachbildungen von typischen Bauwerken der sechs eroberten Feudalreiche – gefundene Ziegel im Stil der unterschiedlichen Staaten bestätigen deren Errichtung – waren ein Symbol der Macht aber auch der Einheit des neuen Staates, dessen Einzigartigkeit sich in dem vereinheitlichten Verwaltungs-, Justiz- und Wirtschaftssystem zeigte. Zugleich waren sie Sinnbild des „Zivilisierten Universums", als das sich das Imperium des Qin Shihuangdi verstand.

Sima Qian berichtet, dass im Jahr 212 v. Chr. Arbeiten an einem neuen Palast begannen, der am Südufer des Wei im Gebiet des Shanglin-Parks entstehen und den größten Thronsaal enthalten sollte, den China je gesehen hatte. Baubeginn mag schon 246 v. Chr. gewesen sein, doch wurden da wohl erst die Terrassen aus gestampftem Lehm angelegt, auf denen später der eigentliche Palast stehen sollte. Der Standort gegenüber der Paläste von Xianyang war mit Bedacht gewählt, denn hier hatten die beiden ersten „Hauptstädte" der Westlichen Zhou, Feng und Hao, gelegen. Der neue Palast erhielt nie einen offiziellen Namen, denn beim Tod des Kaisers war er noch unvollendet; wir kennen ihn unter dem traditionellen Namen *A'fang* oder *E'pang* (neben den Palästen von Xianyang). Als Dimensionen des Palastes gibt Sima Qian *„500 Qin-Doppelschritte von Ost nach West und 500 Qin-Fuß von Süd nach Nord"* an und das entspricht 625 x 112 Metern. Der Palast musste so riesig sein, weil er *„10 000 Menschen auf einmal beherbergen"* sollte. 20 Meter hohe Standarten sollten auf der obersten Plattform stehen. Die Angabe 10 000 Menschen ist aber lediglich eine Metapher für „sehr viele Menschen"; sie findet sich häufig in antiken chinesischen Texten. Das Einzige, was von dem Palast, der zum Ende der Qin-Dynastie niederbrannte, übrigblieb, sind Hunderte von Ziegelfragmenten, Dekorationselemente aus Bronze sowie durch die Hitze völlig verformte Krampen und Nägel aus Eisen. Regen, Wind und Menschenhand haben dafür gesorgt, dass die Fundamente langsam abgetragen wurden. Heute liegen auf dem Areal Dörfer und Felder, doch die sorgfältig aufgeschichteten und dann in

Schwerstarbeit festgestampften Erdlagen sind noch gut sichtbar.

Nach der militärisch erkämpften Einigung der Feudalstaaten, 221 v. Chr., konnten sich die Armeen des Kaisers nicht auf ihren Lorbeeren ausruhen. Nachdem die ganze zivilisierte Welt unter der Macht von Qin Shihuangdi vereint war, begann er, diese weiter auszubauen und seine „Zivilisation" überall zu etablieren, indem er Land urbar machen und landwirtschaftlich nutzen ließ. Zehn Jahre lang blieb General Meng Tian im Ordosgebiet und leitete den dortigen Straßenbau und die Errichtung der Großen Mauer, die die Grenze zwischen der Ackerbau treibenden Welt und den jenseits des Huanghe lebenden Steppenvölkern markierte. Gleichzeitig marschierten auch Armeen in die Flusstäler, die südlich des Jangtse in die Berge und Hochländer des Südwestens führten (wo rund um die Seen von Yunnan die hochentwickelten Kulturen der Dian und Yelang blühten) sowie in die fruchtbaren Täler und Hügellandschaften des Südostens, wo in Gebieten, die den modernen Provinzen Guangxi, Guangdong und Fujian entsprechen, drei Präfekturen errichtet wurden. Hier brachten militärische Stategie und Technik zivile Bauwerke von bisher nicht gekannter Genialität zustande. So wurde um 219 v. Chr. in Rekordzeit der *Lingqu-Kanal* (Magischer Transportkanal) erbaut. Genauso wie das Bewässerungssystem in der Chengdu-Ebene in Sichuan ist auch dieser Kanal bis heute in Betrieb! Er verband einen südlichen Nebenfluss

Von der antiken chinesischen Architektur hat nur wenig überdauert, denn man errichtete die Gebäude aus Holzrahmen, die mit gestampftem Lehm verfüllt wurden. Die Innenwände hatten dabei keine tragende Funktion. Doch Spuren von Monumentalgebäuden – die meist zeremonialen Zwecken dienten – sind erhalten. Meist handelt es sich dabei um die Fundamente aus gestampftem Lehm, auf denen dann die Gebäude standen, sowie um Dachziegel aus gebranntem Ton. Diese architektonischen Elemente und die Abdrücke von Balken und Säulen erlauben uns die Rekonstruktion der Bauten, sodass man eine Vorstellung von ihnen bekommt. Die Bilder zeigen Rekonstruktionen von zwei monumentalen Toren. Links ein Stadttor mit großen, der Verteidigung dienenden Wachtürmen, rechts ein Innentor, das Zugang zum innersten Teil eines Palastes gewährte.

des Jangtse mit einem nördlichen des Sijiang. So konnten Waren und Lebensmittel vom mittleren Jangtse-Tal auf einer 2 000 Kilometer langen Wasserstraße in das Gebiet von Kanton gebracht werden. Neben bewaffneten Soldaten setzte Qin Shihuangdi auch mit Hacke und Spaten ausgerüstete Männer ein, um sein Imperium zu bauen. 219 v. Chr. wurden 30 000 Familien in die südlichen Regionen der Halbinsel Shandong umgesiedelt, um dort Land urbar zu machen. Für diese Arbeit wurden sie für 12 Jahre von der Teilnahme an öffentlicher Arbeit befreit. 214 wurde eine unbekannte Zahl von Menschen in die neuen südlichen Präfekturen Guilin, Xiang und Nanhai verschickt, um sich dort niederzulassen. Diese Siedler erhielten keine Entschädigung, denn sie waren Schuldknechte, Krämer und „Flüchtlinge" (vielleicht Andersdenkende oder Menschen, die vor der Zwangsarbeit geflohen waren). Im selben Jahr wurden als „Sträflinge" bezeichnete Menschen in die 34 neu eroberten Nordterritorien expediert, und 213 v. Chr. wurden Funktionäre, die ihre Aufgaben nicht gut erfüllt hatten, zur Strafe in den Norden geschickt, um als Zwangsarbeiter an der Großen Mauer zu bauen, andere wurden in den Süden verbannt, in die Region Yue, die zwischen Guangdong und der Nordspitze Vietnams liegt, um dort Feldarbeit zu leisten. Auch diese Zwangsverschickungen mögen dazu beigetragen haben, dass der Kaiser in der Geschichtsschreibung der Konfuzianer so schlecht wegkam.

❖

122 oben Das Dekor auf diesem Endabschnitt eines grauen Tonziegels ist ein auf Qin-Artefakten häufig anzutreffendes Motiv. Vielleicht handelt es sich um eine symbolische Himmelsdarstellung mit dem Abbild des Sternbilds des Großen Bären. (Museum der Terrakotta-Armee, Lintong)

❖

122 unten und 123 oben Diese Tonziegel zeigen auf ihren Endabschnitten ein verwandtes Motiv. Spiralformen im äußeren Kreis verlaufen in Gegenrichtung zu den Linien im Innenkreis. Es könnte sich um ein Sonnensymbol handeln, oder um eine Versinnbildlichung der beiden kosmischen Prinzipien yin und yang. (Museum der Terrakotta-Armee, Lintong)

❖

123 Mitte Die geometrische Dekoration auf diesem Ziegel, der vom Palast in Yong stammt, ist völlig symmetrisch gestaltet. Wiederum könnte es sich bei der Gegenüberstellung der beiden Elemente um Versinnbildlichungen von yin und yang handeln. (Städtisches Museum, Xianyang)

❖

123 unten Zwei Pferde, auf denen je ein Vogel sitzt, sind an einen Baum gebunden, der die Weltachse repräsentiert. Vom Thema und der Komposition her gehört die Abbildung zu den eindrucksvollsten, die man auf Qin-Ziegeln fand. Sie erinnert an die dekorative Syntax der Kunst der Steppenvölker und belegt die enge Verbindung, die zwischen dieser und den Qin bestand. (Städtisches Museum, Xianyang)

❖

124 oben Obwohl im Detail unterschiedlich ausgeführt, sind die Motive des Dekors auf diesen beiden Qin-Ziegeln verwandt. Sie versinnbildlichen den zyklischen Positionswandel der Himmelskörper, die sich um den hellsten Stern in der Mitte bewegen. Ihr Übergang von einem Haus in das andere markiert den Fluss der Zeit.

❖

124 unten Kleine aus Bronze gegossene oder aus Jade geschnittene Fische tauchen seit der Zeit der Westlichen Zhou als Beigaben in den Gräbern der Adligen auf. Die hier gezeigten wurden in Qin-Gräbern aus der Zeit der Streitenden Reiche gefunden. Die Objekte, die an Ketten hingen oder an Grabgewänder angenäht waren, sind eindeutig mit dem nassen Element verknüpft und symbolisieren daher vielleicht das Jenseits, das man auch als „Die Gelben Quellen" bezeichnete.

❖

Es scheint so, als hätte man in der Zeit der Streitenden Reiche die symbolische Bedeutung eines Gebäudes gern in den Dekorationen der Endabschnitte der Ziegel zum Ausdruck gebracht. Dabei lässt sich eine genau abgegrenzte regionale Symbolik und stilistische Sprache unterscheiden. Im Fall von Qin-Ziegeln, wie den hier gezeigten, überwiegt die kosmogonische Symbolik, die sich durch regelmäßige Teilung des Raums auszeichnet und durch die sinnbildliche Darstellung der Bewegung der Sternbilder in Form von Spiralen und S-förmigen Elementen, die auch als „Wolkenmotiv“ bekannt sind.

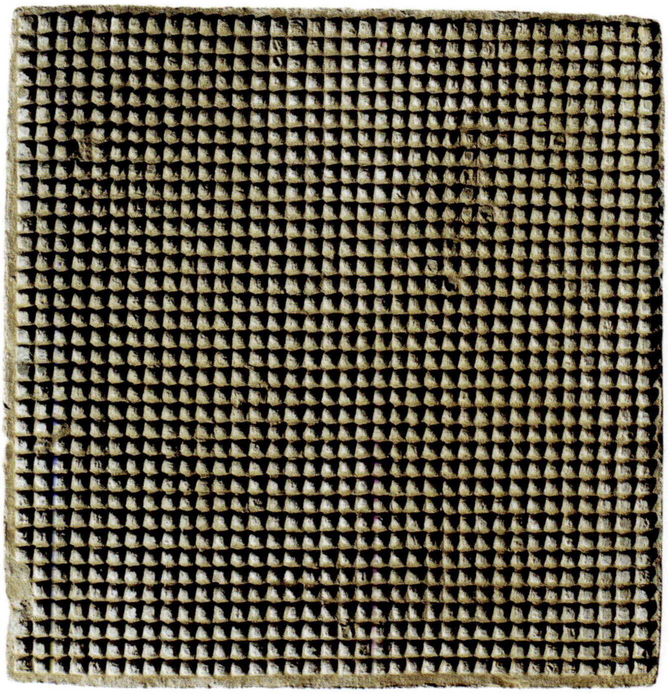

126 und 127 oben Diese drei mit unterschiedlichen geometrischen Mustern verzierten Tonfliesen stammen aus den Überresten des kaiserlichen Palastes in Xianyang. Chinesischen Archäologen zufolge dienten sie sowohl als Fußboden- wie auch als Wandfliesen. Auch waren sie wohl ursprünglich farbig bemalt, denn sie zeigen Reste von Farbpigmenten. (Städtisches Museum, Xianyang)

127 unten Obwohl nur noch ein paar Fragmente von den Wandmalereien erhalten sind, die einst den Palast des Qin Shihuangdi zierten, haben doch viele aus gebranntem Ton gestaltete Dekorationsstücke überdauert. Das Bild zeigt einen großen hohlen Backstein, der bei hoher Temperatur gebrannt wurde und vielleicht als Basis einer Brüstung diente. Seine fünf sichtbaren Seiten sind mit aufgestempelten geometrischen Motiven verziert, die ursprünglich bunt bemalt waren. (Städtisches Museum, Xianyang)

❖

Diese Bronzemaske zierte einst eine Holztür im Kaiserlichen Palast 1 von Xianyang. Die an einen Vogelschnabel erinnernde Hakennase hielt einst einen Ring, der vielleicht als Türklopfer diente. Die Ursprünge der dargestellten Mythengestalt, die als Taotie *bekannt ist, gehen in die chinesische Steinzeit zurück.*

129 oben Diese von Türen im Kaiserlichen Palast von Xianyang stammenden Scharniere aus vergoldeter Bronze haben millimetergenaues Spiel, was von der außerordentlich hohen technischen Kunstfertigkeit der Bronzegießer der Qin zeugt.

129 unten Die Darstellung sich bewegender Körper war eine Errungenschaft, die sich die chinesische Kunst zwischen dem 5. und dem 1. Jahrhundert v. Chr. angeeignet hatte, wobei sie vor allem auf Einflüsse der Kunst der Steppenvölker zurückgriff. Dieses in seiner Form an eine fantastische katzenartige Kreatur erinnernde Bronzeartefakt zierte einst ein hölzernes Möbelstück im Kaiserlichen Palast von Xianyang.

Die Bücherverbrennung und die Hinrichtung der Gelehrten

Am Ursprung des Ereignisses stand eine Tafelrunde. Der Kaiser hatte 70 Gelehrte in den Palast von Xianyang geladen, die auf sein Wohl trinken sollten. Jeder Trinkspruch war, wie es noch heute Brauch ist, mit einer kleinen Lobrede auf den Kaiser verbunden. Der Oberste der Bogenschützen sprach schmeichelnde Worte, doch der Gelehrte Chunyu Yue von Qi, einem Staat, der für seine große Zahl von Konfuziusanhängern berüchtigt war, sah es als seine Pflicht an, seine wahre Meinung kundzutun.

Wie es dem Kaiser möglich sei, ohne die wachsame Unterstützung seiner eigenen Familienmitglieder die Kontrolle über ein derart großes Reich zu behalten, fragte er, und meinte damit, wie er effektiv regieren wolle, ohne dem konfuzianischen Ideal zu folgen. Diese provokante Frage war ein direkter Angriff auf die nach den Prinzipien der Legisten ausgerichtete Qin-Politik und erregte den Zorn von Li Si, der ein glühender Vertreter des zentralisierten, von allen feudalen Bindungen unabhängigen Staates war. In Li Si reifte der Gedanke, jeglicher Abweichung dadurch ein drastisches Ende zu machen, dass man sie von den Wurzeln her bekämpfte, und das bedeutete: Vernichtung aller Chroniken der Feudalstaaten (mit Ausnahme derer von Qin) sowie aller anderen Bücher, die historische oder philosophische Aufzeichnungen enthielten, die das konfuzianische Ideal des feudalen Zhou verbreiteten. Alles müsse verbrannt werden, niemand solle Abschriften dieser Werke zurückhalten dürfen, lediglich im Zentralarchiv der Qin solle noch je eine Kopie von allen Werken bewahrt werden. Dem Kaiser gefiel die Idee, und er erließ das erforderliche Edikt. Im auf das Autodafé folgenden Jahr – 212 v. Chr. – zeigte der Kaiser, Sima Qian zufolge, die schwache Seite seines Charakters. Seit Jahren schon finanzierte er die teure Suche nach dem legendären Penglai, der Insel der Unsterblichen, weil er hoffte, man werde ihm von dort das Elixier der Unsterblichkeit bringen. Nun ließ er sich von Meister Lu mit esoterischen Praktiken zur Erlangung der absoluten Unerschütterlichkeit vertraut machen, der Vorstufe zur Unsterblichkeit. Am Hof rief dieses Verhalten des Kaisers eine Menge Kritik hervor, was dem Kaiser zu Ohren kam. Er beauftragte Li Si, sich unter den „Akademikern" des Hofes umzuhören, und diese, nicht gerade berühmt für ihren Mut, begannen, sich gegenseitig zu beschuldigen, um ihre eigene Haut zu retten. Es stellte sich heraus, dass sich 460 von ihnen respektlos über den Kaiser geäußert hatten; sie wurden zum Tode verurteilt. Dies sollte eine Warnung für das gesamte Imperium sein.

Die 460 Gelehrten waren nicht alle Konfuzianer, und sie wurden auch nicht, wie häufig behauptet, bei lebendigem Leibe begraben, weil sie für ihre Ideale einstanden. Der von Sima Qian benutzte Begriff *keng* bedeutet wörtlich „hinrichten", wird aber nur äußerst selten im Sinne von „lebendig begraben" verwendet. Viele konfuzianische Kommentatoren wählten allerdings die zweite Interpretation und leisteten damit der Legende von den 460 „konfuzianischen Märtyrern" Vorschub, um den verhassten Qin Shihuangdi einmal mehr anzuschwärzen. In jedem Fall standen die Bücherverbrennung und die Hinrichtung der Gelehrten nicht in unmittelbarem Zusammenhang.

Während der letzten beiden Lebensjahre des Kaisers wurde die Arbeit am *A'fang* und am Grabmal am Fuß des Berg Li mit Macht vorangetrieben. 30 000 Familien wurden zum Berg Li umgesiedelt, dafür aber für zehn Jahre von allen Steuern und aller Fron befreit. Der Kaiser unternahm auch rituelle Pilgerreisen zu den heiligen Bergen des Reiches. Dort errichtete er Stelen mit Inschriften, die den Wortlaut seiner Edikte trugen, was seine Besitznahme vom *Tian Xia* versinnbildlichte, durch die er Ordnung gebracht, alles seinem rechten Platz zugeordnet und jedem Wort seine korrekte Bedeutung gegeben hatte. Auf einer dieser Pilgerreisen, im 7. Monat des 37. Jahres seiner Herrschaft (210 v. Chr.), starb Qin Shihuangdi. Zu diesem Zeitpunkt stand das Land der enormen Bauprojekte und der vielen Kriegszüge wegen unter unermesslich großem wirtschaftlichem Druck. Die teuren Kriegszüge sollten das Land vergrößern und Kolonien schaffen, die zwar gewaltige Potenziale bargen, bisher aber noch keinen Profit abwarfen. Wer wäre fähig, diese Politik jetzt erfolgreich fortzusetzen?

Kurz vor seinem Tod hatte der Kaiser seinen ältesten Sohn zu seinem Erben bestimmt, was der junge Mann aber nicht wusste, denn er war 212 v. Chr. mit einer Botschaft zu General Meng Tian in den Norden geschickt worden, zugleich eine Art Strafaktion, denn er sollte über seine „konfuzianischen Sympathien" nachdenken. Weil er diese Sympathien fürchtete, fälschte Li Si das Testament des Kaisers und brachte seine Leiche heimlich nach Xianyang zurück – auf einem Karren unter Trockenfisch verborgen, damit der Verwesungsgeruch überdeckt werde. Dann fädelte er eine Intrige ein, die den legitimen Thronerben in den Selbstmord trieb, und brachte so seinen eigenen Günstling, den von ihm erzogenen jüngeren Sohn Hu Hai, auf den Thron. Er kam als Er Shihuangdi, als Zweiter Erhabener Kaiser, an die Macht, sollte aber nur drei Jahre lang regieren.

Dieses Seidenbild aus einem in der Bibliothèque Nationale in Paris verwahrten Aquarellalbum wurde von Hong Wu gemalt, einem Künstler der Qing-Dynastie (1644–1911), der im 18. Jahrhundert lebte. Es stellt jene Ereignisse dar, die Qin Shihuangdi den ewigen Hass der Konfuzianer eintrugen, denen es jahrhundertelang oblag, die Geschichte Chinas niederzuschreiben. Diese Ereignisse waren die Bücherverbrennung und die Hinrichtung der Gelehrten. Obwohl dies historisch nicht korrekt ist, behaupteten die Konfuzianer, die Gelehrten seien lebendig begraben worden.

Das Bild zeigt ein Modell des Areals des „Begräbnisgartens am Berg Li", von Norden gesehen. Im Hintergrund erheben sich die drei Gipfel des Lishan (Berg der Schwarzen Pferde) mit den tiefen Dräniergräben, die die Wasser in der Regenzeit zu den Nebenflüssen des Wei ableiten. Im Vordergrund die Umfriedungen des Lishan Lingyuan *mit dem nicht exakt in der Mitte liegenden Grabhügel. Links von den Umfriedungen sieht man ein großes mit einem Kuppeldach überwölbtes Gebäude neben zwei kubischen Bauten; sie überdecken die drei Gräben, in denen sich die Terrakotta-Armee befindet.*

Lishan Lingyuan: Der Begräbnisgarten am Berg Li

Im 9. Monat wurde der Erste Erhabene Kaiser im Berg Li beigesetzt. Sobald er den Thron bestiegen hatte [246 v. Chr.], *begann der damit, den Berg Li aushöhlen und gestalten zu lassen. Als er die Welt einte, ließ er 700 000 Menschen aus dem ganzen Reich dorthin bringen. Sie gruben bis zur Tiefe der Drei [unterirdischen] Quellen, dann gossen sie die Bronze für den äußeren Sarkophag. Modelle von Palästen, Türmen und Hunderten von Funktionären wurden zusammen mit den schönsten und seltensten Dingen zum Grabmal gebracht. Handwerker wurden beauftragt, Armbrüste mit Pfeilen zu schaffen, die losgehen würden, sollte jemand in das Grab eindringen. Aus Quecksilber machten sie die Hundert Flüsse, den Jangtse, den Huanghe und die Meere, dass sie zu fließen schienen. Oben war der ganze Himmel dargestellt, unten die Erde. Die Lampen waren mit „Fischmensch"-Öl gefüllt, auf dass sie ewig brennen.*

Der Zweite Erhabene Kaiser sprach: ‚Es ist nicht richtig, dass die kinderlosen Witwen des verstorbenen Herrschers woanders hingehen.' So verfügte er, dass sie den Verstorbenen zu begleiten hätten, und viele von ihnen starben.

Nach dem Begräbnis sagte jemand, die Handwerker, die das Grab gebaut hätten, wüssten doch, wo die Schätze liegen. Sollten sie es verraten, so hätte das schlimme Folgen. Sobald die Schätze abgestellt waren und die mittlere Tür geschlossen war, wurde die äußere Tür herabgesenkt; alle Handwerker wurden eingeschlossen und konnten nicht mehr heraus. Bäume und Büsche wurden auf dem Hügel geplanzt, sodass er wie ein Berg aussieht."

Soweit der Bericht des Sima Qian. Er erwähnt den Pomp, den Gebrauch von Walöl für die Lampen („Fischmensch" war der unmissverständliche Ausdruck für den Meeressäuger), die Aussetzung des alten Dekrets, das Menschenopfer abgeschafft hatte, deutet klar an, dass Grabraub üblich war, und erwähnt die folgerichtige grausame Ermordung der Handwerker, die die Geheimnisse des Grabes hätten preisgeben können. Über die Opfergräben aber, die zusätzliche Grabbeigaben und das enthielten, was die Chinesen später stolz „das Achte Weltwunder" nennen sollten, schweigt Sima Qian. Weil er nichts davon wusste? Dann wäre das Opfer der Handwerker insofern erfolgreich gewesen, als das Geheimnis der vergrabenen Schätze in der Tat gewahrt wurde. Alle vergaßen es und die Miniaturnachbildung des Tian Xia, des „zivilisierten Universums", wurde zu einem Universum in der Unterwelt.

Die verschiedenen Teile der Grabanlage des Qin Shihuangdi liegen etwa 35 Kilometer östlich des heutigen Xi'an. Die Arbeiten daran begannen gleich bei der Thronbesteigung des Kaisers und waren erst 208 v. Chr., zwei Jahre nach seinem Tod, abgeschlossen. Die Gesamtanlage bedeckt ein Areal von 56,25 Quadratkilometern auf dem terrassierten Hügelgelände des Lishan (Berg der Schwarzen Pferde). Der größte Teil der Anlage wird vom *lingyuan* (Begräbnisgarten) eingenommen, die sekundären Bauten (Begleitgräber und Opfergräben) sind nördlich und östlich des *lingyuan* angelegt.

Offensichtlich hielten die Geomanten die Gegend für günstig. Tatsächlich war sie von Süden durch die Macht der Erde (Lishan) geschützt, von Norden durch die Macht des Wassers (des Wei) und sie war von der Nord-Süd-Achse durchschnitten, um die das ganze Mausoleum gruppiert ist, das heißt, von einer Achse, die den Lishan im Süden mit den Tempeln der alten Hauptstadt Yueyang im Norden verband.

Von Westen war die Ruhestätte des Kaisers durch die Macht der Qinling-Berge, aber auch durch die Macht der Ahnen geschützt, die in den Tempeln verehrt wurden, die mit dem Grab durch 50 Kilometer lange Straßen verbunden waren. Im Osten jedoch lagen die Pässe, die zur Großen Zentralebene führten, dem Land, das Qin unterworfen hatte, das aber von seinen Feinden bewohnt war. Wie konnte die Ruhe des Kaisers an dieser gefährdeten Seite geschützt werden?

Kern des *lingyuan* ist die exzentrische Lage des Grabhügels im Innern zweier riesiger Umfriedungen aus gestampftem Lehm, die im Südosten von einem gewaltigen Erdwerk geschützt werden, dem 1 600 Meter langen Wulingdamm. Er wurde in einer Südwest-Nordost-Achse angelegt, um die tosenden Wasser des Shahe umzuleiten, der, vom Berg Li kommend zum östlich der Anlage gelegenen Wei fließt.

1 Graben 1 der Terrakotta-Armee
2 Graben 2 der Terrakotta-Armee
3 Graben 3 der Terrakotta-Armee
4 Graben 4 der Terrakotta-Armee
5 Grosses Grab der Begleitung
6 Areal der Gräben der Ostställe
7, 32 Nebengräber (grösser) und Begleitgräber
8 Erste Umfriedung
9 Zweite Umfriedung
10 Grabhügel
11 Opfergraben K9901
12 Opfergraben K9801
13 Opfergraben K9902
14 Opfergraben K0001
15 Opfergraben K0002
16 Opfergraben K0006
17 Opfergraben K0003
18, 22, 23, 24, 25, 26 Bestattungsräume mit Grabbeigaben, auch Opfergräben genannt
19 Graben der Bronzewagen
20, 27, 36 Nebengräber
21 Saal der Ruhe
27 Nekrople der Konkubinen
28 Gebiet des „Seitenraums“
29, 30 Residenz der Diener des „Begräbnisgartens“
31 Bankettsaal
33 Graben der „Menagerie“
34 Opfergraben K0005
35 Graben der „Westställe“
36 Nekropole des Lishan
37 Friedhof der Zwangsarbeiter
38, 39 Hilfskonstruktionen der Monumentaltore
40 Arbeitsbereich zur Herstellung und zum Brennen der Ziegel und Backsteine
41 Werkstätten und Wohngebiet der Handwerker

Der als Pyramide mit zwei vierseitigen Plattformen ausgeführte Grabhügel hat heute nicht mehr seine ursprüngliche Höhe. Einer letzten Messung zufolge soll er heute 55,668 Meter hoch sein, andere meinen, er sei an der niedrigsten Stelle 35 und an der höchsten 87 Meter hoch, auf einer Basis von 350 Metern Länge in Nord-Süd- und 377 Metern Länge in Ost-West-Richtung. Aufgrund solcher Angaben ist es schwer zu sagen, wie die ursprünglichen Maße aussahen. Dass der Hügel an Höhe verloren hat, mag daran liegen, dass die letzten Lagen der mit Stößeln gestampften lehmigen Erde in großer Eile fertiggestellt wurden. Vielleicht gab es nicht mehr genügend Arbeiter, oder der *Shaofu*, der eigens zu Überwachung der Arbeiten am Berg Li geschaffene Verwaltungsapparat, war nachlässig geworden. Unzureichend gestampfte Erde neigte dazu, sich zu lösen, abzurutschen und an der Basis mehr oder weniger hohe Erdhaufen zu bilden.

Wir wissen nicht, ob es jüngst Grabungen im Innern des Hügels gegegeben hat – es geht das Gerücht, man habe bei verschiedenen Probegrabungen Artefakte aus Bronze, Ton und Holz ans Licht gefördert – doch wir wissen, dass zwischen 1998 und 2000 vorgenommene Untersuchungen ein imponierendes, 1 303 Meter langes und stellenweise 39,4 Meter tiefes Drainageystem freilegten, das am Fuß des Hügels entlang läuft und mit Sicherheit dazu dienen sollte, die Grabkammer vor eindringendem Grundwasser zu schützen. Das System ist durch Schächte und Entlüftungslöcher mit einem Abzugskanal verbunden, von dem bisher 525 Meter freigelegt sind.

Wir wissen auch, dass 1981–82 das Geologische Institut der chinesischen Akademie der Wissenschaften an der Basis des Grabhügels Untersuchungen vornahm und dabei Quecksilber in einer Konzentration fand, die zehnmal höher ist, als in der ferneren Umgebung. Wieder einmal scheint Sima Qian Recht zu haben, denn es könnte sich um das Quecksilber handeln, das benutzt wurde, um Flüsse und Meere in der Grabkammer des Erhabenen Kaisers nachzubilden.

❖

135 unten Die steilen Doppeldächer der Tempel im Lishan Lingyuan waren mit halbzylindrischen grauen Tonziegeln gedeckt. Die Ziegel der Abschlussreihe, die Traufenziegel, hatten ein rundes Endstück von etwa 15–16 Zentimeter Durchmesser, das mit eingeritzten, eingestempelten oder erhaben gearbeiteten Motiven verziert war, die meist symbolische Bedeutung hatten. Dieser runde Abschluss hatte außer der ästhetischen auch eine praktische Funktion, schützte er doch die Gebälkkonstruktion, die das Gewicht des Daches trug. Das Motiv auf dem Endabschnitt dieses Traufenziegels ist ein Vogel mit auffälligem Kamm, der unter dem Zweig eines Baumes sitzt. Dieser „Scharlachrote Vogel" ist das Symbol des Südens. Der Ziegel stammte deshalb wahrscheinlich von einem der im Süden der Anlage gelegenen Tempel. (Museum der Terrakotta-Armee, Lintong)

❖

135 oben Das wie ein Hausmodell aussehende Gebilde aus grauem Ton ist ein Teil des unterirdischen Drainagesystems, das am Berg Li angelegt wurde, um das Grab des Kaisers vor eindringendem Grundwasser zu schützen. (Museum der Terrakotta-Armee, Lintong)

Die Bauten des Begräbniskults

Der eigentliche Grabhügel war von zwei rechteckigen, konzentrischen Mauern umgeben, innerhalb derer sich der Kern der gesamten Grabanlage befand. Die äußere Mauer war in Nord-Süd-Richtung 2 188, in West-Ost-Richtung 971 Meter lang. Sie hatte an der Ost-, West-, und Südseite je ein Monumentaltor und Wachtürme an allen vier Ecken. Das Ost- und das Westtor befanden sich auf der Drittelhöhe der äußeren Umfriedung, um mit den Toren der kleineren Innenmauer und der Ost-West-Mittelachse des Grabhügels auf einer Höhe zu liegen. Neueste Forschungen ergaben, dass es an der Nordseite der Außenmauer kein Tor gab. Das Osttor der inneren Mauer ist 77 Meter breit und 23 Meter tief, während das korrespondierende Tor in der Außenmauer genauso breit, aber nur 22,4 Meter tief ist. An der Südseite ist das Außentor 68 Meter beit und 15,5 Meter tief, während das Innentor enger ist (65,4 Meter) aber tiefer (18,6 Meter).

Im Innenraum zwischen den beiden Mauern wurden in Höhe des Ost- und Westtores Überreste von zwei dreiteiligen Türmen *(que)* gefunden, die neben den Prachtalleen standen, die durch die Tore führten. Der Ostturm stand nördlich der Straße und war 45,9 Meter lang und 4,6 bis 14,6 Meter breit, der Westturm stand südlich der Straße und war 44 Meter lang und 5 bis 15,5 Meter breit. Im Jahr 2000 durchgeführte Probegrabungen ergaben, dass inner- und außerhalb der Innenmauer überdachte, mit Ziegeln gedeckte Gänge entlangliefen. Die Mauern selbst waren aus verputztem, gestampftem Lehm und mit bunten Motiven bemalt. Im Nordostquadranten der inneren Umfriedung befand sich ein weiteres ummauertes Areal, das 695 auf 330 Meter maß

136–137 Dieses virtuelle Bild zeigt den Grabhügel des Qin Shihuangdi aus der Vogelperspektive, umgeben von der großen Außen- sowie der kleineren Innenmauer in der sich wiederum eine Umfriedung befindet. Ganz im Westen liegen die Tempelanlagen mit den Häusern der Priester, während der hier leer erscheinende ummauerte östliche Bereich dazu bestimmt war, die Begleitgräber der Konkubinen des Kaisers aufzunehmen.

und wohl als Friedhof für ausgewählte, hochrangige Mitglieder der Gesellschaft diente, die ihrerseits von Dienern und anderen Individuen in den Tod begleitet worden waren. Die anderen nördlich des Grabhügels gelegenen Räume beherbergten Tempelanlagen für den Kult des Erhabenen Kaisers und die Wohnviertel derer, die in den Tempeln Dienst taten. Ein Drainagesystem, das aus pentagonal geformten Tonröhren bestand, sorgte für die Entwässerung des gesamten Begräbniskomplexes.

QINDIAN, DER SAAL DER RUHE

Etwa 5,3 Meter nördlich vom Grabhügel fand man einen Bau, der auf einer 3 534 Quadratmeter großen Plattform aus gestampftem Lehm stand. Die Westkante der Plattform lag fast auf einer Linie mit der Nord-Süd-Mauer der Umfriedung im Nordostquadranten der Innenmauer. Ursprünglich war die Konstruktion von Bogen umgeben und besaß ein 15 Meter breites Tor auf der Ostseite. Das Tor wurde über eine rund einen Meter lange Treppe erreicht, die vom Hauptgebäude ausging. Chinesische Archäologen fanden eine Reihe von Baumaterialien: Teile von großen, hohlen, mit geometrischen Mustern verzierten Backsteinen, halbrunde Traufenziegel mit dekorierten Endabschnitten, flache Dachziegel, Verputzmaterial aus mit Stroh vermischtem Lehm und Klumpen gebrannter Erde sowie angekohlte Artefakte. Kein Zweifel, das Gebäude musste, wie auch viele andere Gebäude des Komplexes, durch Feuer zerstört worden sein.Bei dem Bau handelte es sich um den *Qindian*, den Saal der Ruhe. Es war der Haupttempel für den Kult des toten Erhabenen Kaisers. Verschiedene historische Quellen erwähnen, dass es vor Qin Shihuangdi üblich war, allein im *Zongmiao*, dem Tempel der Ahnen, der in der Stadt Yong stand, den Toten Opfer darzubringen. Üblicherweise war ein solcher Ahnentempel entlang der Nord-Süd-Achse in zwei Bereiche geteilt.

Der vordere Bereich *(miao)* war der eigentliche Kultraum, wo eine Stele mit dem Namen des verehrten Ahnen stand, dem hier viermal täglich Opfer dargebracht wurden, sowie weitere Stelen mit den Namen derer, die mit dem Kult assoziiert waren. Der andere Bereich war der *Qindian*, der „Saal der Ruhe“ oder Sarkophagraum, wo die *mingqui* (Geistgüter), die persönlichsten Habseligkeiten, der Amtsstab und die Grabgewänder aufbewahrt wurden. Manche Quellen sagen, dass in diesem Raum der leere Sarkophag des noch lebenden regierenden Herrschers aufbewahrt und jedes Jahr mit einer neuen Schicht Lack überzogen wurde. Auch soll der Leichnam des Verstorbenen Herrschers hier „zur Ruhe gebettet“ worden sein, ehe er in den Sarkophag gelegt und vom *Qindian* aus in die Grabkammer verbracht wurde. Einige behaupten nun, Qin Shihuangdi habe mit der alten Sitte gebrochen und den *Qindian* aus der Stadt direkt in den Begräbniskomplex verlagert. Hier sollten die persönlichen Effekten des Herrschers, die zur Ausübung des Begräbnisrituals nötig waren, aufbewahrt werden, und hier sollte der Hauptort für den Kult des Verstorbenen nach seiner Beerdigung sein.

Wenn der Erste Erhabene Kaiser diese Änderung tatsächlich einführte, dann müsste der Qindian eines der ersten Gebäude des Lishan Lingyuan gewesen sein, das errichtet wurde. Die enge Beziehung zwischen *Qindian* und Grabhügel blieb ein typischer Zug der kaiserlichen Begräbnisarchitektur weit über den Fall der Qin-Dynastie hinaus.

137 rechts So müsste der große Grabhügel und das umgebende Gelände ganz kurz vor der endgültigen Fertigstellung ausgesehen haben. Die virtuelle Rekonstruktion zeigt die Komplexität und Vielzahl der architektonischen Komponenten, die wie eine Totenstadt erscheinen. Ein Komplex, der dem Bedürfnis gerecht wird, täglich zeremoniös gestaltete Verehrungsrituale zu Ehren des verstorbenen Kaisers abzuhalten.

Biandian, der Seitenraum

Die Bezeichnung für diesen Ritualbau leitet sich von der Tatsache her, dass er der Vorschrift gemäß dem Qindian gegenüber lag. Ein erhöhtes Areal von 520 x 220 Metern im Nordwestquadranten der Innenmauer bildete das Podest für verschiedene Gebäude. 1973 vorgenommene stratigraphische Untersuchungen ließen erkennen, dass es eine Reihe von Fundamenten gab. Eines davon trug Spuren von tragenden Wänden aus gestampftem Lehm, die 1,5 bis 6,5 Meter dick waren und das ursprüngliche Gebäude in vier Blöcke teilten.

Die Fußböden in den Blöcken bestanden teilweise aus gestampftem Lehm, teilweise aus Steintafeln, und zwischen den Wänden verliefen mit Flusskieseln gepflasterte Wege. Man fand überall Dachziegel, First- und Traufenziegel, darunter einen mit einem halbrunden Endabschnitt von 61 Zentimetern Durchmesser, der mit zwei sich spiegelnden, extrem schräg verzerrt dargestellten „Drachen" dekoriert war.

In einem der vier Blöcke ist das Profil der Fundamentplattform 2 so gut erhalten, dass man noch sehen kann, dass auf ihm ein rechteckiges, 19 Meter langes, 3,4 Meter breites Gebäude stand. Vier Steinstufen führten zu einer Tür in der Westseite, hinter der Tür teilte eine steinerne Schwelle das Gebäude in zwei Bereiche, die beide Gänge mit Steinfußböden aufwiesen. Diese Funde lassen ein monumentales Gebäude vermuten, das als Aufbewahrungsraum für die wertvollen liturgischen Gerätschaften diente, die für die Ausübung des Kults im Qindian und im Gebäude selbst gebraucht wurden.

Lishan Shigong, der Bankettsaal des Berges Li

Im Areal zwischen den Westwänden der beiden Umfriedungen wurde 1981–82, ganz in der Nähe der Allee, die von Westen in den Komplex führt, eine große, 200 x 169,5 Meter messende rechteckige Struktur entdeckt. Die Forschung konzentrierte sich auf deren Südseite, wo ein etwa 2 247 Quadratmeter großer Bereich freigelegt wurde, in dem man sechs Fundamente fand, auf denen sechs rechteckige Gebäude gestanden haben mussten. Das besterhaltene Fundament maß 25 x 8 Meter, wies fünf Säulenvertiefungen auf und bestand aus sehr hart gestampftem Lehm. Eine Reihe von Bögen an der Front und ein Bereich, der mit festgestampften Scherben von Ziegeln aufgefüllt war, dienten wahrscheinlich dazu, Regenwasser vom Gebäude abzuhalten.

Im untersuchten Areal fanden sich Bauelemente wie verschiedene Ziegelarten, Drainageröhren, hohle und massive Backsteine sowie zylindrische Fliesen, die zur Wandverkleidung dienten, außerdem Werkzeuge aus glasiertem Ton (davon viele zerbrochen), Bronze und Eisen. Die wichtigsten Objekte waren beschriftete Gegenstände, die es erlaubten, die Funktion des Gebäudes zu bestimmen, darunter eine elliptische mit Gold und Silber dekorierte Bronzeglocke mit den Schriftzeichen *Yue Fu* (Musik-Bereich) und Gewichte, auf denen das Edikt aus dem 26. Jahr der Regierung von König Zhen (Jahr der Reichseinigung) eingraviert war, sowie Gewichte beschriftet mit demselben Edikt, wie es der Zweite Erhabene Kaiser bestätigt hatte. Andere Gewicht trugen die kurze Aufschrift Lishan Shigong (Berg Li – Bankettsaal), *Lishan Shigong Shi* (Berg Li – Bankettsaal – Stein) und *Lishan Shigong Zuo* (Berg Li – Linker Bankettsaal). Das Gebäude war also der „Bankettsaal" des Begräbnisgartens, doch welcher Art waren die Bankette?

Wir wissen, dass die für den Ersten Erhabenen Kaiser ausgeführten vielen und komplexen Begräbnisrituale ohne nennenswerte Änderungen von den Herrschern der Han-Dynastie übernommen wurden, und über die geben uns verschiedene Kapitel im *Hou Han Shu* (Chronik der Östlichen Han) genauestens Auskunft: Die täglichen Opferzeremonien wurden im *Qindian* abgehalten, die wöchentlichen im *Biandian* und die monatlichen im Ahnentempel (*Miao*). Einmal im Monat wurden die im *Qindian* verwahrten Gewänder und die Kopfbedeckung ausgewechselt, während dem Geist des Verstorbenen im Bankettsaal viermal täglich Nahrung und Getränk dargeboten wurde. Zugleich diente dieses Gebäude als Versorgungstrakt für diejenigen, die den ganzen Komplex verwalteten.

Die Residenzen der Funktionäre

❖

138 Dieses im „Begräbnisgarten" gefundene, quan *genannte Bronzegewicht ist mit zwei Edikten beschriftet. Das erste bezieht sich auf die von Qin Shihuangdi für das gesamte Reichsgebiet veranlasste Standardisierung von Maßen und Gewichten. Das zweite Edikt ist eine Wiederholung und Bekräftigung des ersten, erlassen von dem Zweiten Erhabenen Kaiser, als er 210 v. Chr. auf den Thron kam. Es lautet:* „Jahr I. Das Edikt ergeht an Chengxiang Si und Quji. Alle unter Shi Huang Di gemachten Maße tragen sein Edikt. Nun haben Wir den Titel geerbt, werden Uns aber in den Inschriften nicht als Shi Huang Di bezeichnen. Den Nachkommen zur Kenntnis: In Zukunft sollen, wenn die Edikte erneuert werden, Erfolg und große Tugenden nicht mehr erwähnt werden, damit dieses Edikt geschrieben und zur Linken *[des ersten]* stehen kann, sodass es keine Zweifel *[an seiner Echtheit]* gibt. *(Museum der Terrakotta-Armee, Lintong)*

❖

139 Dieses 13 Zentimeter große, mit Gold und Silber eingelegte und mit „Wolkenmotiven" dekorierte Bronzeglöckchen gehört zu den elegantesten Beispielen der hohen Kunst der Bronzegießer der Qin: Es handelt sich um eine zhong *genannte Glocke ohne Klöppel, denn sie wurde von außen wie ein Gong angeschlagen. Da sie in einem Gebäude gefunden wurde, das nördlich des Qindian zwischen den beiden Westmauern der Umfriedungen stand, und da sie die Schriftzeichen* Yue Fu *trägt, die „Musik-Bereich" bedeuten, konnte man das Gebäude identifizieren. Weitere dort gefundene Objekte bezeichnen es genauer als „Bankettsaal" des Begräbnisgartens vom Berg Li. (Museum der Terrakotta-Armee, Lintong)*

Der Bau des immensen Begräbnisgartens dauerte, Sima Qian zufolge, 37 Jahre und nahm allein in den Jahren zwischen 221 und 208 v. Chr. 720 000 Zwangsarbeiter in Anspruch. Die sehr komplexe Liturgie der Riten, die vollzogen werden mussten, nachdem der Kaiser bestattet war, setzte die Existenz eines ganzen Heeres von Bediensteten voraus, darunter auch Geomanten, Priester, Köche, Wachen und diensttuende Hofdamen. All die Menschen, die während des Baus und später in der Anlage arbeiteten, mussten in der Nähe wohnen und hier versorgt werden. Dies alles setzte eine straffe Organisation und Verwaltung voraus, die ebenfalls vor Ort angesiedelt sein musste.

Ein großes, bisher nur teilweise erforschtes 200 x 180 Meter umfassendes Areal genau nördlich des Bankettsaals enthält eine Reihe von Fundamenten aus gestampftem Lehm, die mit den üblichen Lagen von Tonscherben bedeckt sind, die von Ziegeln und anderen Baumaterialien stammen. Hier vermutet man das Verwaltungszentrum des Begräbnisgartens. Wahrscheinlich standen in dem Areal rechteckige Pavillons mit Säulen, hölzernen Tragbalken und verputzen Lehmwänden, die von steilen, mit Ziegeln gedeckten Dächern gekrönt waren.

Alles war farbig dekoriert, und da die Pavillons auf Fundamenten von unterschiedlicher Höhe standen, die über Treppen zu erreichen waren, umwehte den ganzen Komplex wohl eine Aura von Gravität und Monumentalität. Leider sind alle Gebäude, die man bisher untersuchte, durch Feuer stark beschädigt und zusammengestürzt. Doch die sichtbare Monumentalität war nichts im Vergleich zu dem magischen, aber verborgenen, Universum, das die letzte Ruhestätte des Ersten Erhabenen Kaisers umgab und ein Gebiet mit einem Radius von etwa 15 Kilometern umschloss, von dem wir bisher nur den kleinsten Teil kennen. Neueren Schätzungen zufolge (Juli 2002) soll sich allein die Zahl der Opfergräben innerhalb der beiden Umfriedungen auf 180 belaufen.

Unterirdische Bauten: Ein unterirdischer Palast, Opfergräben und Begleitgräber

In das eigentliche Grab des Erhabenen Kaisers, das unter dem aufgeschütteten Hügel liegt, hat bisher kein Archäologe einen Blick geworfen. Es soll einen Bronzehimmel haben, an dem Edelsteine die Sterne darstellen, es soll mit den großartigsten Schätzen gefüllt und mit den fantastischsten Nachbildungen ausgestattet sein, darunter Flüsse und Meere aus Quecksilber. Aber es soll auch durch Automaten und Fallen vor Grabräubern geschützt sein.

In der Zeit der Streitenden Reiche war im südlichen Königreich Chu die Sitte aufgekommen, die Grabkammer *(guo)* durch kleine Zellen aufzuteilen, die rund um den inneren Sarkophag angeordent waren. Diese abgeteilten Räume enthielten die nach gewissen Gesichtspunkten geordneten Grabbeigaben. Man schließt daraus, dass die Räume Lebensbezirke des Verstorbenen repräsentierten, den Bereich seines öffentlichen und seines privaten Lebens, seinen Arbeitsbereich, den Bereich seiner religiösen Verrichtungen. Diese Übertragung der Lebensbereiche in den Begräbnisraum hinein zeigt sich besonders deutlich an dem unverletzten, außerordentlich reich ausgestatteten Grab des Yi, Marquis von Zeng, das sich in der heutigen Provinz Hubei fand. Das Grab umfasste vier hölzerne Kammern mit mehr als 3 Meter hohen, ursprünglich oben abgedeckten Wänden. Diese Zahl mag mit dem Rang des Verstorbenen in Zusammenhang gestanden haben; das Grab von König You von Chu (Regierungszeit: 237–238 v. Chr.) hatte zum Beispiel neun Kammern. Sowohl die in den Kammern gefundenen Objekte selbst weisen auf die Funktion der Räume hin, sie lassen sich aber, wie in anderen Chu-Gräbern der Zeit, auch an Inventarlisten ablesen, die die Grabbeigaben jeder einzelnen Kammer genau verzeichneten.

In den Trennwänden zwischen den einzelnen Kammern befanden sich bemalte Öffnungen oder Türen. Sie sollten gewährleisten, dass sich der ätherische Geist des Verstorbenen frei darin bewegen konnte. Man glaubte nämlich, dass jeder Mensch mit zwei Geistern beseelt sei: Der eine *(hun)* war vergänglich und verließ den Körper beim Tod, der andere *(po)* blieb über den Tod hinaus beim Körper und begleitete ihn ins Grab. Für diesen *po* waren all die Grabbeigaben gedacht, zu denen verschiedene Werkzeuge, Bücher, Nahrung, Getränke, Kleidung, Medizinkräuter, Musikinstrumente und sogar allerlei Dinge zum Zeitvertreib gehörten, wie man an einem Artefakt sehen kann, das im Grab des 113 v. Chr. verstorbenen Prinzen Liu Sheng gefunden wurde: Zwei in V-Form gestaltete, an der Basis zusammenhängende Phalli.

140 links Die dreibeinigen yan *kamen in der späten Frühlings- und Herbstperiode auf und wurden während der ganzen Zeit der Streitenden Reiche hergestellt. Dieser* yan *könnte als Plündergut in die Qin-Hauptstadt gelangt sein, wo er schließlich als Grabbeigabe eines Veteranen endete. (Städtisches Museum, Xianyang)*

140 rechts Dieser Typ des als ding *bezeichneten dreibeinigen Ritualgefäßes wurde bis in die Zeit der Westlichen Han-Dynastie beibehalten. Ein Zeichen für die große rituelle Kontinuität, die jeder kulturellen Mischung widerstand. (Städtisches Museum, Xianyang)*

141 oben Dieses 1984 in einem der bedeutendsten Qin-Gräber aus der Zeit der Streitenden Reiche im Grabungsfeld von Renjiazui, 5 Kilometer östlich von Xianyang, gefundene Bronzegefäß (hu) gehörte der Familie Fang. Das Grab enthielt das zerstückelte Skelett eines jungen Menschenopfers, das mit einer roten Substanz eingefärbt war, die man bisher in keinem anderen Grab fand. (Städtisches Museum, Renjiazui, Xianyang)

141 unten Dieser perfekt proportionierte hu (Gefäß für – alkoholische– Getränke) ist ein typischer Vertreter der Qin-Bronzen des 3. Jahrhunderts v. Chr. Gefäße dieses Typs blieben als Grabbeigaben der Adligen fast unverändert Jahrhunderte lang in Gebrauch.

Liu Shengs Grabbeigabe hat nichts Anstößiges, sie ist Ausdruck der allgemein angenommenen Dualität, wie sie sich auch in der Zweiheit der Geister und in der Aufteilung der Grabkammern zeigt. Die weitere Aufteilung in eine Vielzahl von Räumen war ein typischer Zug der Adelsgräber, die, als sie immer aufwendiger gestaltet wurden, „unterirdische Paläste" genannt wurden.

Man darf wohl annehmen, dass auch dem Ersten Erhabenen Kaiser nicht nur das Konzept der Dualität der Geister selbstverständlich war, sondern dass er diese Dualität auch im kanonischen Layout der gesamten Anlage des Begräbnisgartens reflektiert sehen wollte (sichtbare überirdische/unsichtbare unterirdische Bauten; Riten für den *hun*-Geist und Riten für den *po*-Geist und so weiter). Auch wird der Raum, in den die fantastischen Schätze gebracht wurden, in Kammern mit verschiedenen Funktionen geteilt sein. Das scheint umso überzeugender, wenn man bedenkt, mit welcher Präzision die Verwaltung der Qin, die nicht die kleinste Ordnungs- oder Regelwidrigkeit durchgehen ließ, zu arbeiten pflegte. Wie sollte da für die letzte Ruhestätte des größten unter den *po*-Geistern, den es je im Reich der Mitte gegeben hatte, eine Ausnahme gelten.

Einer der größten Experten auf dem Gebiet der Qin-Archäologie, Wang Xueli, der Zugang zu wissenschaftlichen Testergebnissen hat, die noch nicht vollständig veröffentlicht sind, ist der Ansicht, dass der Unterirdische Palast des Qin Shihuangdi etwa 50 Meter unter dem Grabhügel liegt, an der Basis einer Grube, die in Form einer umgekehrten stumpfen Pyramide ausgehoben wurde. Die Grabkammer dürfte von 4 Meter dicken und ebenso hohen Wänden umfasst sein, die aus gestampftem Lehm bestehen und durch ungebrannte Lehmbausteine verstärkt wurden, und sie dürfte in der Nord-Süd-Richtung 460, in der West-Ost-Richtung 390 Meter lang sein. Bedenkt man, dass die Arbeiter, die die Grube aushoben, die „Drei Quellen" erreichten, wie Sima Qian sagt, so müssen wir damit rechnen, dass im Laufe der langen Zeit Grundwasser in die verschiedenen Kammern eingedrungen ist und erhebliche Schäden angerichtet hat. Vielleicht aber ist das Drainagesystem, das der Große Historiker ebenso erwähnt wie die Auskleidung mit Bronze, so effektiv gewesen, dass es bis heute funktionierte und die Kammern so gut schützte, dass weitere Ausgrabungen vorgenommen werden können.

An der Nordseite der bisher ausfindig gemachten unterirdischen Wand gibt es zwei Einschnitte. Der eine ist 8 Meter breit und 75 Meter von der Nordostecke entfernt; er blickt auf eine mit Baumstämmen bedeckte Rampe, die vom Bodenniveau in die Tiefe der Grabkammer führte.

Die zweite Öffnung ist 18 Meter breit und etwa 95 Meter von der ersten entfernt und erlaubt den Zugang zu den Opfergräben an der Nordseite des Grabhügels. Wie die früheren Gräber der Qin-Könige hatte auch das Grab des Ersten Kaisers große Rampen auf jeder der vier Seiten. Chinesische Archäologen haben Probegrabungen unternommen, doch über die Rampen der Südseite gibt es bisher keine Informationen, denn zu dieser Seite ist das meiste erodierte Material des Grabhügels abgerutscht. An der Ostseite konnten bisher fünf Rampen lokalisiert werden; die in der Mitte – 13 bis 16 Meter breit und etwa 60 Meter lang – war die wichtigste, sie war von je zwei Hilfsrampen flankiert. Es gibt eine deutliche Ähnlichkeit mit den „königlichen Straßen" in der Hauptstadt, wo ein breiter, mittlerer Karrenweg allein dem Kaiser vorbehalten war, während parallel dazu verlaufende, schmalere Wege für das Volk da waren.

An der Nordseite sind in einer Tiefe von 4–5 Metern mehrere „Eingänge" zu zwei Reihen von unterirdischen Gallerien gefunden worden, die erste weist 20 „Eingänge" auf, die zweite, die etwa 10 Meter nördlich der ersten liegt, hat 14 Eingänge, jeder etwa 5 Meter

143 links Dreibeinige ding *werden oft in Adelsgräbern als Beigabe gefunden. Dieser hier stammt aus einem Qin-Grab aus der Zeit der Streitenden Reiche. Die Dekoration hat (der Dreiteilung nach zu schließen) wahrscheinlich kosmologisch-symbolische oder auch schamanistische Bedeutung, sofern man die abgebildeten Tiere als Repräsentanten der Geister versteht, die den Schamanen in die andere Welt geleiten. Da es sich um ein Gefäß der Wei handelt, könnte es als Geschenk oder als Kriegsbeute nach Qin gekommen sein. (Städtisches Museum, Xianyang)*

143 *Mitte Die sphärische Bronzeflasche mit dem Ring als Fuß und dem an eine Blütenknospe erinnernden oberen Abschluss (chinesischer Terminologie zufolge ein* suantouping *–Knoblauchkopf), gehört zu den herausragendsten Formen unter den Grabbeigaben der Qin. Dieser Vasentyp hatte zunächst (in der Mitte der Zeit der Streitenden Reiche) einen gedrungeneren Hals, der zur Endzeit dieser Periode hin immer schlanker wurde. Zu Beginn der Kaiserzeit wurde das Gefäß der übliche Behälter für alkoholische Getränke und blieb als solcher bis in die Zeit der Han-Dynastie und darüber hinaus in Gebrauch. (Städtisches Museum, Xianyang)*

breit. Sie scheinen in Korridore oder Tunnel zu führen, die durch Wände aus gestampftem Lehm voneinander getrennt und mit ungebrannten Lehmziegeln verschlossen sind.

1978 wurde etwa 40 Meter vom Westtor der Innenmauer entfernt ein Opfergraben inspiziert, der zum Teil von der Westkante des Grabhügels bedeckt ist. Er hatte einen komplexen Grundriss, der aber innerhalb der Grenzen eines Quadrats von rund 50 Metern Seitenlänge blieb. Das unterirdische Konstrukt, von dem nur ein Bereich von 12 Metern Breite und 50 Metern Länge untersucht werden konnte, wies einen Korridor auf, der von der Grabkammer her kam und zu einem rechteckigen Hohlraum führte, der über einen Durchgang mit einem zweiten Hohlraum verbunden war. Die beiden Räume dienten vielleicht als Zwischenlager für Grabbeigaben, die hier abgestellt wurden, ehe sie an ihren endgültigen Platz kamen. An der Südseite des Korridors, etwa in der Mitte des untersuchten Abschnitts, führte eine Abzweigung in einen weiteren Raum von 15 auf 20 Metern. Von der Südwestecke dieses Raums ging ein schmaler Gang ab, in dem sich eine rechteckige Struktur abzeichnete, die aus 5 parallel angeordneten Abteilungen bestand, die durch Lehmwände abgetrennt waren. Im November/Dezember 1980 nahm man eine stratigraphische Grabung in der nördlichsten dieser 5 Abteilungen vor (sie maß 6,8 auf 2,1 Meter) und fand darin zwei unvergleichliche Bronzekunstwerke aus der späten chinesischen Antike, die einen der bedeutendsten Funde der gesamten Geschichte der chinesischen Archäologie darstellen: die beiden Bronzewagen des Erhabenen Kaisers.

143 *rechts Dieser Typ von Ritualgefäß, zur Aufnahme von Alkoholika gedacht, wird* hu *genannt und ist entfernt verwandt mit ähnlichen, als* you *bezeichneten Gefäßen, die dem gleichen Zweck dienten, im 13. Jahrhundert v. Chr. in der Shang-Zeit aufkamen und in der Zeit der Zhou aus der Mode kamen. Das abgebildete Exemplar, das ursprünglich einen Deckel hatte, wurde in einem Qin-Grab aus der Endzeit der Streitenden Reiche gefunden und ist nicht typisch. Die Form des Henkels gestattet eine Datierung auf die mittlere Periode der Streitenden Reiche. Nach Qin kam das Stück vielleicht als Tauschobjekt oder Plündergut. (Städtisches Museum, Xianyang)*

Der Graben der Bronzewagen

Der Lagerraum war ursprünglich mit Holzplanken ausgekleidet und mit Baumstämmen abgedeckt. Im Innern standen hintereinander, beide nach Westen ausgerichtet, zwei einachsige Wagen, jeder einmalig in seiner Art, beide mit Wagenlenkern und von vier Pferden gezogen. Selbst die Dimensionen sind ungewöhnlich, denn beide Quadrigen sind von exakt halber Lebensgröße.

Die als Abdeckung dienenden Baumstämme waren mit der Zeit verfault und in den Raum gestürzt, dabei hatten sie die Wagen, die beide zur rechten Seite gekippt waren, schwer beschädigt. Die Wagen werden der Reihenfolge nach, in der sie standen, als Quadriga Nr.1 und Quadriga Nr. 2 bezeichnet. Die Hufe der Pferde von Nr.1 waren in mehrere Stücke zerbrochen, ansonsten waren die Pferde, ebenso wie der Lenker, recht gut erhalten, nur der Wagen war völlig zerstört. Auch Beine der Pferde von Nr. 2 waren zerbrochen, aber der Wagen war nicht so stark fragmentiert wie der andere, dennoch zählte man 1 555 Einzelstücke.

Man begann sofort mit der Restaurierung. Obwohl nur einfache Methoden und sehr beschränkte technische Mittel dafür zur Verfügung standen, leisteten die chinesischen Restauratoren hervorragende Arbeit, und drei Jahre nach der Auffindung konnte Quadriga Nr. 2 bereits der Öffentlichkeit präsentiert werden. 1988 konnte dann auch die wiederhergestellte Schönheit von Quadriga Nr.1 bewundert werden, denn in der Tat gibt es an den beiden Wagen viel zu bewundern: Da ist an erster Stelle das Können der Bronzegießer zu nennen. Quadriga Nr. 2 bestand aus 1,2 Tonnen Metall, das in einzeln gestalteten Gußformen aus Ton zu 1 742 Einzelteilen aus Bronze, 988 Teilen aus Silber und 732 Teilen aus Gold verarbeitet worden war. Diese Teile reichten von Ketten, deren Einzelglieder 0,5 mm dick waren, bis zur 2, 3 Quadratmeter großen Abdeckung des Wagens, die 2 bis 4 mm dick war.

Gleichermaßen beeindruckend ist die Eleganz der Proportionen, der farbliche Kontrast zwischen den weißen Pferden und dem Blau ihres Zaumzeugs sowie den verschiedenen Farben der Wände des Wagenkastens, die eine perfekte Imitation von Damast sind. Doch das Erstaunlichste an den Modellen ist die exakte Übereinstimmung mit den Wagen, die zu dieser Zeit im alten China in Gebrauch waren. In den Gräbern der Adligen fanden sich viele echte Wagen und Pferde, doch sie waren fast immer völlig zerfallen. Das Holz der Wagen war verfault, die Bronze oxidiert, die leb- und farblosen Pferdeskelette ließen nicht einmal mehr ahnen, wie einst die Mähnen und Schwänze getrimmt gewesen sein mochten, und auch die Ledergurte und -riemen, die Zügel, die Kummets, die Federbüsche oder Polsterungen an ihren Geschirren waren gänzlich verrottet. Aus Inschriften ist bekannt, dass man Sonnenschirme oder Baldachine für die Wagen hatte; so erwähnt beispielsweise die Inschrift auf dem *Mao Gong Ding* (Ding des Herzogs Mao, der heute im Nationalpalast-Museum von Taipei ausgestellt ist) einen *„mit rotem Stoff gesäumten Sonnenschirm aus Tigerfell"*. Das älteste uns bekannte Beispiel stammt aus dem Grab M1100 in der herzoglichen Nekropole des Staates Yin, nahe Liulihe (Provinz Hebei) aus der Zeit der Westlichen Zhou, doch ist von diesem Schirm nur das bronzene Gestänge erhalten, sodass wir nicht sagen können, wie er bespannt war. Ein Qin-Gedicht aus dem *Shi jing* (Buch der Lieder) berichtet, dass Quadrigen mit acht Zügeln gelenkt wurden, von denen der Lenker sechs in der Hand hielt, doch wussten wir nicht, wie die Gespanne genau gezäumt, wie die Zügel, Gurte und Stränge angelegt und wie sie geführt wurden, wie dick sie waren, wie der Wagenlenker sie hielt. Noch wussten wir, wie die Wagenlenker gekleidet oder bewaffnet waren, wie und wo sie auf den Wagen standen. Wie lenkten sie die Pferde im Galopp, und wie konnten sie verhindern, dass die außen laufenden mit den inneren zusammenstießen? Auf all diese Fragen – und auf viele weitere – lieferten die Bronzemodelle nun Antworten.

Doch zunächst lautete die Frage: Was waren es überhaupt für Wagen und welchen Zwecken dienten sie? Quadriga Nr.1 (sie wiegt 1 061 Kilogramm und misst von der Nasenspitze der Pferde bis zum Endpunkt des Wagenkastens 2,57 Meter) ist die Reproduktion eines leichten Streitwagens. Das lässt sich an der Tatsache ablesen, dass der Wagenlenker ein langes Qin-Schwert auf dem Rücken trägt, sowie Armbrust mit zwölf Pfeilen in einem Köcher und einen Schild in einem silbernen Ständer bei sich hat. Wagen dieses Typs werden in historischen Quellen *gao che* (hohe Wagen) genannt, vielleicht wegen des hohen Sonnenschirms oder weil der Lenker den Wagen stehend führte.

Die vordere Position der Quadriga lässt vermuten, dass sie die vorausfahrende Eskorte des zweiten Wagens war, der zu Vergnügungsfahrten diente und in alten Texten als *an che* (Ruhewagen) bezeichnet wird. Diese Quadriga Nr. 2 ist 3,17 Meter lang und 1,62 Meter hoch und sie ist in zwei funktional getrennte Bereiche geteilt. Der kleinere vordere Bereich ist der des Lenkers, der hintere besteht aus der geschlossenen, überdachten Kabine. Wer reiste in diesem Wagen?

Wohin sollte die Reise, dieses nach Westen ausgerichteten kleinen Convoys gehen?

1978 machte das am Mausoleum von Qin Shihuangdi tätige Archäologenteam einen außergewöhnlichen Fund. Vor der Westseite des Grabhügels stießen sie auf eine mehrkammerige unterirdische Konstruktion. In einem nur 6,8 x 2,1 Meter breiten Abschnitt fanden sich zwei unvergleichliche Meisterwerke chinesischer Bronzekunst: Zwei einachsige von je vier Pferden gezogene Wagen. Diese Quadrigen von exakt halber Lebensgröße waren so hintereinander aufgestellt, dass sie Richtung Westen hätten aufbrechen können. Der vorausfahrende Wagen war ein mit Lenker bestückter Streitwagen, dem ein Reisewagen, ebenfalls mit Lenker, folgte. (Museum der Terrakotta-Armee, Lintong)

Ehe nicht der gesamte Graben freigelegt ist, können wir es nicht sagen, wir können nur eine Vermutung wagen. Es ist eine verlockende Annahme, dass der prächtige Reisewagen und seine Eskorte auf einen hochrangigen Passagier wartete:

Den *po*-Geist des Ersten Erhabenen Kaisers, der eine seiner Inspektionstouren unternehmen oder sich zur Jagd fahren lassen will. Nicht weit von den Quadrigen wurden allerdings ein paar ungewöhnliche Opfergräben gefunden, die keinerlei Verbindung zur Jagd zu haben scheinen. Neben allem anderen gibt uns der sensationelle Fund auch Auskunft darüber, was für Pferde man im alten China verwendete. Es war die unter dem Namen Tarpan bekannte mongolische Rasse, die wahrscheinlich von den Bewohnern der nördlichen Steppen zunächst domestiziert und dann gezielt gezüchtet wurde.

Die Quadriga Nr. 1

❖

*Der Lenker und die Pferde der vorderen der beiden nach Westen ausgerichteten Quadrigen, die 1978 gefunden wurden, waren noch in relativ gutem Zustand, der eigentliche Wagen aber war in mehr als Tausend Stücke zerbrochen. Erst 1988 konnte die vollständig restaurierte Quadriga Nr. 1 der Öffentlichkeit in ihrer vollen Schönheit präsentiert werden. Es ist ein in exakt halber Lebensgröße gestaltetes Modell eines leichten Streitwagens (*gao che*), wie ihn die Funktionäre auch für ihre Inspektionsreisen verwendeten. Das aus dem einachsigen Wagen, dem durch seine Kleidung als Armeeoffizier erkennbaren Lenker und den geschmückten Pferden bestehende Ensemble wiegt 1,17 Tonnen und war aus zahllosen, einzeln gegossenen Teilen aus Bronze, Silber und Gold zusammengesetzt. Die in der Bemalung vorherrschende Farbe ist Weiß, Sinnbild der Westens, was dahingehend interpretiert wird, dass der Wagen bereit stand, den *po*-Geist des Herrschers auf eine Inspektionsreise in die westlichen Gebiete des Totenreiches zu begleiten. (Museum der Terrakotta-Armee, Lintong)*

148 Dieser mit „Wolkenmotiven" in Gold und Silber eingelegte Bronzezylinder ist Teil der Mittelstange, die den neben dem Lenker stehenden Sonnenschirm trug.

148–149 Die Abbildung zeigt in der Rückansicht der Quadriga Nr. 1 eine Reihe interessanter Details, die nicht nur von der hohen Kunstfertigkeit der Bronzegießer zeugt, sondern auch von ihrem ausgeprägten Sinn für die Harmonie der Proportionen. Auf dem Rücken trägt der Lenker das typische Qin-Schwert, das zuvor nur aus schriftlichen Beschreibungen bekannt war. Der akkurate Faltenwurf seines Obergewandes sowie die Kopfhaltung der beiden äußeren Pferde lässt die bewusste Suche nach kompositorischer Harmonie ganz deutlich hervortreten.

150 oben und 151 Die Bilder zeigen deutlich, dass der Wagenlenker sechs der acht Zügel, die das Team der vier Pferde kontrollierten, in den Händen hielt, während die Zügel der Innenseiten des innenlaufenden Paares am vorderen Schutzschild des Wagens befestigt waren, an dem auch griffbereit die Armbrust hing, während der Köcher mit den Pfeilen an der Wagenseite befestigt war.

150 unten Dieser mit polychromen „Wolkenmotiven" verzierte Bronzeschild war zur Rechten des Lenkers der Quadriga Nr. 1 positioniert und an einer Halterung befestigt. Der Schild selbst hatte ein inneres Griffband zum Tragen und war die Nachbildung eines lackierten Holzschildes. An ihm lassen sich die Verteidigungstechniken der Kämpfer ablesen. In vielen Qin-Gräbern der Zeit der Frühlings- und Herbstperiode sowie der Zeit der Streitenden Reiche hat man Holzschilde gefunden, doch waren sie derart verrottet, dass man über ihre Konstruktion und Anwendung nichts mehr sagen konnte. Kein einziger der Soldaten der Terrakotta-Armee trägt übrigens einen Schild; die einzige Abwehr, die diese Soldaten hatten, waren ihre Schuppenpanzer und ihr Mut.

152–153 Diese Frontansicht der Quadriga Nr. 1 zeigt nicht nur die ausgeklügelte Zügelführung der vier Pferde – die beiden äußeren gaben dem Team die Richtung – sondern auch das Gestänge des Sonnenschirms, das dem moderner Schirme sehr ähnlich ist.

Bei ihrer Entdeckung im Jahr 1978 waren die Hufe der weiß bemalten Pferde der Quadriga Nr. 1 in viele Stücke zerbrochen, doch die Köpfe waren weitgehend unbeschädigt geblieben. Sie zeigen, mit welcher Sorgfalt und Sachkenntnis darauf geachtet wurde, j jedes einzelne Detail so naturgetreu wie möglich nachzugestalten und so ein authentisches Kunstwerk zu schaffen, dessen Faszination uns noch heute in ihren Bann zieht.

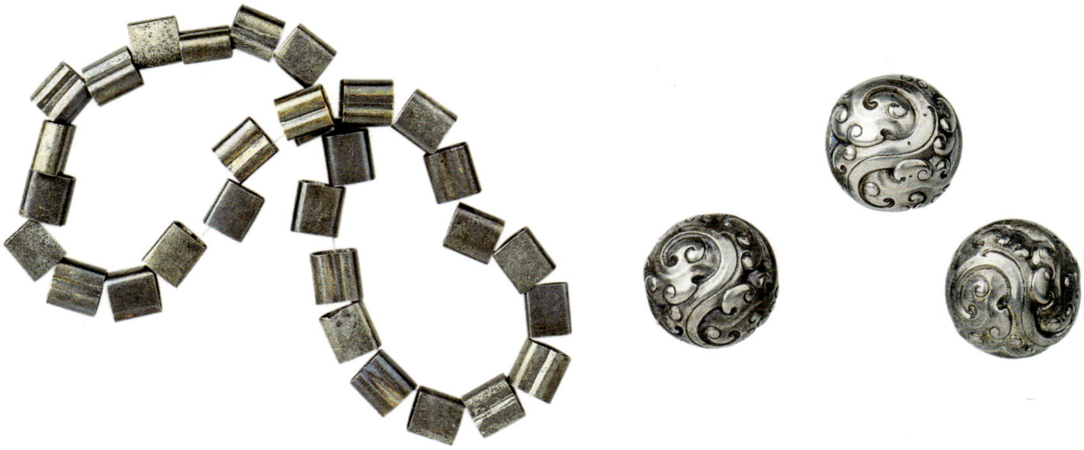

Quadriga Nr 2

156 und 157 oben Diese goldenen und silbernen Ketten und Knöpfe sind kunstreich gestaltete Teile des Kopfgestells der Pferde der Quadriga Nr. 2, die 1978 in einem Opfergraben an der Westseite des Grabhügels des Ersten Erhabenen Kaisers gefunden wurde. Die blattförmig gestaltete goldene Verzierung hat auf der Rückseite Ringe, durch die sie auf dem Stirnriemen gehalten wurde, der seinerseits, wie das gesamte Kopfgeschirr, aus alternierend goldenen und silbernen Gliedern bestand. Die fünf fein verzierten Knöpfe saßen zur Festigung an den Verbindungspunkten der einzelnen Riemen des Kopfgestells.

156–157 unten Die Quadriga Nr. 2, ein so genennter an che, war der typische einachsige Reisewagen. Er ist in zwei funktional getrennte Bereiche geteilt. Der kleinere vordere Bereich ist der des Lenkers, der hintere besteht aus der geschlossenen, überdachten Kabine, die fest über der Achse der hohen Räder montiert ist. Der Lenker des Wagens hockt, wie es in Asien weit verbreitet ist, auf seinen angewinkelten Unterschenkeln.

❖

158 Diese 19 Zentimeter hohe Bronzeschatulle wurde im Innern der Quadriga Nr. 2 gefunden. Sie stellt wahrscheinlich eine mit Stoff bezogene Lederschatulle oder eine Tasche aus gelacktem Stoff dar. Über ihre Funktion gibt es nur Mutmaßungen. Manche meinen, es sei ein Behälter für Schmierfett für die Achsen, andere sehen darin eine Schmuckschatulle, wieder andere eine Tasche für persönliche Gegenstände.

❖

158–159 Die Frontansicht zeigt deutlich das ausgeklügelte System der Anschirrung der vier Pferde. Das Zugpaar in der Mitte war durch Kummets von umgekehrter V-Form, die von Seilen gehalten waren, die vor der Brust der Tiere hingen, an den Querbalken der Wagendeichsel geschirrt. Die Deichsel selbst lief unter der ganzen Länge des Wagens hindurch und war vor dem Wagen bis zur Höhe der Kruppe der Pferde hochgebogen. In dieser Höhe verlief der Querbalken. Quer laufende Gurte verbanden die innen laufenden Pferde mit dem Geschirr und den Kummets der außen laufenden, sodass diese nicht ausbrechen konnten. Die Kummets der zwei äußeren Pferde (je 75 Zentimeter lang) sind kunsthandwerklich äußerst fein gestaltet. Sie bestehen aus 42 Gold- und 42 Silberplättchen, die zusammengeschweißt waren.

❖

160–161 Die Detailabbildung erlaubt uns, die feine Gestaltung der Verzierungen des Wagens zu bewundern. Ein Rahmen aus winzigen Blütenmustern umgibt die flächige „Wolkenmotiv"-Dekoration, die sich über den gesamten Wagenkasten zieht. Aber auch die Gesichtszüge des Lenkers und sogar die einzelnen Falten seines Gewandes sind genauestens ausgestaltet.

Der Graben der Funktionäre

An der Erdfarbe lässt sich der Verlauf eines Grabens relativ leicht feststellen, denn die Verfüllung aus brauner Erde hebt sich von der lokalen gelben Lösserde deutlich ab. Ist ein Graben gefunden, werden senkrechte Probegrabungen vorgenommen, damit die Archäologen (üblicherweise das „Archäologenteam des Mausoleums des Qin Shihuangdi") anhand der zutage geförderten Artefakte entscheiden können, ob sich weitere Grabungen lohnen. Im Fall des 419 Quadratmeter großen Opfergrabens K0006, der auf halbem Weg zwischen der Südwestecke des Grabhügels und der Südmauer der inneren Umfriedung liegt, ging die Arbeit (Juli bis Dezember 2000) rasch voran, denn die gefundenen Objekte wurden schon restauriert, während die Grabung noch voranschritt. Verbesserte Grabungs- und Restaurationstechniken begünstigten die Arbeit ebenso wie die Tatsache, dass der Graben selbst weder durch Grabräuber noch durch Feuer in Mitleidenschaft gezogen worden war.

Ein in West-Ost-Richtung verlaufendes unregelmäßiges Rechteck mit einer 15 Meter langen, zwischen 3 und 7,2 Meter breiten Zugangsrampe auf der Westseite bildet den Graben, dessen Innenraum durch eine dicke Wand aus gestampftem Lehm in zwei deutlich unterschiedene Bereiche geteilt war. Die hölzernen Fußboden- und Wandverkleidungen waren ebenso intakt wie die Deckenbalken, auf denen sich Lagen verrotteter Matten fanden. Der erste Bereich war rechteckig (10,6 x 4,5 Meter) mit einem angeschlossenen Lagerraum (3,8 x 2,9 Meter) an der Südseite, der zweite ebenfalls rechteckige Bereich maß 20,6 auf 3,8 Meter, war aber gegenüber dem ersten deutlich versetzt. Im hinteren Lagerraum fand man die Skelette von Pferden; die Forschungen sind noch nicht abgeschlossen, doch man schätzt die Gesamtzahl auf etwa 20, darunter mindestens acht Hengste. Im Raum direkt hinter der Zugangsrampe wurden die Reste eines völlig verrotteten einachsigen hölzernen Wagens und die Schädel von vier Pferden gefunden. Mitten in diesem Raum stieß man völlig unerwartet auf zwölf Tonstatuen von 1,85 bis 1,93 Meter Größe (wie die Soldaten der Terrakotta-Armee), die Individuen repräsentieren, die mit keinen der sonst im Areal gefundenen eine Ähnlichkeit haben. Kleidung, ausgestreckte Arme und halb geschlossene Hände von vier der Statuen scheinen sie als Wagenlenker erkennbar zu machen. Die anderen acht, sie tragen noch Pigmentspuren einer ursprünglichen Bemalung, scheinen in ehrerbietigem Schweigen zu verharren. Die Hände, die in den weiten Ärmeln ihrer Gewänder verborgen sind, haben sie auf dem Bauch gefaltet, auf den Köpfen tragen sie kleine Hüte, die unter dem Kinn mit Bändern gehalten sind. Die Figuren wurden als Funktionäre identifiziert, denn sie tragen die „Werkzeuge ihrer Arbeit" an lockeren Gürteln um ihre Hüften: kurze, leicht gebogene Messer mit einem als Ring gestalteten Griff und Wetzsteine zum Schärfen der Klinge. Neben Pinsel und Tusche waren diese Messer das wichtigste Werkzeug der Schreiber, denn mit der Klinge wurden die Bambus- oder Holzplatten vor der Beschriftung geglättet und Verschreibungen oder nicht gut gelungene Schriftzeichen weggekratzt.

Jetzt können wir uns ein Bild von denjenigen Funktionären machen, deren Gräber in verschiedenen Regionen Chinas gefunden wurden, etwa von Herrn Xi, der in Grab 11 von Yunmeng bestattet ist, oder von Herrn Dan aus dem Grab 1 in Fangmatan. Doch noch ein anderes Rätsel scheint gelöst: Nicht weit von den an Wagenlenkern erinnernden Statuen fand man vier große Bronzeäxte mit Holzgriffen. Was, wenn es sich nicht um Wagenlenker handelte, sondern die Griffe der Bronzeäxte in ihre halbgeschlossenen Hände passten? Wer wären diese vier dann gewesen? Ein Zitat aus dem *Guo Yu* (Lieder der Königreiche) bietet vielleicht eine Erklärung, denn es lautet: *„Die hohen* [Funktionäre] *der Bestrafung verwenden Rüstung und Waffe, die niederen* [Funktionäre] *der Bestrafung verwenden Äxte."* Mit anderen Worten, die vier Statuen repräsentieren möglicherweise niederrangige Funktionäre des Justizwesens und des Strafvollzugs.

Als hätte eine Gigantenhand sie eine nach der anderen mit dem Gesicht voran in den Staub geworfen, so fanden die Archäologen Ende des Jahres 2000 die zwölf Statuen im Graben K0006 vor. Nachdem man schon die große Armee der Terrakottasoldaten entdeckt hatte, war man hier auf andere Bedienstete des Kaisers gestoßen: auf seine Funktionäre.

164 links und Mitte Die chinesischen Archäologen hatten wenig Mühe, in den zwölf in Graben K0006 aufgereihten Statuen Funktionäre zu erkennen, denn die Dargestellten trugen die Werkzeuge ihrer Arbeit rechts an ihrem Gürtel hängend. Einen Wetzstein und ein Messer mit einem Ring als Griff, wie man sie bei Figur1 (links) und Figur 8 (Mitte) deutlich erkennt. Das Eisenmesser musste immer sehr scharf sein, denn es diente zur Glättung der Oberfläche der Holztafeln, auf die mit Pinsel und Tusche geschrieben wurde, und zum Wegkratzen von Schreibfehlern.

164 rechts Wie die Soldaten der Terrakotta-Armee sind auch die Funktionäre – von denen hier der Elfte aus der Reihe gezeigt ist – als ruhig stehende, nicht als bewegte Figuren dargestellt.

165 Die Abbildung zeigt Funktionär 12 von vorn und Funktionär 9 in Seitenansicht. Mit großem Können ist es dem Modellierkünstler gelungen, die ruhige Gelassenheit der Funktionäre darzustellen, die aufmerksam, aber ohne Aufgeregtheit die kaiserlichen Anordnungen erwarten und dabei, wie es wohl Sitte war, die Hände in den weiten Ärmeln ihrer Obergewänder verbergen, vielleicht um sie vor der Kälte der Steppenwinde zu schützen.

166 und 167 Die beiden Detailaufnahmen des Kopfes von Funktionär 9 zeigen, welche Aufmerksamkeit der Künstler auf die Gestaltung jedes einzelnen Details verwendete. Dazu benutzte er außer den Händen weichere hölzerne Werkzeuge, deren Spuren sich an der linken Schulter und an den Falten des Halstuchs erkennen lassen, als auch feine Metallkratzer zur Nachbildung der Haare.

Die Gräben der Menagerie und der Westställe

Es wurden so viele unterirdische Anlagen gefunden, dass noch längst nicht alle genauer untersucht oder ausgegraben werden konnten. Auch bei den 31 Gräben, die 1977–78 im Areal zwischen den beiden Umfriedungen südwestlich des Grabhügels gefunden wurden und die dort in drei 80 Meter langen Reihen in Nord-Süd-Richtung verlaufen, ist das der Fall. Nur einige der Gräben wurden untersucht, doch die Funde lassen eine Bestimmung ihrer Funktion zu. Jeder der 14 Gräben in den beiden äußeren Reihen (8 auf der West-, 6 auf der Ostseite) scheint eine kleine Statue eines auf den Fersen knieenden „Dieners" zu enthalten. All diese Statuen sind mit dem Gesicht nach Osten, also zum Grabhügel hin, ausgerichtet. Im ersten der beiden untersuchten Fälle hat die Figur keine Grabbeigaben bei sich, im zweiten Fall hat sie ein aus Ton geformtes Basin und einen bronzenen Armbrustpfeil dabei. Schon zwischen 1932 und 1946 hat man an verschiedenen Stellen um den Grabhügel Statuen dieses Typs gefunden. Es waren entweder „Diener" oder „Mädge" mit abnehmbaren Händen und Köpfen. Die 18 Gräben in der mittleren Reihe bargen allerdings eine Überraschung: Jeder dieser Gräben schien das Skelett eines wilden Tiers oder Vogels zu enthalten, manchmal in einem tönernen Sarkophag. Daneben fand sich jeweils ein Bronzering und ein Trog aus Ton. Eine vorläufige Analyse der Skelette ergab, dass es sich um Pflanzenfresser, vielleicht Hirsche, handelte und um Vögel verschiedener Arten. Die überzeugendste Interpretation lautet, dass es sich um die Versinnbildlichung der Jagdreviere oder der „Menagerie" des Erhabenen Kaisers handelt.

In seinem Buch „Die Geschichte der materiellen Kultur der Qin" schreibt Wang Xueli, dass südlich der Menagerie zwei Gräben gefunden wurden, die man gleich nach der Entdeckung kurz examinierte. Wang Xueli hält sie für Stallungen. Der erste Graben bedeckt 580 Quadratmeter, ist rechteckig und hat eine doppelte Zugangsrampe. Der zweite liegt südlich des ersten, ist ebenfalls rechteckig und bildet zusammen mit der Zugangsrampe eine L-Form, die insgesamt 1 700 Quadratmeter bedeckt. Beide Gräben enthalten Pferdeskelette, dabei liegen allein in dem L-förmigen Graben wohl Hunderte davon. Wang Xueli erwähnt, dass bei diesen Pferdeskeletten 11 stehende Tonstatuen von 1,82 bis 1,90 Metern Größe gefunden wurden. Einige der Statuen haben, wie die Funktionäre, ihre vor dem Bauch gehaltenen Hände in den weiten Ärmeln ihrer Gewänder verborgen, andere scheinen lange Waffen geschwungen zu haben. Die Ersteren interpretiert er als niederrangige Offiziere, die Letzteren als die Aufseher der Ställe. Wang Xuelis Interpretation, dass es sich um Stallungen handelt, könnte noch eine Änderung erfahren, denn die Beschreibung der Skelette und Statuen erinnert an die Funde aus dem Graben K0006, dem Graben der Funktionäre.

Die Großaufnahme des jungen „Dieners" (oben) zeigt einmal mehr die Sorgfalt der gestaltenden Künstler. Mit liebevoller Akkuratesse sind die Augenbrauen und der Lippenbart angedeutet, und die in der Mitte gescheitelten, gerade zurückgenommenen Haare enden in einem Knoten auf dem Hinterkopf. An dem in die Tunika gesteckten Halstuch sind noch Pigmentreste zu sehen, die zeigen, dass das Tuch einst rot bemalt war. (Museum der Terrakotta-Armee, Lintong)

Der Opfergraben K9901 ist rechteckig und umfasst ein Areal von 700 Quadratmetern mit Zugangsrampen an den Schmalseiten. Er ist in drei parallel laufende Korridore aufgeteilt, deren Fußböden, Wände und Decken mit Holz verkleidet waren. Im Korridor 3 wurden in einem nur knapp 9 Quadratmeter großen Raum die Fragmente von 11 Tonstatuen gefunden. Die lebensgroßen oder leicht größeren Statuen stellen männliche Figuren in unterschiedlichsten Posen dar, weshalb chinesische Archäologen „Akrobaten" in ihnen sehen.

Der Graben der „Akrobaten“

Der Opfergraben K9901, der im Osten zwischen den beiden Umfriedungen in Höhe der Südostecke der Innenmauer liegt, wurde 1999 ausgegraben. Auch er ist rechteckig und hat Zugangsrampen an den beiden Schmalseiten. Wände aus gestampftem Lehm bildeten drei parallele Korridore, deren Wände, Böden und Decke mit Holz getäfelt waren. Archäologen vom Institut für Archäologie der Provinz Shaanxi und das Archäologenteam des Mausoleums von Qin Shihuangdi nahmen Sondierungen in dem 700 Quadratmeter großen Areal vor und legten einen etwa 4 Meter breiten und 17 Meter langen Grabungstunnel an. Die gefundenen Objekte wurden bereits restauriert, während die Grabungsarbeit noch anhielt.

Die Ergebnisse der Testgrabung wurden 2001 veröffentlicht. Es hatte sich herausgestellt, dass auch dieser Opfergraben Ungewöhnliches enthielt. Zunächst war in der als Verfüllung dienenden Erde ein großes Ritualgefäß aus Bronze gefunden worden, dessen Stil und Dekoration verrät, dass es um 300 v. Chr. in einer Gießerei im Königreich Jin (im Südosten der heutigen Provinz Shanxi) oder in dem der Östlichen Zhou nahe der modernen Stadt Luoyang (Provinz Henan) hergestellt wurde. Da beide Königreiche von den Qin erobert wurden, erscheint es plausibel, dass das mehr als 200 Kilogramm wiegende Ritualgefäß als Kriegsbeute nach Qin kam und zunächst im Ahnentempel der Qin aufbewahrt wurde, ehe es seinen Weg in das Grab des Erhabenen Kaisers fand. Neben diesem historisch nicht uninteressanten Ritualgefäß fanden sich in Korridor 3 in einem nur 9 Quadratmeter großen Raum die Bruchstücke von 11 Tonstatuen. Die lebensgroßen oder leicht größeren Statuen stellen männliche Figuren in unterschiedlichsten Posen dar. Leider sind sie alle sehr stark beschädigt, da nach einem Brand die Holzdecke einstürzte.

Die Figuren sind offenbar keine Soldaten, auch tragen sie keine Tuniken oder Rüstungen, sondern kurze, bis zur Mitte der Oberschenkel reichende Röckchen, die mit Motiven verziert sind, die an die Seidenstickereien erinnern, die man in Gräbern eines Gebietes fand, das einst zum Königreich Chu gehörte. An-

Dieses 212 Kilogramm wiegende, dreifüssige bronzene Ritualgefäß wurde im oberen Abschnitt der Auffüllung des „Grabens der Akrobaten“ gefunden. Von seinem Stil und seiner Dekoration her wurde er um 300 v. Chr. in einer Gießerei im Königreich Jin oder im Östlichen Zhou hergestellt, kurz bevor beide unter die Herrschaft der Qin fielen. Es ist deshalb nicht unwahrscheinlich, dass das Gefäß als Kriegsbeute nach Qin kam und im Ahnentempel der Qin stand, ehe es in den Grabschatz des Erhabenen Kaisers wanderte.

ders als die Soldaten der Terrakotta-Armee oder die Funktionäre aus Graben K0006 sind diese Figuren, obgleich grundsätzlich in der gleichen Technik hergestellt, nicht unbewegt statuenhaft. Als nahezu unbekleidet dargestellt, sind ihre muskulösen Körper nicht nur sehr lebensecht nachgebildet, sie wirken auch sehr viel dynamischer, da sie in zum Teil höchst ungewöhnlichen Bewegungen festgehalten sind. Kurz, hier scheint ein Typus dargestellt, der dem Stil, in dem die Terrakotta-Armee und die Funktionäre gestaltet sind, geradezu diametral entgegensteht; Figuren in einem Stil, den man in der Qin-Kunst niemals erwartet hätte.

Wen stellen diese Figuren dar? Die chinesischen Archäologen haben sie als „Akrobaten" bezeichnet, doch andere im Graben gemachte Funde scheinen diese Einordnung nicht unbedingt zu bestätigen: Der Huf eines Bronzepferds, dessen Körper wohl noch unter der eingestürzten Deckenkonstruktion verborgen liegt, ein Pferdegeschirr sowie die Verzierungen eines Wagens, Pfeilspitzen, Armbrustpfeile und Panzerplättchen. Die spärliche Bekleidung und die dynamische Haltung der Statuen lässt in der Zusammenstellung mit den Waffen auch eine andere Interpretation zu, ähneln die Figuren doch Abbildungen auf einer Schriftrolle, die in dem auf das Jahr 168 v. Chr. datierten Grab 3 von Mawangdui (bei Changsha, Provinz Hunan) gefunden wurde. *Dao Yin Tu* betitelt, könnte man die Rolle als ein illustriertes Handbuch für Gymnastik und Atemübungen bezeichnen. Die Figuren aus Graben K9901 könnten eine Art Ringer sein, die sich mit Übungen auf einen martialischen Wettkampf vorbereiten. Augenblicklich vorgenommene Ausgrabungen werden das Rätsel möglicherweise bald lösen.

172 Diese beiden Ansichten der Statue 5, der mit fast 2 Metern größten unter denen, die im „Graben der Akrobaten" gefunden wurde, zeigt die hohe Meisterschaft des gestaltenden Künstlers. Die Muskulatur des menschlichen Körpers, bei den voll bekleideten Soldaten und Funktionären nur angedeutet, ist hier sehr realistisch und anschaulich nachgebildet, wenn auch anatomisch nicht völlig korrekt.

173 Die Abbildung zeigt die Statue 1, die einen eher schlanken jungen Mann darstellt, der auf sehr kräftigen Beinen steht und mit der rechten Hand sein linkes Handgelenk umfasst, eine in der Darstellung ungewöhnliche Geste. Die spärliche Bekleidung und die ungewöhnlichen Körperhaltungen führten chinesische Archäologen zu der Annahme, es handle sich um „Akrobaten".

❖

174 Statue 2 ist eine Figur, die unter den bisher aus Graben K9901 geborgenen und restaurierten Statuen die ausgeprägteste Gestik zeigt. Da leider Arm und Bein der linken Seite verloren sind, lässt sich die Haltung nicht eindeutig interpretieren, doch scheint es sich um eine akrobatische oder gymnastische Übung zu handeln.

❖

175 Die Seitenansichten von Figur 3 (links) und Figur 6 (rechts) lassen keinen Zweifel, dass beide ausladende Armbewegungen machen, während sie entweder laufen oder in Schrittstellung stehen. Von ihrer Kleidung und der Körperhaltung her ähneln die Statuen Figuren, die in einer Schriftrolle abgebildet sind, die in einem auf das Jahr 168 v. Chr. datierten Fürstengrab bei Mawangdui (Provinz Hunan) gefunden wurde. Diese Übereinstimmung lässt die Vermutung zu, dass es sich nicht um Akrobaten, sondern eher um Sportler oder Ringer handelt, die sich durch gymnastische Übungen auf einen Wettkampf vorbereiten.

❖

Die einzige der 11 im „Graben der Akrobaten" gefundenen Figuren, deren Kopf erhalten blieb, ist Statue 2. Die Bilder zeigen den Kopf in seitlicher Vorder- und Rückansicht, Pigmentreste lassen erkennen, dass die Statuen ursprünglich bemalt waren. Reste von Schriftzeichen im Schulterbereich können technische Notizen des Meisters für seine Helfer gewesen sein, die den Kopf an den Körper zu modellieren hatten. Tatsächlich sind die 11 „Akrobaten" die einzigen Figuren, die im ganzen Begräbnisgarten gefunden wurden, deren Köpfe direkt an die Körper modelliert sind. Bei allen anderen Statuen waren die separat gestalteten Köpfe passgenau in die Öffnungen gesteckt, die durch die Kragen der Kleidung gebildet wurden.

Der Graben der Schuppenpanzer

Zwischen September und Dezember 1998 wurden zwei Stichgräben in den Graben K9801 getrieben, der etwa 40 Meter nördlich von K9901 liegt und mit einer Fläche von 13 689 Quadratmetern der größte der bisher entdeckten Opfergräben ist. Rechteckig angelegt, hat auch er zwei kurze Zugangsrampen, allerdings an den Langseiten im Norden und Süden. Die fünf stratigraphischen Testgrabungen (insgesamt decken sie ein Gebiet von 153 Quadratmetern ab) bestätigten auch hier eine unterirdische, durch Korridore aufgeteilte Anlage, deren äußere Umfassung aus Wänden aus gestampftem Lehm besteht. Die Böden, Wände und Decken der Korridore im Innern waren auch hier mit Holzplanken getäfelt, und auch hier hatte ein ruinöses Feuer gewütet. Die Überraschung, die drei der fünf Stichgräben hier freigaben, waren Unmengen von gebrannten Kalksteinplättchen, die herumlagen, als hätten sie zu einem gigantischen Dominospiel gehört. Erst gegen Ende der Sondierung wurde klar, dass es sich um die Plättchen von 150 Schuppenpanzern und mehr als 50 Helmen handelte.

Die Erfindung von Schuppenpanzern und Helmen war eine der großen Neuerungen der Militärtechnik der Streitenden Reiche. Die ständige Kriegführung hatte riesige Infanterieregimenter erforderlich gemacht, die durch Rüstungen und Helme bestmöglich geschützt werden mussten, damit sie den Waffen der Angreifer standhalten konnten. Üblicherweise bestanden diese Panzer und Helme aus zusammengenähten kleinen, harten Lederquadraten. So boten sie Schutz, ohne die Beweglichkeit allzusehr einzuschränken. Manchmal wurden auch Eisenplättchen verwendet, wie ein bei Xiadu (zweite Hauptstadt des Königreichs Yan) gefundener Helm belegt. Nur die Gesichtsöffnung unterscheidet ihn von denen, die im Graben K9801 gefunden wurden, allerdings haben diese zusätzlich konkave Plättchen zum Schutz des Halses. Das Unerwartete – und absolut Einmalige – war eine Rüstung, die aus leicht trapezförmigen, 14 x 7 Zentimeter großen Plättchen zusammengesetzt war und nicht für einen Soldaten, sondern als Schuppenpanzer für ein Pferd gedacht war. Der Fund ist deshalb so überraschend, weil die bekannten historischen Quellen erst in der Zeit der Östlichen Han (25–220 n. Chr.) gepanzerte Pferde erwähnen. Der Fund korrigierte nicht nur unser Wissen über den Zeitpunkt des Einsatzes von gepanzerten Pferden um ein paar Jahrhunderte, er lässt auch die Frage aufkommen, ob die Hypothese stimmt, dass die Sarmaten der eurasischen Grenzländer solche Pferdepanzer im 3. Jahrhundert v. Chr. erfanden und dass sie erst langsam über die Parther und Römer zu den Germanen kamen, ehe sie dann auch von den Nomaden der östlichen Steppen übernommen wurden, die sie schließlich in China einführten.

Wie auch immer, die Helme und Panzer, die im Graben K9801 gefunden wurden, waren zu zerbrechlich – die Plättchen bestanden aus Kalkstein, der wohl in in den 60 Kilometer nördlich der Anlage gelegenen Bergen gebrochen wurde – und zu schwer (im Durchschnitt wog ein Schuppenpanzer 18 Kilogramm, ein Helm 3,1 Kilogramm) um im Kampf getragen zu werden. Wiederum handelte es sich um Nachbildungen, ausschließlich gefertigt, um als Grabbeigabe für den großen Ersten Erhabenen Kaiser zu dienen.

Als die Grube K9801 im Jahr 1998 entdeckt wurde, bot sich den Archäologen dieses Bild: Tausende von Kalksteinplättchen, ursprünglich durch Klammern zusammengehalten, die zerstreut herumlagen, wie umgefallene Dominosteine. Ein wahrer Alptraum für die Entdecker.

Jedes der in Grube K9801 gefundenen Plättchen trug eine eingravierte Zahl, die offensichtlich den Handwerkern, die die Panzer zusammenzusetzen hatten, helfen sollten. Auch für die Restauratoren erwies sich das als sehr hilfreich.

180 oben und 181 Die Abbildungen zeigen zwei der 150 Schuppenpanzer die 1998 gefunden wurden. Der linke Panzer hat keine Schulterklappen, während der rechte den Panzern entspricht, den auch einige Soldaten der Terrakotta-Armee tragen. Die Einführung von solchen Schutzpanzern und Helmen für die Infanteristen war eine der großen Neuerungen in der Kriegstechnik der Streitenden Reiche, denn erst jetzt kamen auch große Heere auf; früher waren „Kriege" eher kleine Einzelscharmützel von Kämpfern auf ihren Streitwagen gewesen.

180 unten 1998 im Graben K9801 entdeckt, ist dieser Helm aus genauestens zugeschnittenen, in der Art von Fischschuppen leicht überlappend zusammengesetzten Kalksteinplättchen ein ungemein wichtiger Fund. Er ist einer von 50 Helmen, die zusammen mit 150 Schuppenpanzern gefunden wurden, doch es war der erste, der von den Restauratoren rekonstruiert werden konnte. Ausschließlich als Grabbeigabe gedacht, ist er eine Nachbildung von Helmen, wie sie tatsächlich benutzt wurden. Ein echter Helm dieser Art, aus Eisenplättchen zusammengesetzt, fand sich in einem Grab bei Xiadu, der zweiten Hauptstadt des Königreichs Yan. Lediglich die Gesichtsöffnung war etwas anders gestaltet. Außerdem hat die Kalksteinnachbildung einen zusätzlichen Halsschutz.

Der Graben der Bronzevögel

Zu den erst kürzlich gemachten, noch wenig bekannten Funden, die außerhalb der Umfriedungen entdeckt wurden, gehört der F-förmige Graben K0007, der auf einer der kürzeren Seiten eine Zugangsrampe hat. Der etwa 3 Kilometer nordöstlich der äußeren Umfriedungsmauer gelegene Graben deckt ein Gesamtareal von 978 Quadratmetern und wurde zwischen September 2001 und März 2003 genauer untersucht. Die interne Struktur besteht, wie gehabt, aus Korridoren, die mit Holzplanken ausgelegt waren und ein komplexes System von Trennwänden und Schwellen bilden. Balken und Säulen dienten zur Stützung der Decken. Während der 2001 vorgenommenen Probegrabungen wurden im Stichgraben 1 (der eine Fläche von nur 24 Quadratmetern abdeckt) 10 lebensgroße Wasservögel aus Bronze gefunden, die auf rechteckige Platten von 47 x 35 Zentimetern Größe montiert waren. Einige der Platten waren dekorativ ausgeschnitten. Später wurden weitere Vögel entdeckt, darunter 20 Schwäne, die sowohl schwimmend, als auch stehend in verschiedenen Positionen dargestellt sind. Daneben 6 Kraniche, darunter einer der seinen S-förmigen Hals reckt, um einen gerade gepickten Wurm schlucken zu können, sowie 20 Wildenten, die schwimmend, fischend oder mit den Flügeln schlagend dargestellt sind. Bei der Ausgrabung sah man unzählige Hand- und Fußabdrücke, vielleicht zurückgelassen von den Menschen, die die Zerstörung des Grabens herbeigeführt hatten, denn auch hier hatte ein Feuer gewütet. Die Abdrücke unterschieden sich in der Stratigraphie von denen der Arbeiter, die den Graben angelegt hatten. Ursprünglich muss es im Graben sehr feucht gewesen sein, denn die Abdrücke fnden sich auf matschigem Grund und die meisten Vögel waren in einem Kanal oder an dessen Ufer abgestellt, weshalb man vermutet, dass hier einst Wasser floss und eine Art Sumpflandschaft nachgebildet sein sollte. Das scheint insofern überzeugend, als nur Wasservögel gefunden wurden. Eine genauere Antwort wird sich erst finden lassen, wenn die Funde aus dem Stichgraben 2 interpretiert sind. Hierbei handelt es sich um 15 lebensgroße Terrakottastatuen, deren Haar unter Kappen verborgen ist. Sie tragen Hosen und schwere Übermäntel mit Gürteln, an denen rechts kleine rechteckige Beutel hängen. Acht der Figuren sind sitzend mit gestreckten Beinen und vorgebeugtem Oberkörper dargestellt, die Hände berühren fast die Füße, es wird deshalb vorgeschlagen sie als „paddelnde Bootsfahrer" zu interpretieren, doch wo sind ihre Boote? Die restlichen sieben sind kniend dargestellt, den linken Arm vorgestreckt, der rechte erhoben, als umfassten sie ein Werkzeug oder einen zylindrischen Griff. Sie halten die Köpfe gesenkt, als würden sie etwas am Boden beobachten. Könnten es Fischer sein, die mit der Harpune zustechen wollen? Schwer zu sagen, und die Funde aus Stichgraben 3 helfen auch noch nicht weiter, denn dabei handelt es sich nur um einen weitere Bronzekranich und um Skelettreste von Tieren, die noch nicht identifiziert werden konnten.

Der Inhalt von Graben K0007 ist noch immer mysteriös. Das Bild oben Mitte zeigt den ersten Anblick, der sich den Archäologen bot; ein schmaler, von verkohlten Balken flankierter Kanal, in dem sich bronzene Wasservögel fanden, darunter der Kranich, den man mitten im Graben und restauriert (links) sieht. Insgesamt scheint es sich um die unterirdische Nachbildung eines Sumpfgebietes mit seiner vielfältigen Vogelwelt zu handeln. Eine Bestätigung dessen, was Sima Qian schrieb, dass sich der Herrscher in seinem Grab mit der Nachbildung der Welt umgab?

DIE GRÄBEN DER KAISERLICHEN STÄLLE

Noch bevor die Entdeckung der Terrakotta-Armee die Welt verblüffte, machten Archäologen vom Städtischen Museum Lintong Probegrabungen bei einer Gruppe von 93 (anderen Quellen zufolge 98) Opfergräben, die cirka 350 Meter östlich der äußeren Umfriedung des *lingyuan*, nahe bei dem Dorf Shangjiao liegen. Fünf davon wurden 1972–73 ausgegraben, weitere 46 in den folgenden drei Jahren. Die trapezförmigen Gräben enthielten Statuen, die vom selben Typ waren, wie die, die später im Graben der Menagerie gefunden wurden. Es waren nach Osten blickende Figuren, die neben Pferdeskeletten knieten, die nach Westen zum Grabhügel hin ausgerichtet waren. Möglicherweise handelte es sich um Pferde, die zuvor woanders im Zuge von Opferhandlungen getötet worden waren. Die zwischen 63 und 72 Zentimeter hohen Statuen waren von weiteren Grabbeigaben begleitet. Neben den Köpfen der Pferde stand jeweils eine Lampe auf einem hohen Tonpodest und ein Trog, einige der Tröge enthielten noch Reste von Hirse und Hafer. Vor den knienden Figuren – offensichtlich Stallknechte – befanden sich Wasserbehälter, auf hohen Podesten stehende Ton- oder Eisenlampen und Eisenwerkzeuge, wie Hufschmiede sie brauchen. Einige der Objekte waren beschriftet und gaben so Auskunft über die Funktion des Grabens, etwa mit *gong gai* (Stall des Palastes), *zuo gai* (linker Stall), *xiao gai* (kleiner Stall) oder *zhong gai* (mittlerer Stall). Mit anderen Worten, der Graben repräsentierte wohl kaiserliche Stallungen.

Die Statuette zeigt einen „Lakaien", dessen Kopf und Hände als Einzelteile gestaltet wurden und abgenommen werden können. Das Gesicht weist noch deutliche Spuren der ursprünglichen Bemalung auf. Zusammen mit weiteren Statuen dieser Art wurde sie in einem Graben gefunden, der 350 Meter östlich der äußeren Umfriedung des lingyuan, *nahe bei dem Dorf Shangjiao liegt. Neben diesen knienden Figuren fanden sich Pferdeskelette und beschriftete Artefakte, die Auskunft über die Funktion des Grabens gaben: Es handelte sich um die Nachbildung der kaiserlichen Stallungen.*

Die Gräben der Terrakotta-Armee

Graben I der Terrakotta-Armee wurde per Zufall von Bauern entdeckt, als sie dort 1974 einen Brunnen graben wollten. Die Gräben 2, 3 und 4 waren dann gezielte Entdeckungen von Archäologen, die hier im Sommer 1976 Grabungen vornahmen. Das Grabungsfeld liegt einen guten Kilometer östlich der äußeren Umfriedung des Grabhügels, unmittelbar nördlich der Prachtallee, die einst von Osten her in den Grabkomplex hinein führte.

In mehr als zehn Jahren intensiver Forschungsarbeit konnte der genaue Grundriss des gesamten unterirdischen Komplexes bestimmt werden. Insgesamt bedecken die vier Gräben zusammen ein Areal von 24 780 Quadratmetern und sie enthielten (mit Ausnahme von Graben 4, der leer war) mindestens 7 000 Terrakotta-Statuen, die Soldaten verschiedenen Typs darstellen, außerdem mehr als 600 Terrakotta-Pferde, über 100 hölzerne Streitwagen und unzählige echte Bronzewaffen.

Die Figuren und die Pferde sind nicht genau lebensgroß, sondern etwas größer als die natürlichen Vorbilder, nach denen sie gestaltet wurden. Wahrscheinlich sollte damit der imponierende Eindruck, den die ohnehin höchst imposante Armee machte, noch verstärkt werden.

❖

Die Bilder zeigen verschiedene Soldaten der schweren Infanterie. Das Haar des links abgebildeten ist in einem Knoten zusammengefasst, den er auf der rechten Kopfseite trägt. Er hat hohe Wangenknochen und ein schmales Kinn, während der Soldat oben gescheiteltes Haar trägt, das im Nacken in einen flachen Zopf übergeht, und ein breiteres Gesicht mit ausgeprägterem Kinn. Obwohl die Experten noch zu keiner einheitlichen Meinung gekommen sind, vertreten doch nicht wenige die Ansicht, die Soldaten der Terrakotta-Armee seien Vertreter unterschiedlicher ethnischer Gruppen.

Der rechteckige Graben, der gleich nach Beginn der Ausgrabungsarbeiten mit einem Hangar überbaut wurde, misst 230 Meter in Ost-West- und 62 Meter in Nord-Süd-Richtung. Das Niveau des Backsteinfußbodens lag 5 Meter unter dem zeitgenössischen oberirdischen Bodenniveau. Der Innenraum des Grabens ist durch zehn dicke, aus gestampftem Lehm gebildete, parallel verlaufende Trennmauern in 9 zentrale Korridore von je 3,45 Metern Breite und je einem äußeren, schmaleren Korridor unterteilt. Je fünf Rampen an der Ost- und Westseite, die im 2., 4., 6., 7. und 10. Korridor begannen, eröffneten den Zugang zum Graben. Fünf in regelmäßigen Abständen an den Langseiten angebrachte Rampen dienten als Hilfseingänge.

Noch bevor man die Soldaten, die Wagen und Pferde in die Korridore einstellte, war die gesamte Anlage mit großen Baumstämmen abdedeckt worden, die auf den Trennmauern auflagen und durch Planken und Holzsäulen zusätzlich gestützt wurden. Darüber wurde später eine Lage Matten und darüber wiederum Erde gebreitet, schließlich wurde der ganze Graben mit mehreren Schichten gestampften Lehms abgedichtet und verschlossen. Diese Bautechnik war bei allen bisher gefundenen Gräben angewendet worden. Obwohl die Freilegung des gesamten Grabens noch immer nicht abgeschlossen ist, wissen wir doch, dass die Truppen nach der üblichen strategischen Rechtecksformation aufgestellt sind. Die Bogenschützen bilden vorn eine dreireihige, nach Osten ausgerichtete durchgehende Front. Hinter ihnen bilden Züge leichter Infanterie die Vorhut der Formationen der schweren Infanterie. Letztere wird von Offizieren auf Kommandowagen geführt, die breiter sind als die Streitwagen, denn sie mussten nicht nur den Offizier und den Lenker aufnehmen, sondern auch die Glocken und Trommeln, mit denen während der Schlacht die Kommandos gegeben wurden.

Die Aufstellung der Truppen, an den Seiten und hinten von Bogen- und Armbrustschützen gedeckt, musste flexibel sein, so sind der rechte und der linke Flügel symmetrisch arrangiert, damit die Infanteristen ausschwärmen oder in einer Zangenbewegung zusammenkommen konnten. In den Korridoren 1 und 10 wechseln Kommandowagen mit Abteilungen schwerer Infanterie, während in den Korridoren 2 und 8 eine Abteilung schwerer Infanterie von einem jeweils einzigen Kommandowagen aus dirigiert wird, der vielleicht auch die Führung der gepanzerten Soldaten in den Korridoren 3 und 7 hatte. In der Mitte der Aufstellung, (Korridore 4 und 6) bildeten zwei Formationen von Wagen, denen Züge von leichter Infanterie und ein Zug schwerer Infanterie (Korridor 5) beigeordnet waren, die wichtigste Stoßkraft der Attacke.

Dieser Blick in den Graben Nr. 1 (er misst 14 240 Quadratmeter) gibt einen unmittelbaren Eindruck von der Ausdehnung der Anlage, ihrer bis ins Detail durchdachten Planung und der akkuraten Ausführung. Eine atemberaubende Zahl von Soldaten sollte die Stärke von Qin Shihuangdi versinnbildlichen, doch war die Armee nicht für menschliche Augen gedacht, denn sie stand unter dicken Stämmen und Planken sowie mehreren Lagen gestampften Lehms tief unter der Erde verborgen.

Abteilungen aus leichter oder schwerer Infanterie folgen, die von Offizieren in Kommandowagen dirigiert werden. Auch die Flanken der geschlossenen Formation werden von Bögenschützen gesichert, wobei die äußerste Reihe mit dem Rücken zur Formation steht. Die strategisch verteilten Kommandowagen, nicht in jeder Kolonne findet sich einer, sind breiter als Streitwagen, denn sie müssen neben dem Lenker und dem Offizier auch den Mann aufnehmen, der die Befehle durch Schlagen von Glocken und Trommeln übermittelt (im Bild die jeweils drei Männer hinter den Wagen). Die so angetretenen Heere konnten relativ flexibel agieren.

❖

191 oben Die vier Detailaufnahmen, die ein Stück von einer Schulterkappe eines Schuppenpanzers, das Gesicht eines Soldaten, die Hand eines Bogenschützen und einen Pferdekopf zeigen, machen deutlich, mit welcher Sorgfalt die Künstler auf eine naturgetreue Wiedergabe achteten.

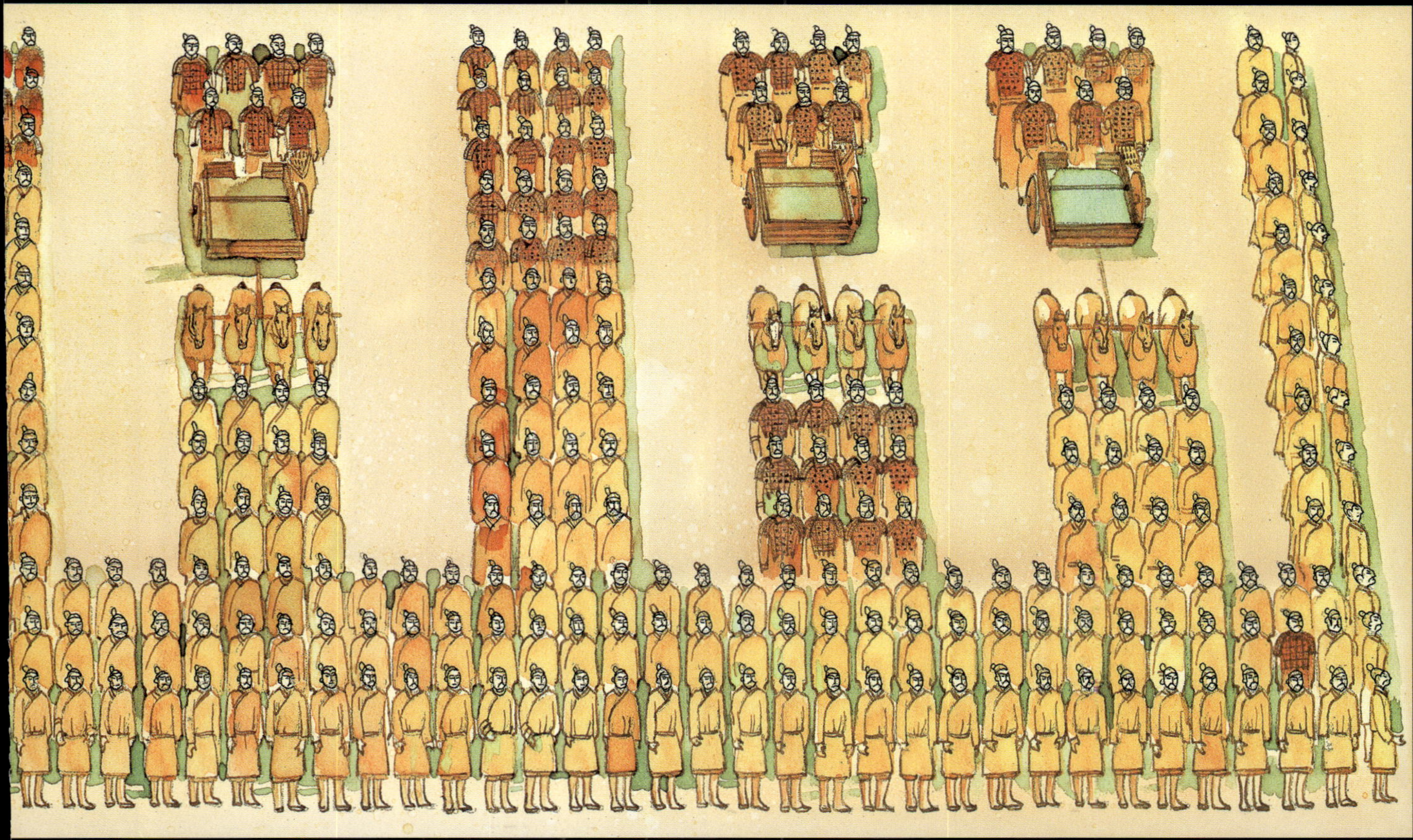

192–193 Die Abbildung zeigt einen Zug bewaffneter Infanteristen, die von dem Offizier im Vordrgund befehligt werden, der sich durch seinen tafelförmigen Kopfputz von allen anderen in diesem Zug unterscheidet. Der Kopfputz erinnert ein wenig an die Kopfbedeckungen der Funktionäre und bestand in der Realität vielleicht aus gelacktem Stoff. Die sehr dicht stehenden Soldaten tragen Schuppenpanzer von der Art, wie sich auch im Graben K9801 gefunden wurden. Sie alle tragen Haarknoten auf der Seite des Kopfes, die bei vielen unter einer eng anliegenden Kappe verborgen liegen. Manche Fachwissenschaftler meinen, dass diejenigen mit schlichter Kappe einen anderen Rang repräsentieren als die ohne Kappe oder mit einem geknoteten Kopfputz.

194 und 195 Ein Aspekt, der die Terrakotta-Armee zu einem einzigartigen Werk in der gesamten Geschichte der Kunst der Menschheit macht, ist die Tatsache, dass es unter all den Figuren nicht zwei mit demselben Gesicht gibt. Jede Figur hat ihre eigenen, ganz individuellen Züge, wie ein Blick auf die Reihe der Bogenschützen im großen Bild zeigt. In der harten Realität des Kampfes war es die Aufgabe dieser Bogenschützen, den ersten Angriff zu machen und den Feind mit Pfeilen zu überschütten. Sofort danach rückte dann die Infanterie vor, von der oben der rechte Flügel zu sehen ist. In der Lücke hinter der ersten Abteilung stand ursprünglich der hölzerne Kommandowagen, der aber zerfallen ist.

196 Das Bild zeigt den Blick auf den ersten Hauptkorridor des rechten Flügels. Von den vier Pferden, die den Kommandowagen zogen, steht nur noch eins, von den drei Männern, die ihn bemannten, sind nur zwei erhalten, von dem Wagen selbst ist gar nichts übrig geblieben, denn alles Holz ist entweder natürlich verrottet oder dem Feuer zum Opfer gefallen, das Feinde der Qin nach deren Sturz hier legten. Man sieht den sorgfältig gepflasterten Fußboden und in dem nach rechts abgehenden kleinen Stichgang das Loch im Boden, in den einer der Stützpfeiler für die Deckenkonstruktion eingelassen war. Im schmalen Korridor am oberen Bildrand stehen die Bogenschützen, die den Flankenschutz gewährten.

197 Die drei Fußsoldaten tragen die typischen Schuppenpanzer der schweren Infanterie. An ihrer Positionierung direkt vor den Pferden lässt sich ihre Funktion ablesen, sie hatten den Kommandowagen zu schützen, der von den Pferden gezogen wurde, und auf dem der Offizier stand, der die Befehle für die Bewegungen der Züge gab. Von den vier Pferden, die einen solchen Wagen zogen, sind nur die sehr realistisch und in der Proportion völlig ausgewogen gestalteten Köpfe von zwei Pferden zu sehen.

198 *Die Abbildung zeigt die drei Reihen von Bogenschützen, die die Vorhut des Heeres in Graben Nr. 1 bilden. Sehr gut erkennt man die typischen Übermäntel, die offenbar wattiert waren und mit einem Ledergürtel mit Schnalle gehalten wurden, und die vor den Zehen gerade geschnittenen Schuhe, die in Wirklichkeit wohl aus Filz gemacht waren.*

199 *Auch diese vier Statuen zeigen Bogenschützen, wie sich an ihren Händen ablesen lässt, in denen sie die typischen Langbogen der Qin hielten. In der Seitenansicht sieht man die Ähnlichkeit der Profile. Das bestätigt die angewendete Technik: Die Köpfe entstanden in vorgefertigten Schablonen, die individuellen Unterschiede, etwa die Eigenheiten der Gesichtszüge, die Form der Brauen oder des Lippenbarts, wurden später, durch Verwendung von Werkzeugen wie hölzernen Spateln oder feinen Kratzern, ausgearbeitet.*

❖

Wir wissen, dass in der Periode der Streitenden Reiche die militärischen Ränge durch deutlich sichtbare Merkmale unterschieden waren, etwa durch besonderen Kopfputz, durch stark gefärbte Bänder und andere Merkmale der Kleidung. Die Abbildung zeigt einen Zug bewaffneter Infanteristen, die unterschiedliche Frisuren tragen und, wie man an den Händen sieht, auch unterschiedlich bewaffnet gewesen sein müssen. Oben in der Mitte steht direkt vor dem vierten Pferd ein durch seinen Kopfputz ausgewiesener Offizier. Leider ist uns dadurch, dass die Figuren ihre Farben verloren haben, auch viel Information über die echten Heere der Qin-Zeit verloren gegangen, dennoch gewannen die chinesischen Archäologen durch die Auffindung der Terrakotta-Armee ein sehr viel genaueres Bild der damaligen militärischen Hierarchien.

202 *Diese Soldaten aus einem Zug leichter Infanterie waren mit Speeren bewaffnet, deren Holzschäfte verrotteten, deren bronzene Spitzen sich aber am Boden liegend fanden. Viele waren auch von den Plünderern geraubt worden, die nach dem Fall der Qin-Dynastie eingedrungen waren. Diese Speere wurden sowohl als Wurf- wie auch als Stoßwaffe eingesetzt.*

203 *Die Handhaltung dieser drei Mitglieder der schweren Infanterie zeigt, dass auch sie mit Speeren bewaffnet waren. Doch lässt sich an den drei Figuren noch ein weiterer „Trick" der Kunsthandwerker ablesen. Die bei allen Figuren der Terrakotta-Armee lose aufgesetzen Köpfe sind am Kopf- und Halsansatz unterschiedlich gestaltet, sodass sich verschiedene Kopfhaltungen ergeben, die die Armee, wenn man sie im Ganzen überschaut, sehr lebendig wirken lässt.*

204–205 *Die Abbildung zeigt Soldaten einer Waffengattung, die äußerst gefürchtet war, die Armbrustschützen. Die Qin übernahmen diese tödliche Waffe erst relativ spät von den Chu, deren Königreich im mittleren Jangtse-Tal lag, doch nachdem sie sich diese Waffe angeeignet hatten, wurden sie zu einer der gefürchtetsten Parteien der Streitenden Reiche. Man sieht auch die komplizierten Frisuren sehr gut: Das gescheitelte Haar wurde zunächst zu einem schräg sitzenden Knoten hochgenommen. Zwei schmale, von Stirnmitte und Schläfe ausgehende Haarstränge wurden dann verflochten und wie ein Halteband nach hinten über den Kopf geführt.*

Der Graben Nr. 2

„Im Kampf gibt es nur zwei Methoden des Angriffs: den direkten und den indirekten. Doch setzt man sie gleichzeitig ein, ergibt sich eine unendliche Folge von Kombinationen."
Sunzi, *Die Kunst des Krieges* (5.10)

Etwa 20 Meter nördlich von Graben Nr. 1 gelegen, findet sich der L-förmige Graben Nr. 2, der eine Gesamtfläche von 6 000 Quadratmetern bedeckt. Es ist unübersehbar, dass sein Grundriss genau geplant wurde, um eine ganz bestimmte taktische Formation der Qin-Armee aufzunehmen. Die Gesamtdivision dieses Grabens teilt sich in vier Hauptblöcke: Die vorderste Brigade im nördlichen Rechteck umfasst eine quadratische Formation von 332 Mann. Zu ihnen gehören ungepanzerte Bogenschützen, die eine Einheit von gepanzerten Armbrustschützen umgeben, die beide wiederum von Zügen von Fußsoldaten unterstützt werden, die mit Lanzen bewaffnet sind.

Hinter diesen Truppen stehen zwei parallele Blöcke: In den drei Korridoren des Nordabschnitts sind es jeweils ein Paar schneller und leichter Streitwagen, die durch je eine Schwadron Reiter getrennt sind; hinter den Wagen folgt dann ein Kontingent von 108 Reitern, die mit Armbrüsten bewaffnet sind. Sie stehen neben ihren gesattelten Pferden und warten auf ihren Einsatzbefehl.

In den drei südlich davon gelegenen Korridoren finden sich 25 schwere Streitwagen, denen Züge schwerer Infantrie, bestehend aus 11 bis 32 Mann, folgen. Jeder Wagen ist mit einem Lenker und zwei schwer bewaffneten Soldaten bestückt.

Im breiteren, aber kürzeren Südblock, der in acht Korridore geteilt ist, steht ein Bataillon von 64 leichten Streitwagen, je acht in jedem Korridor. Insgesamt befinden sich in diesem Graben rund 1 000 Soldaten, 89 Wagen und 400 Pferde in einer flexiblen Formation, die jeder Einheit freien Kampfeinsatz ermöglichte, und die in der zeitgenössischen Literatur als „konzentrische Aufstellung" bezeichnet wird.

Die Statuen in diesem Graben geben uns wichtige Hinweise auf die Ausstattung der Kavalleristen. Anders als die Infanteristen, die über

206 Das Bild zeigt die Dekoration eines in einem Grab gefundenen Backsteins, der kurz nach dem Fall der Qin-Dynastie hergestellt wurde. Man erkennt die Umrisse eines leichten Wagens mit großen Rädern und ausladendem Sonnenschirm.

207 Die vielen im Graben Nr. 2 gefundenen Pferdestatuen geben uns interessanten Aufschluss über die Art der Pferdehaltung. Vor allem sieht man sehr gut, wie man die Mähnen und Schwänze trimmte. In diesem Fall ist die Mähne sehr kurz geschoren und über dem Kamm nach oben gebürstet, damit sie die Sicht des Pferdes nicht behindert.

ihren Beinkleidern lange Tuniken tragen, sind die Reiter mit engen Hosen bekleidet, über denen sie kurze Röcke tragen.

Ihre Schuppenpanzer sind leichter und zum Schutz des Kopfes haben sie eng anliegende, mit einem Riemen unter dem Kinn befestigte Kappen, die in Natura wahrscheinlich aus Leder waren. Die Pferde sind gesattelt. Die Sättel werden durch Riemen und einen um den Bauch laufenden Gurt gehalten, haben aber noch keine Steigbügel. Echte Qin-Sättel waren aus Holz und wurden mit Stoff und Leder abgepolstert. Verschiedenen chinesischen Quellen lässt sich entnehmen, dass um die Mitte des I. Jahrhundert v. Chr. die Adligen des Reichs der Mitte anfingen, Pferde als Reittiere zu nutzen, nicht nur als Zugtiere für Karren und Wagen. Der Überlieferung zufolge setzte König Wuling von Zhao (nördliche Hälfte der Provinz Shanxi und südliche Hälfte der Provinz Hebei) 307 v. Chr. erstmals berittene Bogenschützen ein. Wie die Reiter in Graben Nr. 2 trugen sie Hosen und darüber einen kurzen Rock, wie es bei den Hu Sitte war, die an der Nordgrenze von Zhao lebten, in dem Gebiet, das heute Innere Mongolei genannt wird.

Da nahezu alle Streitenden Reiche (475–221 v. Chr.) über Kavallerieregimenter verfügten, war der Bedarf an Pferden groß. Hauptversorger war das Hirtenvolk der Di, die sich in den Ebenen innerhalb der großen Schleife des Huanghe (Ordosgebiet) niedergelassen hatten. Doch bis zur Gründung der Qin-Dynastie (221–206 v. Chr.) war die Kavallerie nur von zweitrangiger Bedeutung, sie wurde nur zur Unterstützung der Fußsoldaten eingesetzt, um Hinterhalte zu legen oder kurze Vorstöße hinter die feindlichen Linien zu machen. Die in den Hintergrund positionierte Kavallerie in Graben Nr. 2 bildet lediglich den linken Flügel neben der eigentlichen Angriffsformation aus Streitwagen und Infanterie und sie steht bereit, jeweils da in den Kampf einzugreifen, wo es nötig scheint. Zu welchen Einsätzen gepanzerte Pferde dienten, von deren Existenz wir durch den Fund in Graben K9801 wissen, ist bisher noch unbekannt.

208 links Die Lampen der Archäologen beleuchten die noch nicht freigelegten Abschnitte des Grabens Nr. 2. Deutlich sieht man die ursprüngliche Lage der schweren Holzbalken, die einst das Ganze überdeckten. Das Holz ist verrottet und wurde, fast wie bei der Bildung von Fossilien, vollständig durch die einst über den Balken aufgeschüttete Erde ersetzt, sodass deren Form genau erhalten blieb.

208 rechts Graben Nr. 2 zeigt eine Aufstellung der Truppen in vier Blöcken: Eine von Armbrustschützen umgebene Einheit von Bogenschützen steht im vorderen nördlichen Abschnitt. Hinter ihnen je zwei leichte Streitwagen, denen je ein Zug Kavallerie in paralleler Anordnung in jedem der drei Korridore folgen. Schwere Streitwagen, denen Infanteriezüge folgen, sind in den drei Korridoren südlich davon positioniert. In der leicht zurückgesetzten Sektion steht ein Bataillon leichter Streitwagen bereit. Insgesamt stehen hier 1 000 Soldaten, 89 Wagen und 400 Pferde in einer Formation, die zeitgenössische Strategen „konzentrische Aufstellung“ nannten.

209 Einige der Armbrustschützen, die ursprünglich echte Armbrüste trugen und zur quadratischen Formation der 332 Mann in Graben Nr. 2 gehörten.

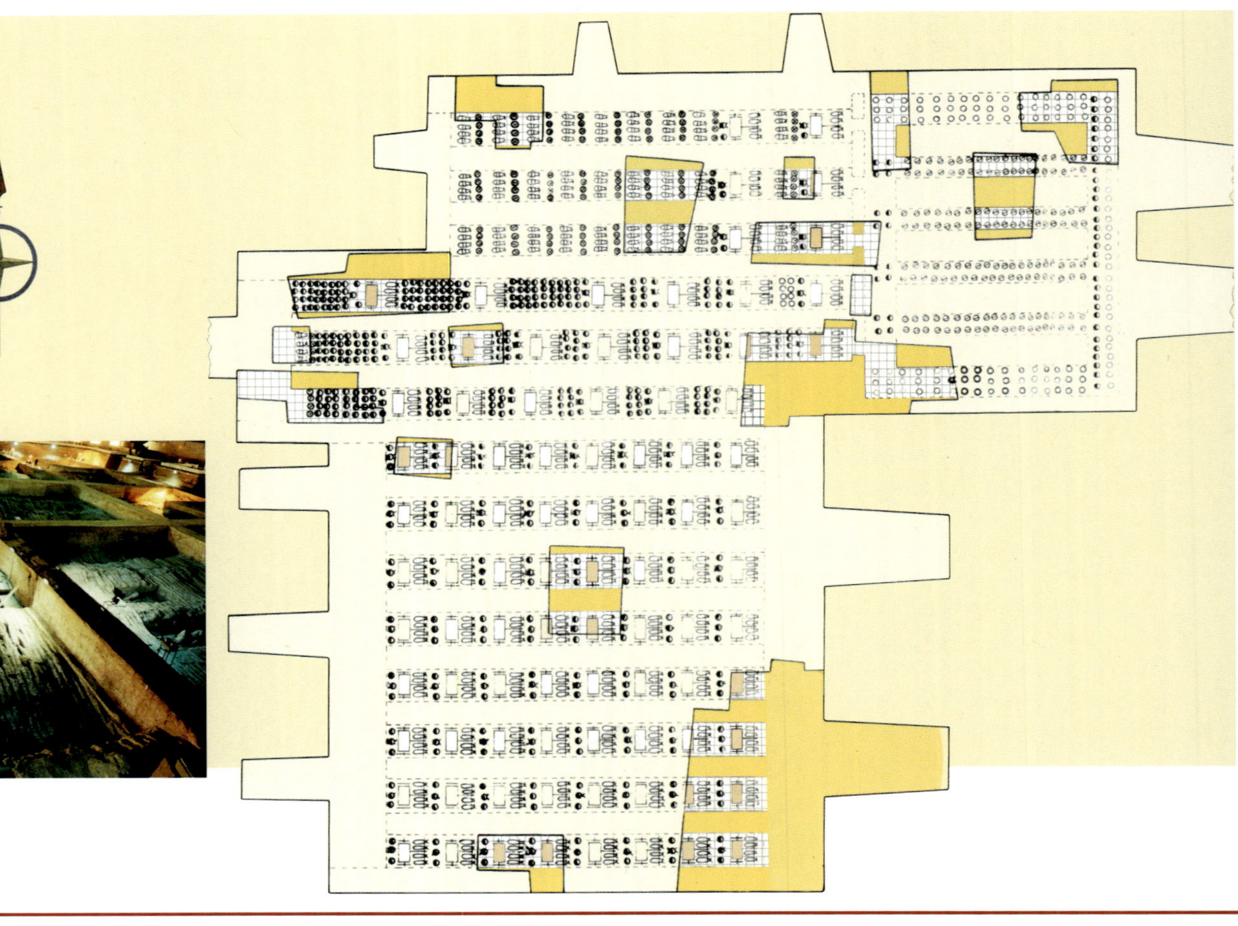

❖

210 und 211 Das Bild zeigt, dass die Pferde schlichte Sättel ohne Steigbügel – sie waren noch nicht erfunden – und ein derbes Bronzegebiss trugen. Der zugehörige Reiter hält die Zügel. Er gehört mit seinen 107 Kameraden zu der Schwadron in den drei Korridoren des hinteren Nordabschnitts. Der Fußsoldat (rechts) gehört zu einem der Züge, die die schweren Streitwagen begleiteten, die in den drei Korridoren südlich der Reiterei positioniert waren.

❖

212 und 213 Diese Detailbilder eines gepanzerten und folglich zur schweren Infanterie gehörenden Fußsoldaten zeigen seine kunstvoll gestaltete Frisur. Einige Fachwissenschaftler meinen, dass die verschiedenen Frisuren symbolische Bedeutung hatten. Diese besondere Frisur, die sich auch bei anderen Figuren findet, soll mit ihrem Zopf die ungleichen Quadranten des Sonnenwindes versinnbildlichen, den die Sonne zur Erde schickt. Zugleich soll der Zopf selbst ein Phallusymbol sein, welches das Sonnenkreuz trägt. Dieser Hypothese zufolge wären die Frisuren symbolisch mit der Sonne und der Fruchtbarkeit verknüpft.

Das Bild zeigt Zugpferde und ein gesatteltes Pferd aus dem Graben Nr. 2 während der Restauration, sie stehen folglich nicht an ihrem ursprünglichen Platz. Die gedrungenen, grobknochig wirkenden Tiere dieser Gruppe weisen keine auffälligen anatomischen Unterschiede auf, was ihre Zuordnung zu einer bestimmten Rasse schwierig macht. Man weiß noch immer nicht genau, welche Pferde man im Gebiet entlang des Gelben Flusses vom 13. Jahrhundert v. Chr. an als Zugpferde und ab dem 4. Jahrhundert v. Chr. als Reitpferde verwendete, doch scheint es eine Rasse gewesen zu sein, die mit den kleinen Wildpferden der Steppe verwandt war, die nach dem russischen Naturalisten Nikolai Michailowitsch Przewalski, der sie 1879 auf den Steppen zwischen China und der Mongolei wiederentdeckte, Przewalski-Pferde genannt werden.

Der Graben Nr. 3

„Das Kommando einer großen Armee zu haben, ist dasselbe wie eine kleine Einheit zu kommandieren: Man muss nur eindeutige Zeichen und Signale geben.“
Sunzi, *Die Kunst des Krieges* (5.2)

Graben Nr. 3 liegt nördlich des Westendes von Graben Nr. 1 und bedeckt mit seinem unregelmäßigen Grundriss eine Gesamtfläche von „nur“ 520 Quadratmetern, weshalb er der einzige Graben ist, der bisher vollständig freigelegt wurde. Im Innern des unterirdischen Baus fanden sich lediglich 68 Tonstatuen sowie (genau gegenüber der Zugangsrampe) ein einziger großer Kommandowagen mit vier Pferden, hinter dem vier hochrangige Offiziere standen. Neben den Überresten eines Hirschs, vielleicht ein günstig stimmendes Opfer vor der Schlacht, befanden sich im nördlichen Stichgang 22 Krieger, die sich, in zwei Reihen aufgestellt, Angesicht zu Angesicht gegenüber standen. Im südlichen Stichgang ist die Positionierung der Männer etwas komplizierter, wie die Abbildung unten zeigt. Wahrscheinlich handelt es sich um die in den Texten der zeitgenössischen Strategen als *Jin Mu* (Vorhang-Formation) bezeichnete Aufstellung. Sicher scheint nur, dass die Krieger, alle im Unteroffiziersrang stehende Soldaten, zum Schutz des Wagens bereitstanden, den der hochrangige Offizier besteigen würde, sobald die Schlacht begann. Die an seinem Schuppenpanzer befestigten Bänder (ursprünglich grell bemalt) und sein Kopfputz betonen seinen hohen Rang. Vielleicht war er der Oberkommandierende der ganzen Armee. Der persönliche Mut seiner Leibwache wird dadurch deutlich, dass die Männer außer ihren Schuppenpanzern keine Waffen tragen. In keinem der drei Gräben wurde ein einziger Schild oder Helm gefunden. Allerdings fand sich in Graben Nr. 3 ein Bronzezylinder mit einer pyramidalen Spitze. Dieses *shu* genannte, auf einen etwa 1 Meter langen Stock montierte Objekt diente wohl dazu, Kavalleristen vom Sattel zu stoßen oder den Angriff eines Wagens abzuwehren. Dass es sich lediglich um Standarten oder Paradewaffen handelte, ist eine wenig überzeugende Hypothese. Graben Nr. 4, der sich in der Mitte zwischen Graben Nr. 2 und Graben Nr. 3 befindet, erwies sich als leer. Dies scheint zu bestätigen, dass die Arbeit an der Gesamtanlage im Jahr 208 v. Chr. noch nicht abgeschlossen war, als der Zweite Erhabene Kaiser durch die Beschleunigung der Arbeit am *A'fang* und am *Lishan Lingyuan* jene Revolte auslöste, die zum Ende der Dynastie führte.

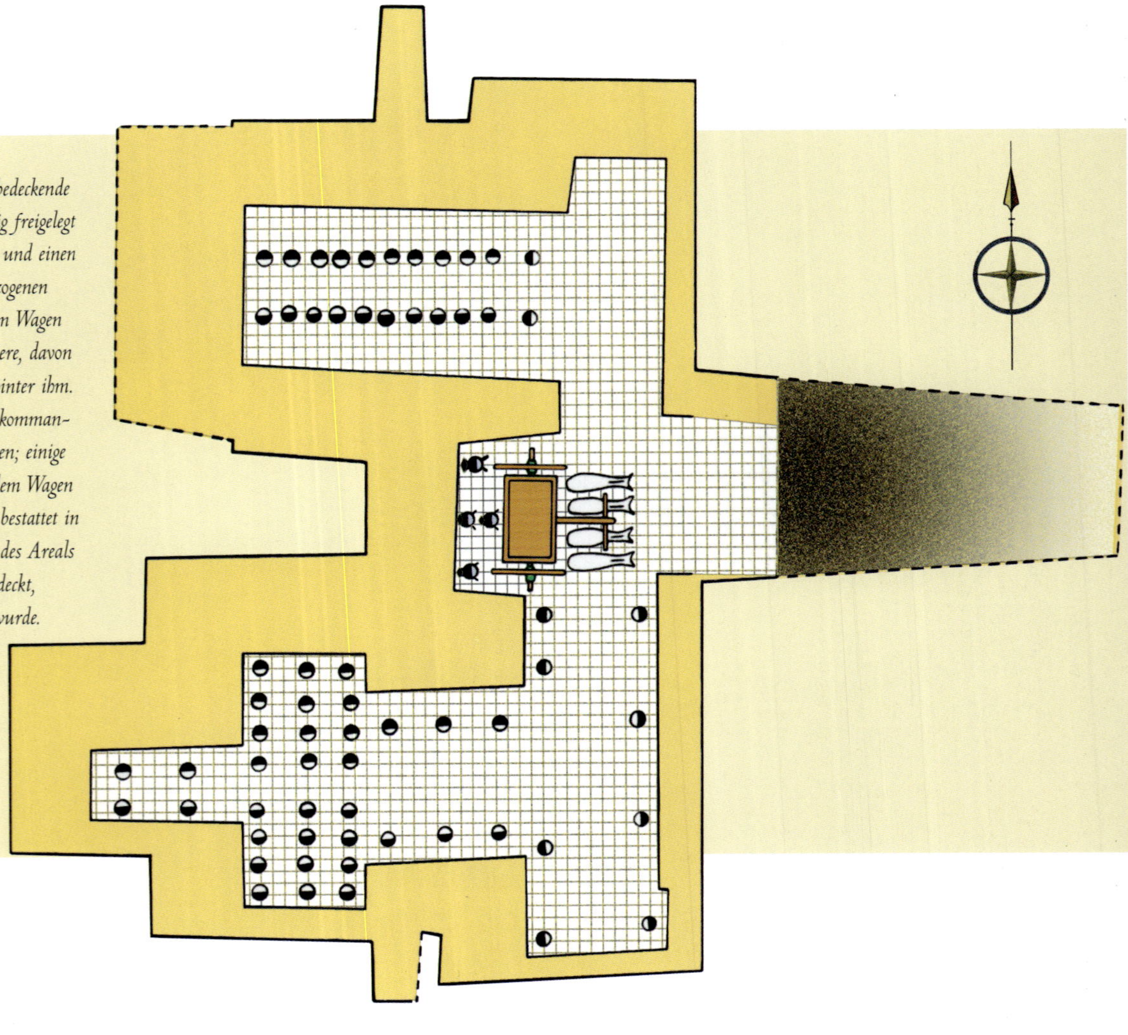

Der nur 520 Quadratmeter bedeckende Graben Nr. 3 konnte vollständig freigelegt werden. Er enthielt 68 Statuen und einen großen, von vier Pferden gezogenen Kommandowagen. Hinter dem Wagen standen vier hochrangige Offiziere, davon einer in der Mitte allein, drei hinter ihm. Ob es sich dabei um den Oberkommandierenden handelt, ist umstritten; einige Forscher meinen, er hätte auf dem Wagen stehen müssen. Vielleicht liegt er bestattet in dem großen Grab, das westlich des Areals der Terrakotta-Armee entdeckt, aber bisher nicht eröffnet wurde.

217 oben links Die Abbildung zeigt die Aufstellung der Soldaten, die, alle in Schuppenpanzern, sich im südlichen Stichgang Angesicht zu Angesicht gegenüberstanden. Man vermutet in ihnen eine Art Eliteeinheit, die zum Schutz der vier Offiziere hinter dem Kommandowagen bereitstand; allerdings weiß man nicht, ob der Oberkommandierende unter den vier Offizieren an- oder abwesend ist.

❖

217 oben rechts Dieser Blick von Osten in den südlichen Stichgang zeigt die Positionierung der aus zweimal 12 Mann bestehenden kleinen Eliteeinheiten, die sich hier gegenüberstanden, sowie weiterer sich anblickende Soldaten. Dass es sich um eine Schutztruppe handelte, wird durch den Fund von Bronzezylindern mit pyramidaler Spitze bekräftigt. Diese als shu bezeichneten Zylinder steckten auf Holzstangen und dienten dazu, Reiter aus dem Sattel zu stoßen oder Wagenattacken abzuwehren.

❖

217 unten links Von dem großen hölzernen Kommandowagen ist nicht mehr als ein Abdruck geblieben. Dass es ihn gab, beweisen die vier Pferde. Hinter dem Wagen waren vier an ihren Kopfbedeckungen kenntliche hochrangige Offiziere positioniert.

❖

217 unten rechts Die Bruchstücke im Vordergrund, die noch so liegen, wie sie sich den Archäologen präsentierten, gehören zu 22 Kriegern, die sich im nördlichen Stichgang in einer Zweierreihe gegenüberstanden. Die Abbildung macht deutlich, wie die Restaurierung schrittweise vorangeht. In diesem Gang wurden die Skelettreste eines Hirschs gefunden, der als günstig stimmendes Opfer dargebracht wurde. Diese Praxis wird in der Literatur beschrieben, doch hatte man dafür bisher keine archäologischen Bestätigungen.

Die Kunst des Krieges

„Man muss wissen, dass der General, der die Natur des Krieges kennt, das Schicksal der Menschen und des Staates in seinen Händen hält."
Sunzi, *Die Kunst des Krieges* (2.20)

Eine der vielen Hypothesen, die sich bisher nur auf unzureichende historische und archäologische Daten stützte, konnte durch die Auffindung der Terrakotta-Armee bestätigt werden: Die Infanterie war in der Zeit der Streitenden Reiche tatsächlich das wichtigste Kriegsinstrument. Allerdings kann bisher nicht mit Sicherheit gesagt werden, ob die Terrakotta-Armee eine wahre Repräsentation des gesamten Heeres darstellt, das zur Zeit des Erhabenen Kaisers aus allen Territorien des Landes ausgehoben wurde, oder ob es sich nur um einen Eliteverband handelt, der das Herzstück der kaiserlichen Armee bildete und unter dem direkten Kommando des Kaisers stand. Eliteeinheiten dieser Art, die Herzog Hui von Wei gehörten, werden im *Xunzi* beschrieben. Sie sollen in der Lage gewesen sein, in Schuppenpanzer und Helm 100 *li* am Tag zu marschieren, wobei sie außerdem ihre Armbrust und 50 Pfeile, eine Pike, ein Schwert und Proviant für drei Tage trugen. Es waren Krieger dieser Art und Truppen aus unspezialisierten Rekruten, die den Qin im 3. Jahrhundert v. Chr. zu ihren Siegen verhalfen, denn sie änderten das Konzept des Krieges. Statt kleiner Einzelschlachten, bei denen die Kämpfer Mann gegen Mann ihre Kräfte maßen, war ihr Ziel die Eroberung von Land.

Im Klima der wachsenden militärischen Spezialisierung kam in der Zeit der Streitenden Reiche eine neue intellektuelle Disziplin auf, die sich sowohl mit der technischen und strategischen wie auch der theoretischen Entwicklung des Miltärs befasste. In zahllosen Abhandlungen, die ihre Namen trugen, befassten sich Ge-

❖

Diese beiden Infanteristen zeigen, dass der Schuppenpanzer über der Tunika getragen wurde. Wahrscheinlich wurde er am Stück über den Kopf angelegt. Hosen und Fußbekleidung variierten je nach spezieller Aufgabe der Soldaten.

neräle und Denker mit der „Kriegskunst", unter ihnen auch Meister Sun (Sunzi). Ihre Werke bildeten die Wissensgrundlage, auf der die siegreichen Generäle der Qin aufbauten. Zu diesen Generälen gehörten Shang Yang, Bo Qi, Wang Jian und viele Mitglieder der Familie Meng.

Mit dem neu geschaffenen Heerestyp aus eingezogenen Soldaten und Spezialtruppen unter dem Kommando hochrangiger Offiziere, die Tausende von Kilometern von der Hauptstadt entfernt – wo der Oberkommandierende, der Kaiser, residierte – stationiert waren, stellte sich das eminent wichtige Problem der Verantwortung für Angriffs- oder Marschbefehle. Die Qin-Strategen hatten da eine gute Lösung gefunden: Ein aus zwei symmetrischen Teilen bestehendes Bronzeobjekt in Form eines Tigers, das *hu fu* genannt wurde. Die eine Hälfte des *hu fu* behielt der Kaiser, die andere Hälfte bekam der Kommandeur ausgehändigt. Goldene Inschriften erklärten und legitimierten die Funktion des *hu fu*, die darin bestand, dass der Kommandeur erst dann befehlen durfte, wenn er vom Kaiser die andere Hälfte geschickt bekam, die symbolisch die Befehlsautorität vervollständigte. Die Beschriftung des 1953 bei Zhouzhi (Provinz Shaanxi) gefundenen *hu fu* lautet: „Fu der bewaffneten Truppen, linke Hälfte des Herrschers, rechte Hälfte des jun [Kommandeurs] des Ostens."

Natürlich mussten die Kampfbefehle, die durch die Kette der Offiziere zu den Truppen weitergegeben wurden, eindeutig sein. Sunzi schreibt in Kapitel 7 seines Werks *Die Kunst des Krieges:*

„22. Auf dem Schlachtfeld sind gerufene Befehle nicht zu hören, deshalb sind Gongs und Trommeln nötig. Auch sind normale Obkjekte nicht gut sichtbar, man braucht Standarten und Flaggen.

23. Gongs und Trommeln, Standarten und Flaggen sind die Mittel, um Ohren und Augen der Soldaten auf einen bestimmten Punkt zu lenken.“

Dass man Befehle auf diese Art übermittelte, bestätigen die klöppellosen, wie Gongs geschlagenen Bronzeglocken, die man in Graben Nr. 1 nahe der Kommandowagen fand, sowie die ursprünglich grell bunt bemalt gewesenen Bänder und Tücher an der Kleidung der Offiziere, die von den Truppen leicht erkannt werden konnten. Auch mit welchen Waffen und Uniformen die Soldaten aus dem staatlichen Arsenal versorgt wurden, lässt sich an den Statuen ablesen.

Insgesamt liefern uns die Funde wertvolle Informationen über das ganze Militärwesen der Qin. So waren die Soldaten, je nach der Aufgabe, die sie erfüllten, unterschiedlich gekleidet und bewaffnet: Die Wagenlenker trugen über der schweren, gefütterten Tunika Schuppenpanzer, die der besseren Beweglichkeit wegen die Schultern frei ließen; ebensolche Schuppenpanzer trugen die Kavalleristen. Einige Offiziere hatten lange Tuniken mit weiten Ärmeln und Schulterstücken, während andere leichte Brustpanzer trugen, die mit breiten, gekreuzten Bändern über dem Rücken befestigt wurden.

Die Bogenschützen trugen keine Panzer, sondern wattierte, mit Gürteln gehaltene Tuniken, denn sie brauchten große Bewegungsfreiheit. Da alle Details der Kleidung und der Haartrachten mit größter Präzision wiedergegeben sind, haben wir eine einmalige Gelegenheit, die materielle Kultur der Qin zu studieren. Zudem sind die mehr als zehntausend Waffen, die bisher bei der Terrakotta-Armee gefunden wurden, keine Nachbildungen, sondern echte Waffen, wie sie tatsächlich verwendet wurden.

So konnten die Forscher Waffen, die sie bisher nur aus der alten Literatur kannten, genau identifizieren, zum Beispiel eine als *pi* bekannte Waffe. Dabei handelt es sich um eine hexagonale Klinge von etwa 30 Zentimetern Länge mit einem langen Schaft, der in einer bis zu 3 Meter langen Stange befestigt war. Die „Wu-Sichel“ war eine in Wu entwickelte schwere Stoßwaffe mit stumpfer Spitze und zylindrischem Griff, und die in Graben Nr. 3

gefundenen bronzenen *shu* waren bis dahin auch nur aus der Literatur bekannt.

Die 81 bis 94 Zentimeter langen Qin-Schwerter, die meist über den Rücken geschlungen getragen wurden, wie es der Lenker der Quadriga Nr. 1 vorführt, waren uns aus Grabfunden bekannt, ebenfalls die bronzenen rechtwinklig aufgeteilten Klingen der Hellebarden, die gelegentlich scharfe Lanzenspitzen hatten. Erstaunlicherweise sind die Klingen vieler Schwerter auch nach 2 200 Jahren noch so scharf, dass man ein Haar oder 19 Blatt Papier glatt mit ihnen durchtrennen kann. Auch zeigen sie kaum Zeichen von Oxidation. Analysen ergaben, dass die Klingen 21,3 % Zinn enthielten, eine Menge, die dem Metall fast die Konsistenz von gehärtetem Stahl verlieh. (Fortsetzung Seite 230)

220 oben Mitte Schwerter als Grabbeigabe findet man seit dem 7. Jahrhundert v. Chr. Das kurze Bronzeschwert (jian) kam in der Frühlings- und Herbstperiode als Neuheit auf, es bezeugt die Geburt der Infanterie und des unmittelbaren Nahkampfs. Das linke Schwert mit der flachen hexagonalen Klinge stammt aus der Endzeit jener Periode, das rechte mit den zwei Ringen am Griff ist typisch für die nachfolgende Zeit der Streitenden Reiche.

220 unten links Miteinander verschlungenen Drachen (ein pan chi genanntes Motiv) sind häufige Dekoration der Bronzegongs (zhong), mit den die Offiziere ihre Befehle akustisch übermittelten.

220 unten rechts Die bronzene Hellebardenklinge (ge) gehört zu einem Typ, der seit der Frühlings- und Herbstperiode bis zum Ende der Streitenden Reiche verwendet wurde.

220–221 Die drei Gräben der Terrakotta-Armee enthielten Waffen, die bisher nur aus der Literatur bekannt waren, wie etwa die hier abgebildete Klinge einer „Wu-Sichel", einer Stoßwaffe, die im Königreich Wu entwickelt worden war.

221 Diese 196 Zentimeter große Statue eines gongcheng (ein Offizier des 8. – höchsten – Rangs der schweren Infanterie) wurde 1976–77 im Graben Nr. 2 entdeckt. Er stand hinter einem Zug von Armbrustschützen. Der Offizier war nicht nur durch seine Größe gut sichtbar – er überragte seine Männer – sondern auch durch Frisur und Kopfputz, durch die Halstücher und Bänder sowie die breite Borte an der Schürze seines Brustpanzers.

220 oben links Diese 10 bronzenen Armbrustpfeile gehören zu den 41 000 Pfeilen, die man bei der Terrakotta-Armee fand. Die Pfeile unterscheiden sich je nach Verwendungszweck in der Form der Spitzen (in diesem Fall pyramidal mit gleichseitig dreieckiger Basis) und der Länge der Schäfte, was das hohe Maß an Spezialisierung bei einer der tödlichsten Waffen der Antike beweist.

❖

222 links Dieser an seinem Kopfputz erkennbare Unteroffizier trägt unter seinem Schuppenpanzer mit Schulterklappen eine mittellange Tunika.

❖

222 rechts Dieser Krieger mit dem ruhigen, aber resoluten Gesichtsausdruck ist ein hochrangiger Offizier, möglicherweise ein General, wie sich an den zwei überlappenden Tuniken zeigt, über denen er einen leichten Schutzpanzer mit spitz zulaufender Schürze trägt. Seine langen, weiten Hosen reichen bis zu den Schuhen mit der deutlich aufgebogenen Vorderkante.

❖

223 Die Aufgabe der sehr gefürchteten Bogenschützen – einige von ihnen waren knieend, andere, wie diese, stehend dargestellt – bestand darin, die Schlacht damit zu eröffnen, dass sie den Feind mit einem Pfeilhagel überschütteten.

224 links Diese 1,86 Meter große Statue war eine der ersten, die 1974 in Graben Nr. 1 gefunden wurde. Der Mann trägt über der knielangen Tunika einen Schuppenpanzer mit angesetztem Armschutz und weite Hosen. Nach dem Kopfputz zu schließen, dürfte es sich um einen Unteroffizier mittleren Rangs der schweren Infanterie, vielleicht um einen taifu *(5. Rang einer bis 8 reichenden Skala) handeln.*

224 Mitte Der Schuppenpanzer dieses einfachen Rekruten zeigt noch rote Pigmentreste der Farbe, mit der die wahrscheinlich aus Leder bestehenden Verbundriemen bemalt waren. Der Schuppenpanzer, je nach Rang und Aufgabe unterschiedlich gestaltet, war der einzige Schutz der Soldaten. Nirgendwo in den drei Gräben wurde bisher ein Schild gefunden, mit dem die furchtlosen Soldaten sich zusätzlich hätten schützen können.

224 rechts und 225 Dieser Wagenlenker – von dem wir auch den Hinterkopf mit der komplizierten Flechtfrisur sehen – hielt die Zügel, mit denen er seine Quadriga steuerte. Er trägt über seiner knielangen Tunika einen Schuppenpanzer ohne Schulterklappen, damit er größere Armfreiheit hat. Die Wagenlenker mussten über großes Geschick verfügen, denn von ihnen konnte der Ausgang der Schlacht abhängen.

❖

226 Dieser in Vorder- und Rückansicht abgebildete General trägt den seinem Rang entsprechenden komplizierten, he genannten Kopfputz. Der Name ist einer Fasanenart entlehnt, die dafür berühmt ist, bis zum Tod zu kämpfen.

❖

227 Dieser Unteroffizier mit Halstuch und flachem Kopfputz steht in der typischen Haltung der Subalternen. Er hielt eine lange Stoßwaffe in der rechten und vielleicht eine kürzere in der linken Hand.

❖

8 und 229 Die Dekorationen auf Schulter und Brust dieses mit außerordentlich feinen Zügen dargestellten Generals waren ursprüngli nt bemalt, damit die Subalternen ihn von fern während der Schlacht erkennen konnten. Damit war er allerdings zugleich einer besondere Gefahr ausgesetzt, denn auch der Feind konnte ihn leicht erkennen und sich zum Angriffsziel wählen.

Die größte Überraschung bot allerdings die schimmernde, schwärzliche Patina auf den besterhaltenen Waffen. Als man sie anhand eines Armbrustpfeils wissenschaftlich analysierte, stellte sich heraus, dass die Bronze dieser Pfeilspitze aus folgenden Komponenten bestand: 84,14 % Kupfer, 11,39 % Zinn, 1,95 % Blei und etwa 2% Chrom. Das Chrom hatte einen 10–15 Mikron dicken Schutzfilm gebildet, der verhinderte, dass Oxidantien das darunterliegende Metall angreifen konnten. Auf Metallurgie spezialisierte chinesische Archäologen betonen, dass das Chrom nicht zufällig beigemischt war, sondern von den Waffenschmieden der Qin bewusst eingesetzt wurde. Im Westen wurde diese filmbildende Qualität des Chroms erst vor rund 80 Jahren entdeckt.

Die gefürchtetste Waffe der Qin war die Armbrust. Sie war als wichtigste technologische Neuerung in der Zeit der Streitenden Reiche aufgekommen. Wie das Langschwert und vielleicht auch der massierte Einsatz der Infanterie, so scheint auch die Armbrust in Chu entwickelt worden zu sein, doch ab dem 4. Jahrhundert v. Chr. hatte sie sich in allen Streitenden Reichen durchgesetzt. Die Reichweite und Durchschlagskraft der abgeschossenen Pfeile hing von der Flexibilität und Festigkeit der kurzen, dicken, sehr starken Bögen und der der Sehnen ab. Im Moment des Abschusses muss ein heftiger Rückstoß durch den Körper des Schützen gegangen sein. Die Soldaten dieser Waffengattung wurden sorgfältig ausgewählt, denn sie mussten stark genug sein, um beim Laden der Armbrust die Sehne mit der einen Hand zu halten, während sie den Bogen mit dem Fuß von sich weg stießen, wie es Reliefs aus der Han-Zeit zeigen. Sie mussten auch stark genug sein, die Waffe beim Abschuss ruhig zu halten, denn diese hatten keinen Stabilität gebenden Kolben. Natürlich war der Auslösehebel, der die gespannte Sehne aushob, eine fundamentale Komponente. Die Bronzefedern, die in den Gräben der Terrakotta-Armee und in Qin-Gräbern gefunden wurden, bestehen aus vier Teilen: zwei Backen, einem Hahn, der die gespannte Sehne hielt, und dem Abzug. Die stärkste Abnutzung erfuhren die in das lackierte Holzgestell eingelegten Backen, deren Funktion es war, den Stift zu bewegen, der den Abzug drehte und den Hahn in Position hielt. Um den plötzlichen Bruch eines Stift während der Schlacht zu verhindern, waren die beiden Backen völlig symmetrisch, sodass sie rasch gegeneinander ausgetauscht werden konnten. Einmal abgefeuert, konnte ein Pfeil bis zu 800 Meter weit fliegen und am Ziel leicht einen Schild oder Schuppenpanzer durchschlagen. Die Frage, ob die Armee, die die einzig verwundbare Seite des Grabmals beschützte – denn nur im Osten gab es keine natürlich-magischen Schutzkräfte –, die Taktiken der Kriegsführung spiegeln, wie wir sie aus den Abhandlungen über die Kriegskunst kennen, die in der Zeit der Streitenden Reiche verfasst wurden, steht natürlich im Raum. Einige Forscher meinen, dass dies der Fall sei und bieten dafür drei Interpretationen:

Eine Theorie der Kriegskunst geht von „drei Armeen" aus, und die sehen die Forscher in den Truppen in Graben Nr. 1 (rechte Armee) und den Truppen in Graben Nr. 2 (linke Armee) repräsentiert. Die Armee der Mitte hätte in Graben Nr. 4 postiert werden

230 oben Die beiden von Armbrüsten stammenden Auslösehebel wurden in einem der Gräben der Terrakotta-Armee gefunden. Sie bestehen aus vier Teilen, zwei Backen, dem Haken, der die gespannte Sehne hielt, und dem Abzug. Der größten Abnutzung waren die Backen ausgesetzt, die in das lackierte Holz der Armbrust eingelassen waren (das aber längst verrottet und verfallen ist), denn sie hielten die Stifte, um die sich Haken und Abzug bewegten. Um den unvorhergesehenen Bruch eines Stifts zu vermeiden, waren die Backen völlig symmetrisch, sodass sie ohne viel Aufwand rasch gegeneinander ausgetauscht werden konnten.

müssen (wozu es nicht mehr kam). In Graben Nr. 3 hatte der Kommandostab Aufstellung genommen.

Die zweite Interpretation geht davon aus, dass die Terrakotta-Armee das Hauptheer, die Reservetruppen, die Nachhut und den Generalstab einer Schlachtformation repräsentieren, die in der Literatur der Streitenden Reiche als „wie ein Fischschwarm" bezeichnet wird. Graben Nr. I enthielte demnach das Hauptheer, Graben Nr. 2 die Verstärkung, die von der Flanke her je nach Bedarf ins Feld geschickt werden konnte. Die Nachhut, die dem Feind den Gnadenstoß versetzt oder einen – unwahrscheinlichen – Rückzug gedeckt hätte, wäre in Graben Nr. 4 untergebracht worden. Graben Nr. 3 war das Hauptquartier, wo die Strategen operierten und die *bu zhang* (Spezialisten, die durch Opfer und Wahrsagepraktiken den richtigen Moment zum Angriff bestimmten). Die dritte Interpretation geht von der eben beschriebenen Truppenformation aus, mit dem einen Unterschied, dass sie in dem rechteckigen, aber leeren Graben Nr. 4 das Schlachtfeld sieht, einen Raum, der deshalb in voller Absicht leer gelassen wurde. Obwohl nicht ganz ohne Fundierung, sollte diese Hypothese dennoch mit größter Vorsicht betrachtet werden.

230 unten und 231 Die Kleidung der Armbrustschützen musste ihnen große Bewegungsfreiheit gewährleisten, denn beim Schuss mussten sie in der dargestellten Haltung knien. Sie trugen deshalb kurze Schuppenpanzer und darunter kurze Tuniken. Die beiden abgebildeten Soldaten zeigen durch ihren geraden, vorwärts gericheteten Blick die Entschlossenheit, deren es bedurfte, um diese Waffe zu bedienen. Die Soldaten dieser Waffengattung mussten über große Kraft verfügen, um die Armbrust spannen und abschießen und den heftigen Rückstoß abfangen zu können.

Kunst für den Verstorbenen

Bisher haben wir uns nur sehr allgemein mit den Funden aus der Unterwelt der Grabanlage und ihrem möglichen symbolischen Gehalt befasst. Doch welchen Platz nahmen die unterschiedlichen Terrakotta-Statuen der Funktionäre, der Offiziere, Generäle und Soldaten in der zeitgenössischen Kunst ein? Meiner Ansicht nach kann kein Zweifel daran bestehen, dass hier eine schon in der Kunst der Streitenden Reiche erkennbare Linie fortgesetzt wurde, besonders was die Darstellung menschlicher Figuren angeht, die durch ihre Präsenz dem po-Geist des Verstorbenen zu Diensten sein sollten.

Stilistisch erinnern die Statuen an die menschlichen Figurinen, die gelegentlich in der späten Zhou Zeit als Grabbeigaben dienten, vor allem an die aus Bronze gegossenen. Und doch stellen sie eine Weiterentwicklung der Werke aus der Zeit der Streitenden Reiche dar, denn sie repräsentieren nicht nur einfach die menschliche Gestalt an sich, wie es beispielsweise für die Kunst der Chu typisch ist, sie zeigen vielmehr auch die physische und psychische Realität des abgebildeten Subjekts. Die Rekruten und Offiziere der Terrakotta-Armee, die Funktionäre aus Graben K0006 sind als kompakte Gestalten dargestellt, deren Körper unter schwerer Kleidung verborgen sind. Wo aber die Kleidung fehlt, wie bei den „Akrobaten“, wird deutlich, dass anatomische Studien getrieben wurden, um auch die Muskulatur getreu nachbilden zu können. Doch mehr noch als in dem Bemühen, die physischen Züge korrekt nachzubilden, zeig sich der artistische Fortschritt in der Fähigkeit der Künstler, die Individualität der dargestellten Charaktere einzufangen, etwa, indem sie die jeweils eigenen Gesichtszüge die Lippenbärtchen, die Augenbrauen und die Frisuren naturgetreu nachgestalten. Die Kunsthandwerker, die den Statuen den letzten Schliff verliehen, produzierten keine Puppen wie am Fließband, es waren Künstler, die den Anflug eines Lächelns, einen ehrfürchtig gesenkten Blick, den Ernst hoher Verantwortung festzuhalten verstanden Andererseits bestand ihre Aufgabe nicht darin, physische oder geistige Schönheit darzustellen oder die perfekte Ausgewogenhei physischer Proportionen zu finden. Ihr Zie war es, den Modellen ethischer und morali scher Perfektion, die den Erhabenen Kaise in sein Nachleben begleiten sollten, angemessene Form zu verleihen. Es ging ihnen darum, die spirituelle Realität dieser Untergebenen nachzubilden, nicht darum, die echten Gesichter der Qin-Soldaten zu spiegeln. Die Künstler wollten wegkommen vom rein symbolischen Stereotyp de Kunst der Grabbeigaben, wie sie für die Zeit der Streitenden Reiche noch typisch war. Sie waren an de grundsätzlichen Individualität des Menschen interessiert. Allerdings blieb das eine kurze Episode in de Kunstgeschichte, denn schon in der Grabkunst der nachfolgenden Han-Dynastie is davon keine Spu mehr zu finden, und es sollte mehrere Jahrhunderte dauern ehe in der Tang-Dynastie (618–907) de

Der Blick auf den Hinterkopf dieses Kavalleristen zeigt einige charakteristische Details. Man sieht, dass diese Soldaten leichte Schuppenpanzer trugen, und sich einigermaßen frei bewegen zu können, und eine typische Kapp auf dem Kopf hatten, die wahrscheinlich aus Leder gemacht war und mit einem Kinnriemen gehalten wurde.

physischen Individualität bei der menschlichen Darstellung wieder Beachtung geschenkt wurde. Die Herstellung der Terrakotta-Armee war eine Kollektivarbeit, dennoch können wir – erstmals in der chinesichen Kunst – einzelne Künstler identifizieren. Während der Restaurierung wurden an verborgenen Stellen der Figuren Schriftzeichen entdeckt, entweder eingeritzt oder mit roter oder schwarzer Tusche aufgepinselt, die als eine Art Qualitätskontrolle dienten. Das Sensationelle an diesen Markierungen besteht darin, dass sie den Vorhang der Anonymität beiseite reißen und uns die Namen von 85 verschiedenen *gong shi* (Handwerksmeistern) nennen, ja sogar winzige Details aus ihrem Leben berichten. So wissen wir, dass einige dieser Meister bei den staatlichen Werkstätten (kenntlich an dem Schriftzeichen *gong* für „Palast") angestellt waren, die unter der Kontrolle der Zentralregierung standen, zum Beispiel Gongjiang, Gongde, Gongpo, Gongkai und Gongchao. Andere Künster waren bei nichtstaatlichen Werkstätten wie denen in Xianyang, Linjin, Yueyang und Anyi angestellt, oder bei Distriktswerkstätten, wie denen von Xianyangci, Xianyangwu, Linjinzhong und Yueyangge. Man hat auch herausgefunden, dass jeder *gong shi* 18 Helfer *(cheng)* hatte, woraus wir ableiten, dass insgesamt 1 530 Kunsthandwerker für die 85 uns bekannten Meister arbeiteten. Die Schriftzeichen nennen üblicherweise den Namen der Werkstatt, in der die Figur entstand, den Namen des zuständigen Meisters, den Namen des Oberaufsehers und das Jahr der Regierungszeit Qin Shihuangdis. Darüber hinaus bestätigen sie unser Wissen über die von den Qin eingeführte, vereinheitlichte Schrift, die nun im ganzen Reich benutzt werden musste.

Die grafischen Varianten, die gefunden wurden, beweisen, dass die „acht Formen" der offiziellen Schreibschrift weiterentwickelt wurden. Aus ihnen reiften später die stilistischen Varianten der chinesischen Kalligraphie.

Bei der genauen Untersuchung der Terrakottafiguren fielen an verborgenen Stellen Schriftzeichen auf, die Auskunft darüber geben, in welcher Werkstatt die Figur entstand, wie der zuständige Meister und der Oberaufseher hießen und in welchem Jahr der Regierungszeit Qin Shihuangdis die Figur entstand. Dadurch sind uns 85 Meister, die mit je 18 Helfern an der Schaffung der Figuren beteiligt waren, namentlich bekannt.

234 Diese elegant modellierte Statue, die man im Profil und in der Rückansicht sieht, zeigt einen General, der ein Truppenkontingent aus dem Graben Nr. 2 befehligte. Er trägt den typischen, kompliziert geformten Kopfputz seines Ranges, der durch Bänder am Kopf gehalten wird, die unter dem Kinn zusammenlaufen. Das Profil zeigt, dass es dem Künstler darum zu tun war, den Ausdruck von Ruhe und Entschlossenheit angesichts drohender Gefahr darzustellen. Der Mut und die Furchtlosigkeit, die von den Soldaten der Qin erwartet wurden, zeigt sich auch in der Bezeichnung für den Kopfschmuck. Nach einer bestimmten Fasanenart, die dafür bekannt ist, bis zum Tod zu kämpfen, wird dieses Abzeichen der Generalität he *genannt.*

235 In der seitlichen Vorderansicht zeigt der General weitere Zeichen seines Rangs, darunter die auf dem leichten Brustpanzer durch Schlaufen gezogenen Bänder – die in den Bildern oben auch auf den Schultern und dem Rücken sichtbar sind – und die durch ihre leuchtende Farbe weithin sichtbar waren. Im Gegensatz zu den

236 oben links und Mitte *Dass es den Kunsthandwerkern gelang, jeder Statue ein individuelles Aussehen zu verleihen, das dem Rang und der Aufgabe der dargestellten Person entsprach, zeugt von ihrem hohen Können. Der hier in Vorder- und Rückansicht abgebildete hohe Offizier ist nicht nur an seinem Kopfputz zu erkennen, sondern auch an seiner edlen Haltung.*

236 unten links *Präzision, Haltung und Entschlossenheit, dazu große körperliche Kraft, waren die Eigenschaften, die die Armbrustschützen der Qin besitzen mussten, um ihre Waffe gut bedienen zu können. Diese Tugenden und Fähigkeiten spiegeln sich im Gesicht dieses Soldaten mit dem typischen Haarknoten.*

236 rechts *Das* hu fu, *ein kleiner aus Bronze gegossener und aus zwei Teilen bestehender mit Gold beschrifteter Tiger, diente dazu, Sicherheit in der Übermittlung von kaiserlichen Befehlen zu garantieren. Die eine Hälfte hatte der Offizier, der ein fernab stationiertes Heer befehligte, die andere der Kaiser. Erst, wenn er die kaiserliche Hälfte erhielt, hatte der Offizier die Erlaubnis, den Angriffsbefehl zu erteilen.*

237 *Die Rückansicht des Kopfes dieses Armbrustschützen zeigt den komplizierten Aufbau der Frisur dieses Kriegers. Er trägt nicht nur einen schräg auf dem Kopf sitzenden, elegant geschlungenen Haarknoten, seine Frisur wird auch durch drei von den Seiten und vom Nacken her ausgehenden Zöpfen gehalten.*

❖

Diese ganz besonders fein gearbeitete Statue zeigt einen der Bogenschützen in einfacher Tunika aus dem Graben Nr. 1. Die Großaufnahme des Kopfes lässt eine besondere, recht ungewöhnliche Barttracht erkennen. Die Ansicht des Hinterkopfes zeigt, dass die schräge Knotenfrisur am Hinterkopf sehr unterschiedlich gestaltet sein konnte, denn sie sieht anders aus, als die Hinterkopfgestaltung des Armbrustschützen auf der vorhergehenden Seite. Schließlich zeigt das Bild rechts, dass die wattierten Tuniken der Bogenschützen von Gürteln gehalten wurden, die in der Weite individuell angepasst werden konnten.

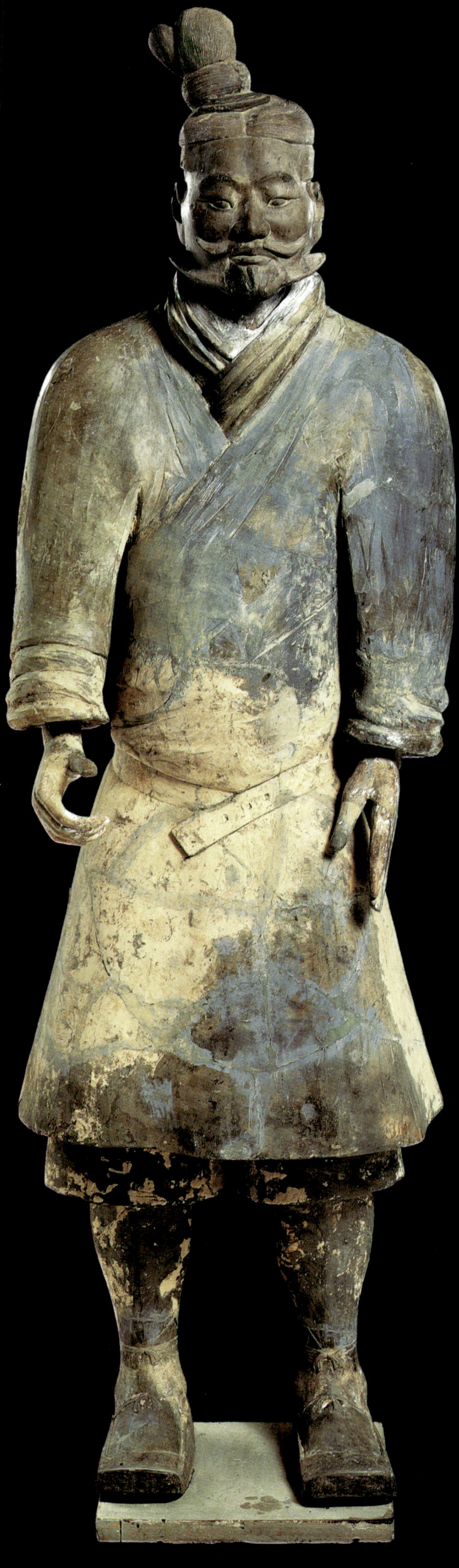

Die Einführung von Schuppenpanzern war eine der wichtigsten Neuerungen der Militärtechnologie der Streitenden Reiche. Ständig wachsende Mengen von Infanteristen mussten immer häufiger in die Schlachtfelder vorrücken, nachdem die Bogenschützen mit ihrem Pfeilhagel die Schlacht eröffnet hatten. Um die eigenen Soldaten vor diesen Pfeilen und anderen Waffen zu schützen, waren die Panzer, deren Einzelplatten aus Leder oder Eisen bestanden, sehr nützlich. Um zu gewährleisten, dass gerade Pfeilspitzen nicht in die Zwischenräume eindringen konnten, waren die Platten, wie hier gut sichtbar, wie Fischschuppen leicht überlappend angebracht. Die vor allem den Angriffen ausgesetzte Brust- und Rückenpartie der Infanteristen war so einigermaßen geschützt.

❖

242 und 243 Die Abbildungen zeigen das volle, von tiefen Stirnfalten charakterisierte Gesicht eines Mannes in mittleren Jahren. Es handelt sich um einen Unteroffizier, der im Graben Nr. 1 einen Zug von schwerer Infanterie anführte. Die Behandlung der anatomischen Details dieses ausgesprochen gut proportionierten Gesichts – die hochgezogenen Brauen, die typische Augenform, die vollen Lippen, aber auch die Ausarbeitung des spitz auslaufenden Oberlippenbärtchens, des ungewöhnlichen kleinen Backenbärtchens und der Andeutung eines Ziegenbärtchens unter der Unterlippe – verrät die Hand eines Meisters und Könners seines Fachs.

❖

244–245 Diese Zusammenstellung verschiedener Statuen, die zum Teil in Vorder- und Rückansicht, zum Teil nur aus verschiedenen Blickwinkeln gezeigt werden, macht deutlich, dass die Kunsthandwerker allen Rängen, ob General (244 Mitte) oder gemeine Rekruten, dieselbe Sorgfalt in der Ausgestaltung angedeihen ließen. Massig kräftige Gestalten finden sich neben fast zierlich wirkenden, fein geschnittene neben eher derben Zügen, jede Figur hat ihren eigenen Blick und Gesichtsausdruck. Die Vielfalt der Frisuren und der Barttrachten lässt aber auch erkennen, dass den Soldaten bei aller grundsätzlichen Uniformität auch Raum für persönliche Individualität gelassen war.

❖

246 Dieser Infanterist hat prominent hervorstechende Züge, die sich von denen seiner Kameraden deutlich unterscheiden. In jedem Fall kommt, wenn man die Soldaten betrachtet, keine Langeweile auf, denn jeder hat etwas Besonderes zu bieten. Bei dem Versuch, die Vielfalt doch zu systematisieren, haben einige Forscher eine Klassifikation nach etwa 30 Kategorien vorgeschlagen, während andere eine noch engere Auswahl treffen und die verschiedenen Gesichter 10 einfachen, stark schematisierten chinesischen Charaktertypen zuordnen wollen.

❖

247 Es ist gut möglich, dass dieser sehr keck, herausfordernd und selbstbewusst blickende Armbrustschütze ursprünglich eine schussbereit gespannte Armbrust hielt. Sima Qian (145?–89? v. Chr.), dem großen Historiker der Han-Zeit, zufolge soll das Grabmal durch schussbereite Armbrüste geschützt gewesen sein, die automatisch losgehen würden, sobald Unbefugte einzudringen versuchten. Dieser im Königreich Chu entwickelte Waffentyp wurde bald von allen Streitenden Reichen übernommen. Er stellte die wichtigste Innovation der Militärtechnologie jener Zeit dar.

Die Konservierung und Restaurierung der Terrakotta-Armee

Der Erste Erhabene Kaiser war noch nicht lange tot, als sein Reich zu bröckeln begann. Auch seine letzte Ruhestätte blieb nicht verschont, denn während die Dynastie fiel, brachen Rebellen und Diebe in die Grabanlagen ein und setzten sie in Brand. Die Archäologen sahen später, dass viele Statuen absichtlich beschädigt und sehr viele der echten Waffen entwendet worden waren. Durch das Feuer verkohlten die Holzkonstruktionen, die errichtet worden waren, um die unterirdischen Anlagen zu stützen und die einzelnen Gräben und Kammern abzudecken.

Die große Hitze brannte viele der Terrakottafiguren ein zweites Mal, sodass die grauen Figuren rot wurden, und viele Fragmente sich deformierten. Als die verkohlten Decken einstürzten, wurden die darunter stehenden Statuen umgestoßen und zerschlagen und die Erde darüber brach ein. Mehr als 2 000 Jahre vergingen, ehe die Gräben entdeckt wurden. In dieser langen Zeit hatten das Gewicht der Erde sowie mehrere Überschwemmungen den vergrabenen Kunstwerken mächtig zugesetzt. Die durch Wasser eingeschwemmten und von oben nachrutschenden Sedimente hatten jeden Hohlraum gefüllt, sogar die hohlen Innenräume der zerbrochenen Statuen. Die Trennwände aus gestampftem Lehm, auf denen die abdeckenden Holzbalken geruht hatten, waren durch das Wasser so weit abgetragen, dass die Statuen sie überragten. All diese Faktoren erklären, warum nicht eine einzige unbeschädigte Figur gefunden wurde. Manche waren in mehr als 200 Stücke zerbrochen, und so war es oft schwierig, die zusammengehörenden Teile zu finden.

Auch viele der Bronzeobjekte waren zerbrochen oder deformiert. Die Kalksteinplättchen der Schuppenpanzer, die im Graben K9801 gefunden wurden, waren mit dem umgebenden Lössboden (sehr feines, kalkiges Sediment) eine chemische Verbindung eingegangen, und hölzerne Objekte waren entweder verkohlte Splitter oder nur noch Eindrücke im Boden, die sich beim Kontakt mit Luft verflüchtigten.

Seit 1975 die Ausgrabungen begannen, hatten die chinesischen Archäologen und Restauratoren enorme Konservierungsprobleme, die sich zum Teil sofort zeigten, zum Teil aber erst, nachdem die Objekte von der Umgebung gelöst waren. In dem Teil, in den um 206 v. Chr. eingebrochen worden war, lagen die Scherben der Statuen in weitem Umkreis verstreut, und Fragmente, die großer Hitze ausgesetzt gewesen waren, passten nun nicht mehr zusammen. Doch Bruch ist nicht das einzige Problem. Sind die Teile zunächst einmal aus der feuchten Erde gelöst und werden der frischen Luft ausgesetzt, zieht sich die kompakte Farbschicht auf den Oberflächen der Statuen zusammen und löst sich binnen weniger Minuten ab. Um diese Farbschicht so lange zu erhalten, bis man ihr eine angemessene Versorgung zukommen lassen kann, muss man in sehr feuchter Luft arbeiten. Das wiederum fördert das Wachstum von Schimmelpilzen und ähnlichen Mikroorganismen, denen man dann wiederum zu Leibe rücken muss, ohne die delikate Oberfläche des bemalten Tons weiter zu beschädigen. Die klimatische Umgebung, in der die Statuen gefunden und in die sie nach der Restaurierung zurückgebracht wurden, hat sich nicht nur durch die eingedrungene Luft inzwischen ver-

Chinesische Archäologen bei der Ausgrabung eines Wagens aus Terrakotta, 1977 in Xi'n. Die umgebende Erde hat fast dieselbe Farbe wie der gebrannte Ton. Was die Aufgabe der Archäologen sehr erschwert, ist der Umstand, dass sie in engstem Raum bei schlechtem Licht arbeiten müssen.

ändert, auch die große Zahl der Besucher verursacht ständige Schwankungen im Mikroklima der großen Hangars, die die Grabungsstelle überdachen, und die vielen von der Außenwelt her eingeschleppten Mikroorganismen schaden den Figuren und der gesamten inneren Umgebung. So fangen die Trennwände an zu bröckeln und die Erdeindrücke des Holzes werden zu Staub.

Viele Lösungen wurden während der letzten 30 Jahre versucht, doch keine hat sich bisher als ideal erwiesen. Inzwischen sind auch weitere Fragen aufgetaucht und so hat man – klugerweise – seit 1989 die Ausgrabungsgeschwindigkeit verringert. Von den vermuteten 7 000 Soldaten sind erst 2 000 aus der Umgebung gelöst, und die wenigen Statuen, die in den Gräben Nr. 1 und 2 momentan ausgegraben werden, dienen vor allem zur Erprobung von Methoden, die Farben zu konservieren. Nur Graben Nr. 3, der kleinste, wurde vollständig erforscht. Bei Inspektionen des Areals, das den Grabhügel umgibt, hat man viele weitere Gräben entdeckt, die Artefakte aus Stein und Bronze sowie weitere Tonfiguren enthielten, doch hat man erst dann Objekte aus dem Boden geholt, als man präzise Konservierungsprogramme und Restaurierungstechniken für sie hatte. Dies war bei den „Akrobaten" und den Funktionären der Fall. Andere Fundstellen, darunter die eigentliche Grabkammer des Kaisers, wurden noch gar nicht geöffnet, um die Funde nicht zu gefährden. Seit 1999 wird an den Schuppenpanzern aus Kalksteinplättchen gearbeitet, eine wegen der Zahl und des Zustands der Plättchen höchst schwierige Arbeit. Obwohl man die idealen Methoden zur Langzeitkonservierung und Restaurierung noch nicht gefunden hat, sind doch große Fortschritte in der Analyse der ursprünglich verwendeten Materialien gemacht worden. Denn ehe man ein Programm zur Erhaltung der Fundstücke entwickeln kann, muss man genau wissen, woraus sie bestehen. Inzwischen weiß man, wie die Statuen modelliert und zusammengesetzt wurden. Was die Bestimmung der Pigmente anlangt, so arbeiten Konservatoren, Archäologen, Chemiker, Geologen und Physiker zusammen und sind zu befriedigenden Ergebnissen gekommen. Inzwischen weiß man beispielsweise, dass das sogenannte „Han-Scharlach", ein komplexes künstliches Pigment ist. Dank eines Chinesisch-Deutschen Forschungsprogramms kann die Forschungsarbeit der chinesischen Teams seit 1992 von Experten des Bayerischen Landesamts für Denkmalpflege unterstützt werden. Zusammen haben die Fachleute der beiden Länder herausgefunden, dass die Farben auf eine dünne organische Lackschicht aufgetragen wurden. Seit einem guten Jahrzehnt suchen die Forscher nun nach Methoden, die Wiederstandsfähigkeit dieses Lacks bei wechselnden klimatischen Bedingungen zu erhalten und seine Adhäsion auf der Oberfläche des Terrakottas zu erhöhen. Seit 1998 sind deutsche Konservatoren auch Teil eines Studienprogramms, das neue Möglichkeiten erforscht, Terrakottafragmente wieder zusammenzukleben.

Durch Kooperation verschiedener Disziplinen kann die Forschung sich wissenschaftliche und andere Methoden zunutze machen, um permanente aber reversible, wiederholbare, kontrollierbare, ökonomisch vertretbare und in großem Stil anwendbare Konservierungsmethoden zu entwickeln.

Da sie nur mit Spateln und Bürsten arbeiten, schreitet die Arbeit der Archäologen, die sich von oben nach unten vorarbeiten müssen, nur langsam voran. Jeder Fortschritt wird dokumentiert: Skizzen und Fotos von Details und Gruppierungen verhindern, dass Informationen verloren gehen, die zur Rekonstruktion nötig sind.

❖

Die Statuen müssen sehr sorgfältig von den Sedimenten befreit werden, die sie 2 000 Jahre lang umschlossen hielten. Um all die Feinheiten der Darstellung wieder völlig freilegen zu können, brauchen die Archäologen bessere Bedingungen, als sie sie an der Fundstelle vorfinden. Die ausgelösten Statuen müssen in gut ausgerüstete, hell erleuchtete Laboratorien gebracht werden, wobei man aber nicht vergessen darf, dass die Materialen sehr zerbrechlich sind.

252 oben Sobald die Erde über den gestürzten Statuen abgetragen ist, bietet sich ein entmutigendes Bild. Ein großer Teil der Zerstörungen geht auf das Konto der Rebellen, die kurz nach dem Tod von Qin Shihuangdi hier eindrangen, Feuer legten, Statuen zerschlugen und Bronzewaffen entwendeten.

252–253 Oben und unten im Bild sieht man die Überreste der Zwischenwände, die gebaut wurden, um die hölzernen Deckenbalken zu tragen. Über die Balken war Erde geschüttet worden, um die gesamte unterirdische Konstruktion völlig abzudecken. Da die Rebellen Feuer gelegt hatten, waren die Balken verbrannt, der ganze Überbau brach ein und hat die Statuen dabei schwer beschädigt.

253 oben Die mutwillige Zerstörung führte dazu, dass die Bruchstücke bunt durcheinander gewürfelt wurden. Durch die spätere Sedimentierung sind sie, wie hier die Fragmente von verschiedenen Köpfen, miteinander zu einem Block verbacken.

253 unten Die Abbildung zeigt eine aus gestampftem Lehm bestehende Trennwand, die noch deutlich die Spuren der abdeckenden Holzbalken trägt. Die Balken sind verbrannt und verrottet, doch die von ihnen tief eingedrückten Rillen haben sich erhalten.

254–55 Da die Fragmente weit verstreut wurden, finden sich fehlende Einzelteile oft meterweit entfernt vom Fundort einer Statue.

Die Rekonstruktion der Terrakotta-Statuen

Die Restaurierung der Statuen der Terrakotta-Armee war eine der eindrucksvollsten Unternehmungen in der Geschichte der Konservierung – und das wird sie auf Jahre bleiben. Die Restauratoren hatten nicht nur die komplizierte Aufgabe, die Teile wieder zusammenzusetzen, sie waren mit dem viel schwierigeren Problem konfrontiert, die Fragmente aus dem sie umgebenden Sediment zu lösen, ohne die Farbpigmente zu stark zu beschädigen.

Allerdings hatte die Zerstörung auch gewisse Vorteile: Die Bruchkanten lieferten wichtige Informationen über die Herstellungstechnik und darüber, welche Teile Druck- oder Zugkräften ausgesetzt waren. Die Statuen brechen an den Stellen am leichtesten, an denen einst die separat geformten, noch feuchten Teile mit nassem Ton zusammengefügt wurden, zum Beispiel zwischen Rumpf und Arm oder zwischen Torso und Beinen. Je dicker der Ton, desto leichter bricht er. Ein kompakt aus Ton aufgebautes Bein bricht leichter als eines, das in Aufbautechnik hohl gestaltet wurde. Beine, und vor allem die Verbindungen zwischen den Beinen, die das ganze Gewicht der Statuen tragen, sind gefährdeter als der Rumpf, der nur den Unterarm und die Hand trägt. Um das Bruchrisiko zu verringern, wurden an den Stellen größter Bruchgefahr etwa in den Höhlungen des Torsos und an den Innenseiten der Nahtstellen der Beine Glasfiberstifte eingesetzt, die den mechanischen Druck abfingen. Bei Teilen, die großer innerer Spannung ausgesetzt waren, verwendete man Metallstreifen. Beide Methoden hat man inzwischen wieder aufgegeben, denn im Laufe der Zeit verstärken sie die Bruchgefahr. Die vorstehenden Teile der Statuen brachen aus anderen Gründen. Hände, Unterarme und Köpfe litten zunächst, als die Decken einstürzten, später dann durch den ausgeübten Druck, als die Lössablagerungen in die Gräben gespült wurden. Außerdem hatten zuvor schon die eindringenden Rebellen viele Statuen zerschlagen.

Die Arbeitsbedingungen in den Gräben machen die Rekonstruktion an Ort und Stelle unmöglich, es gibt nicht genug Platz, kein Wasser, keinen Strom und kaum Licht. Um aber weiteren Bruch beim Transport zu vermeiden, hat man den hinteren Teil von Graben Nr. 1, der noch unberührt blieb, zu einer Art Restaurationslabor umfunktioniert. Die zu einer Figur gehörigen Fragmente legt man zusammen, während die (oft winzigen) Teile, die man nicht zuorden kann, auf riesigen Plastikplanen ausgebreitet werden. Die Arbeit gleicht dann dem Zusammenbau eines riesigen Puzzles. Teile, die zusammengehören, werden nummeriert, mit überlaufenden Linien gekennzeichnet und provisorisch mit Gips verbunden, der später, nach der endgültigen Rekonstruktion der Figur, wieder entfernt wird.

Das Bindemittel, mit dem die Teile endgültig zusammengefügt werden, muss handlich und zuverlässig sein. Stark klebende Harze wurden zugesetzt, um die Aushärtung zu verzögern und den Restauratoren genügend Zeit zu geben (nicht mehr als 24 Stunden), eine Statue Stück um Stück neu aufzubauen. Dabei beginnt man meist an der Basis, mit den größten Stücken der Gewicht tragenden Teile. Eine kleine Zahl von Fragmenten kann auf Sandbetten getrocknet werden, aber die tragenden Teile müssen, von Bandagen, Holzgerüsten oder Gipstropfen gestützt, stehen, bis der Klebstoff getrocknet ist. Sobald sie zusammenhält, wird die Statue aufgestellt, dann werden Arme, Hände und Kopf befestigt. Doch selbst die sorgfältigste Restauration kann den ursprünglichen Zustand nicht wiederherstellen. Immer bleibt hier oder da eine Lücke, manchmal sind Hände, Arme oder Köpfe unwiederbringlich verloren und die bunte Bemalung sowie äußere Ornamentierungen sind meist für immer verschwunden. Kleine Lücken auf der Körperoberfläche lassen sich meist problemlos füllen. Anfangs verwendete man dafür Gips, der mit einer Mischung aus flüssigem Gips, Pigmenten, Tusche und Erdstaub eingefärbt war. Ein Besucher, der seinen Blick über die Reihen der wieder aufgestellten Soldaten schweifen ließ, bemerkte gar nicht, welch umfangreiche Reparaturarbeiten vorgenommen worden waren, und noch weniger sah er die dünnen Klebstofflinien. Diese Art der Restaurierung erweckt die Illusion einer Vollständigkeit, die tatsächlich nicht existiert.

Heute geht die Tendenz dahin, die Schäden nicht völlig zu verbergen. Die Statuen der „Akrobaten“ und der Funktionäre wurden unter Berücksichtigung dieses Aspekts restauriert: Bruchstücke, auch sehr kleine, wurden ohne stark invasive Techniken – wie

256 links Die Statue ist ohne Kopf grob zusammengesetzt. Seit einigen Jahren verwendet man Harzkleber statt Gips, da er eine Arbeitszeit von etwa 24 Stunden erlaubt, ehe er aushärtet. Die fehlenden Teile werden entsprechend den vorhandenen rekonstruiert und dann eingesetzt.

256 rechts Fragmente, die man im selben Areal findet, werden auf einer Plane ausgebreitet, um sehen zu können, was zusammengehört. Die Teile werden, mit den größten beginnend, wie bei einem Puzzle zusammengesetzt; wo sehr kleine Teile hingehören, kann man oft nicht feststellen.

etwa die Einsetzung von Metallstiften – an ihre Stelle gesetzt. Der auf Harzen basierende Klebstoff ist farblos, und an der sichtbaren Oberfläche wurden alle Spuren davon sauber entfernt, doch fehlende Teile wurden nicht rekonstruiert und kleinere Lücken zwischen den größeren Fragmenten ließ man absichtlich offen.

Verschiedene Verfahren der Konservierung wurden dem neuesten Stand des Wissens angepasst, aber für eine Reihe von Problemen gibt es nach wie vor nur provisorische Lösungen. So werden neue Klebemethoden getestet, denn die chemischen Reaktionen der verwendeten Harze sind irreversibel. Außerdem sind die Harze sehr hart und haben größere Festigkeit als der Ton, was dazu führt, dass Spannungen auftreten und der Ton an neuen Stellen bricht. Auch wird es unmöglich, Teile einzufügen, die erst nach der Restaurierung gefunden werden. Nach der vollständigen Restaurierung werden die Statuen mit Hilfe einer Winde genau an die Stelle platziert, wo sie ursprünglich standen.

Die bereits ausgegrabenen Formationen der Armee bieten sich dem Blick der Besucher in einer Weise dar, wie nicht einmal der Erhabene Kaiser selbst sie gesehen hat. Die seitlichen Holzvertäfelungen der Korridore und vor allem die abschließenden Deckenbalken waren nämlich installiert worden, bevor man die Tonstatuen hineinstellte. Die jetztige Präsentation der Statuen ist gewiss sehr attraktiv, aber sie schafft Probleme, mit denen sich ein normales Museum nicht befassen müsste. Die Figuren stehen sehr eng beieinander, Verfallserscheinungen im Material einzelner Statuen sind daher nur schwer zu bemerken, und ein Erdbeben könnte die Statuen so in Bewegung versetzten, dass sie dem Dominoeffekt entsprechend eine nach der anderen umstürzen. Um das zu verhindern, sind die Köpfe, die ursprünglich nur lose in die Kragenkonstruktionen eingesetzt waren, jetzt mit Harzklebstoff oder Gips befestigt, doch sind sie nicht fest mit dem Untergrund verbunden, denn das würde die Terrakotta beschädigen. Der Kontakt mit der Erde – wo nur eine Lage Backsteine die Statuen vom Boden trennt – führt dazu, dass sie den ständig wechselnden klimatischen Veränderungen ausgesetzt sind. Das Winterklima trocknet sie aus und macht sie zerbrechlich, während im Sommer die Feuchtigkeit aus dem Boden von unten her in die Statuen eindringt, was die Schimmelbildung und die Salzausblühung begünstigt. Folglich muss das Ausstellungsgelände unter ständiger Beobachtung stehen, und im Winter muss für ausreichende Feuchtigkeit gesorgt werden, die auch verhindert, dass sich in den Trennwänden Risse bilden. Im Sommer begegnet man den Attacken der Mikroorganismen durch Belüftung und Biosäuren.

Normalerweise werden die Statuen von der Basis her rekonstruiert. Dabei darf man nie aus den Augen verlieren, wo der Schwerpunkt der Gesamtfigur liegt, sonst könnte es zu einem gefährlichen Ungleichgewicht kommen, das die halb aufgebaute Figur stürzen lässt.

Von den Farben, mit denen die Statuen einst bemalt waren, blieben nur winzige Spuren erhalten, denn die Farbschichten lösten sich zusammen mit der Erde ab, die die Statuen zwei Jahrtausende lang bedeckt hatte. Da das organische Bindemittel der Pigmente sich entweder aufgelöst oder mit dem umgebenden Löss verbunden hatte, führte jeder Versuch, die Farbe von der Erde zu trennen, zur Zerstörung der bunten Dekorationen. Manchmal gelang es, Dekorationen vor der augenblicklichen Pulverisierung zu retten, indem man die Erdklumpen, an denen die Pigmente hafteten, in Gips bettete. Doch selbst wenn es gelang, die Statuen mit der Bemalung zu bergen, lösten sich die Farben unweigerlich, sobald die Statuen der Luft ausgesetzt waren. Nach Jahren der Forschung haben chinesische und deutsche Wissenschaftler den Grund dafür entdeckt:

Die Statuen waren vor der Bemalung mit einer aus dem natürlichen Harz des Lackbaums (toxicodendron vernicifluum) gewonnenen Lackschicht überzogen worden. Normalerweise ist dieses Harz atmosphärischen Einflüssen gegenüber resistent, weshalb die Forscher vermuten, dass dem Lack nicht mehr nachweisbare organische Substanzen zugesetzt wurden, vielleicht, um seine Absorption und Geschmeidigkeit zu erhöhen, vielleicht auch nur, um ihn zu strecken; immerhin war für die 7 000 Statuen der Armee die Harzproduktion von rund 200 000 Bäumen nötig. In jedem Fall ist die Bodenfeuchtigkeit in die Lackschicht eingedrungen und hat sich mit ihr verbunden. Werden die Stücke der Luft ausgesetzt, geht Feuchtigkeit verloren, das Volumen des Lacks reduziert sich, er zieht sich zusammen, bildet feine Risse und schilfert innerhalb von Minuten ab. Um die Bemalung zu retten, musste man bei der Lackschicht beginnen. Es musste verhindert werden, dass sie auf Wechsel der Luftfeuchtigkeit so empfindlich reagierte, zugleich musste eine Möglichkeit gefunden werden, den Lack der, wie man endlich herausfand, in zwei Schichten aufgetragen worden war, auf der Terrakotta zu fixieren.

Da der Lack auf den minimalsten Feuchtigkeitsverlust so stark reagiert, müssen die geborgenen Fragmente sofort in eine feuchtigkeitsgesättigte Umgebung verbracht werden. Direkt nach der Bergung steckt man sie in Plastikbeutel und lagert sie dann in Kammern, in denen die Luftfeuchtigkeit 100 % beträgt. In München wurden zwei an Inkubatoren erinnernde Spezialcontainer mit durchsichtigen Wänden konstruiert, in denen die erforderlichen klimatischen Verhältnisse konstant gehalten werden können. In ihnen werden die farbigen Tonscherben gereinigt. Durch lockere, nach innen führende, in Fingerhandschuhen endende Plastikschläuche können die Restauratoren in den Kasten hineinlangen und die Bruckstücke – unter Zuhilfenahme eines Mikroskops – mit Holzspateln und weichen Bürsten von den Erdanhaftungen befreien. Haftet die Erde zu fest an der Farbschicht, muss der Restaurator entscheiden, ob er die Erde mitsamt den Farbpartikeln entfernt oder eine dünne Erdschicht auf den Pigmenten belässt.

Versuche, die Fragmente nach der Reinigung in einer Mikrowelle zu trocknen, verliefen ebenso negativ, wie die Versuche, sie einzufrieren. Die Wissenschaftler konzentrierten sich also auf die Suche nach einem chemischen Fixativ.

258 Der Lack, der als Grundierung auf die Terrakottastatuen aufgebracht wurde, ehe man sie bemalte, löst sich vom Untergrund, sobald er Feuchtigkeit verliert. Die Farbpigmente wiederum sind mit der umgebenden Erde verbacken. Diese Erdbröckchen wurden auf Gipsbetten gelegt, um eine Vorstellung davon zu vermitteln, wie farbenfroh die Statuen ursprünglich bemalt waren.

259 Das Bild zeigt einen der sechs Armbrustschützen aus Graben Nr. 2, die in situ restauriert wurden. Während die Ausgrabung voranschritt, wurden an den gereinigten Teilen Konservierungsmaßnahmen vorgenommen. Die große Feuchtigkeit und das gedämpfte Licht verhinderten allzu drastische Änderungen im Mikroklima, ehe die Lackschicht und die Farbpigmente stabilisiert werden konnten.

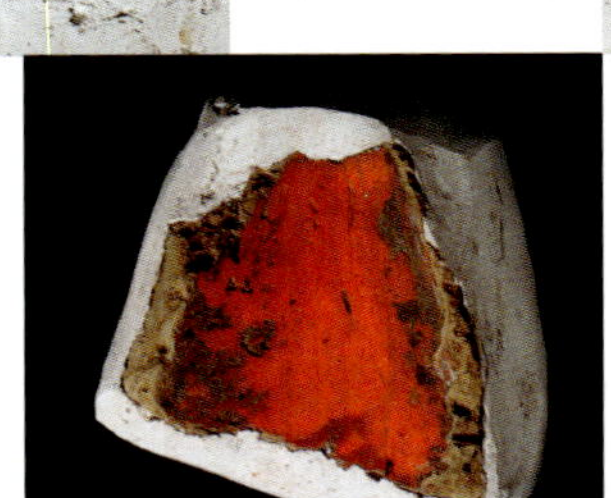

Allerdings durfte dies weder eine Änderung der Tönung bewirken, noch einen Mangel an Elastizität herbeiführen, durch den spätere weitere Eingriffe ausgeschlossen worden wären. Das konsolidierende Agens musste fein genug sein, um in die Molekularstruktur des Lacks eindringen und das darin enthaltene Wasser ersetzen zu können, dennoch musste es in maximaler Feuchtigkeit trocknen können. Die ersten Versuche mit Glyzerin und Zucker – beide haben eine passende Molekularstruktur – erwiesen sich als Fehlschläge. Mit Polyethylenglycol (PEG oder PEG2000), einer alkoholischen Lösung, die auch sonst in der Archäologie viel verwendet wird, erzielte man bessere Erfolge. Man begann mit einer Kombination aus PEG und Polyurethan (einem Plastikmaterial, das in der Farbherstellung als Bindemittel dient), und 1996 konnten die Forscher ein Verfahren entwickeln, das in der Folge weiter perfektioniert wurde und jetzt in großem Maßstab angewendet wird. Zunächst taucht man weiche Wattebäusche in die PEG-Polyurethan-Mischung und legt sie dann auf die farbigen Fragmente, allerdings trennt eine Lage Reispapier oder perforierte Plastikfolie die Kompresse von der Farbe, die sich sonst ablösen könnte. Anfangs war das Agens zu hoch konzentriert, das Wasser entwich schneller aus den Lackporen, als es durch die neue Lösung ersetzt werden konnte, der Lack löste sich ab. Also versuchte man eine Imprägnierung in drei Phasen mit jeweils wachsender Konzentration. Wenn der Lack sich vollgesogen hat, wird die Kompresse entfernt und die überschüssige Lösung von der polychromen Oberfläche abgenommen. Der so imprägnierte Lack ist weniger empfindlich gegenüber Feuchtigkeitsveränderungen und haftet besser auf der Terrakotta.

Nach weiteren Verbesserungen wendete man diese Konservierungsmethode 1999 erstmals vor Ort bei den sechs knienden Armbrustschützen in Graben Nr. 2 an. Ihre Schuppenpanzer waren mit zwei dicken Schichten Lack bedeckt und die als Verbindung dienenden Lederbänder waren rot bemalt. Köpfe und Hände trugen über der Lackschicht eine fleischfarbene Bemalung. Mit Ausnahme der abnehmbaren Köpfe behandelten die Konservatoren die Statuen am Fundort, wobei sie die nicht freigelegten Rücken unbehandelt ließen. Die Erde war so schnell wie möglich und ohne die üblichen Hilfsmittel – Elektrizität, diffuses Licht und Mikroskop – entfernt worden. Ehe die Kompressen aufgelegt wurden, hatte man die Statuen wiederholt mit Wasser besprüht, bis der Lack saturiert war und dann das Wasser durch das konsolidierende Agens ersetzt werden konnte, ohne dass bei diesem Prozess der Lack sein Volumen änderte. Nach der Behandlung waren sowohl das ästhetische Ergebnis als auch die Stabilität des Lacks befriedigend, doch als drei der Statuen später vom Ort bewegt wurden, löste sich der Lack doch ab. Auch wurden Anzeichen der Reinigung, die ja vor Ort stattgefunden hatte, sichtbar und überschüssiges Polyurethan zeigte sich in Form großer Schmierflecken. Die Köpfe hingegen, die im Labor gereinigt und behandelt worden waren, waren erheblich besser konserviert, vor allem der „grüne Kopf", der seiner merkwürdig blassgrünen Gesichtsfarbe wegen so genannt wird.

Nur ein minimaler Teil der Schichten aus Lack und Pigment auf den „Akrobaten" wurde konserviert, doch die Stellen, die 1999 mit der PEG-Mischung behandelt wurden, haben sich bis heute unverändert erhalten. Die Farbe auf den Funktionärsstatuen war dünner und mit weniger Sorgfalt aufgetragen, als das bei den Soldaten der Fall war, weshalb die bemalten Oberflächen konsolidiert wurden, ehe die Rekonstruktion der Statuen begann. Es traten nach der Behandlung keine Risse auf, aber der Gesamteindruck der Figuren ist durch den nass und fettig wirkenden Anblick einiger der behandelten Fragmente gestört.

Das auf die Augen, die Brauen und als Lippenumrandung aufgetragene schwarze Pigment verleiht den ausdrucksvollen Zügen dieses rotgesichtigen Funktionärs aus Graben K0006 eine ganz besonders persönliche Note.

262 *Die für die Gesichtsbemalung verwendeten Farben haben ein großes Spekrum; es reicht von sehr blassen Schattierungen eines gelblichen Grüns bis zum intensiven Ziegelrot.*

263 *Die Abbildung zeigt einen der vor Ort komplett restaurierten Armbrustschützen. Trotz der Anwendung konservierender Maßnahmen, hat sich die farbige Bemalung bei drei dieser Statuen zu lösen begonnen, nachdem sie von ihrem Fundort entfernt wurden. Der Grund dafür liegt darin, dass die Lackschicht, die unter der Farbe aufgetragen wurde, extrem empfindlich auf die geringsten Wechsel in der Luftfeuchtigkeit reagiert.*

Da die bisherige Methode nicht perfekt ist, wird weiter nach Möglichkeiten gesucht, die Lackschichten zu stabilisieren. Seit 1997 arbeiten chinesische und deutsche Chemiker zusammen mit den Restauratoren an der Verwendung von Acrylmonomeren. Das sind kleine, einfache Moleküle, die sowohl in den Lack als auch in die Terrakotta eindringen. Ein unter dem Namen HEMA oder Plex bekanntes Handelsprodukt, das zur Herstellung weicher Kontaktlinsen verwendet wird, scheint auch als Konsolidierungsagens brauchbar, denn es versiegelt die Oberfläche nicht und kann große Mengen Wasser absorbieren, ohne sich selbst zu verflüssigen. Es wird ähnlich aufgetragen wie die PEG-Mischung. Die einfachen Plex-Moleküle bleiben flüssig, bis sie angeregt werden, feste Makromoleküle zu bilden, die sowohl in der Lackstruktur als auch zwischen Lack und Terrakotta ein dichtes Netzwerk aufbauen. Dieser Polymerisation genannte Prozess wird dadurch künstlich angeregt, dass die Terrakottastücke etwa eine Woche lang in gut durchlüfteten Räumen elektronischer Strahlung ausgesetzt werden. Da Polymerisation nur in einer sauerstofflosen Umgebung stattfindet, verbinden sich nur die Moleküle, die tief genug in das Material eindringen. Die an der Oberfläche verbleibenden Monomeren können, ohne eine Farbänderung zu bewirken, entfernt werden. Dieses zweite Verfahren ist befriedigender, weil die Farben trocken erscheinen und klar bleiben. Außerdem zerstört die Strahlung, die die Polymerisation des Plex anregt, zugleich auch die Schimmelsporen, ein weiterer wünschenswerter Effekt. Wenn das Plex allerdings nicht sehr sorgfältig aufgetragen wird, können sich Risse bilden und die Farbschicht kann sich ablösen. Ein anderer zerstörerischer Effekt zeigt sich erst nach Jahren: Viele der während der letzten fünf Jahre behandelten Fragmente weisen heute Flecken auf, die zunächst wie gelöste Farbe aussehen, dann aber dazu tendieren, abzuplatzen und kleine Krater zu bilden.

Der Grund dafür ist noch nicht gefunden, doch scheint es mit den Pigmenten zusammenzuhängen, denn Grün und Violett sind besonders gefährdet. Auch ist das Gerät, das die Strahlung produziert, nicht groß genug, ganze Statuen aufzunehmen, und es kann nicht direkt zu der Terrakotta-Armee transportiert werden. Deshalb ziehen die Konservatoren derzeit die Arbeit mit PEG und Polyurethan der anderen Methode vor und warten derweil auf die Weiterentwicklung der Lackkonsolidierung.

Die Restauration der Bronzewagen

Acht Jahre lang haben 30 Restauratoren an den mehr als 3 000 Stücken der 1978 gefundenen Bronzewagen gearbeitet. Um keine zusätzlichen Schäden zu verursachen, wurde der noch halb von Sedimenten bedeckte Fund in einem einzigen, gigantischen Block, der mehr als acht Tonnen wog, aus der Erde geschnitten und in ein Labor gebracht, wo er in vier Teile zerlegt wurde, die jeweils die Wagen und die Pferde enthielten. Jedes Teil, das die Konservatoren auslösten, wurde nummeriert, um es später an der richtigen Stelle platzieren zu können.

Ehe man mit der Restaurierung fortfahren konnte, musste das Material und sein Zustand genau analysiert werden. Die Bronzelegierung bestand, wie sich zeigte, aus Kupfer, Zinn und Blei. Große Teile der Wagen waren mit Gold und Silber intarsiert, das wichtigste Dekorationsmittel aber waren pastöse Farben, die direkt auf die Bronze aufgetragen worden waren. Die Wagen waren nicht nur zerbrochen, das Gewicht der eingestürzten Dachkonstruktion hatte viele Teile auch verbogen, und das Metall war teilweise korrodiert. Unter den verwendeten Farben herrschte eine weiße Kalkfarbe vor, daneben waren Blau, Grün, Rot, Violett und Schwarz verwendet worden.

Da die Farbe gleich nach der Ausgrabung abzublättern begann, wurde sofort ein synthetisches Agens aufgetragen, das die Farbe stabilisierte, ohne ihren Ton zu verändern. Um jedes Stück wieder an seinen ursprünglichen Platz bringen zu können, waren besondere Hilfskonstruktion nötig. Um beispielsweise das Schirmdach von Quadriga Nr. 2 rekonstruieren zu können, wurde an Hand der Krümmung von Einzelfragmenten die Dachkrümmung errechnet und ein entsprechendes Gipsmodell gegossen. Auf ihm wurde die Lage der einzelnen Fundstücke bestimmt, ehe man sie dann an der passenden Stelle direkt auf dem Originalgestänge fixierte. Bevor die Bruchstücke zusammengefügt werden konnten – dazu diente ein mit Aluminiumpulver versetztes Kunstharz, das sich beim Trocknen nicht zusammenzieht –, mussten ihre Ränder von Erde und Korrosionsresten gereinigt werden. Durch Erhitzen auf 60–80 °C konnte die Klebkraft des Harzes zwar erhöht werden, doch sie hat ihre Grenzen.

Die Teile, auf denen das größte Gewicht lag, mussten verschweißt oder verlötet werden. Je nach Gewicht und Korrosionsgrad der Legierung entschieden die Konservatoren von Fall zu Fall, welche Temperatur und welches Verbindungsmetall zu wählen war. An einigen nicht sichtbaren, doch Gewicht tragenden Stellen, mussten zur Verstärkung Metallplatten und Stifte eingesetzt werden. Das Gestänge, das den Sonnenschirm auf Quadriga Nr. 1 trägt, war derart korrodiert, dass man sich entschied, unter dem Originalgestänge feinste Stangen aus rostfreiem Stahl einzuziehen, die in einer Scheibe in der Mitte unter dem Schirm zusammenlaufen. Der teilweise mit Gold intarsierte Mittelstab wird ebenfalls von einem Parallelstab gestützt und steht auf einem sehr soliden Fuß. Während der Restauration lernten die Konservatoren viel über den chinesischen Wagenbau und darüber, wie man Pferde anzuschirren pflegte, denn obwohl beide Wagen nur von exakt halber Lebensgröße sind, stellen sie doch naturgetreue Nachbildungen dar. Niemand käme auf die Idee, die Wagen zu bewegen, doch wurden sie unter Berücksichtigung ihrer Art der Beweglichkeit zusammengesetzt, theoretisch wären sie voll funktionstüchtig. Letzte Löt- und Klebespuren wurden kaschiert, und so hat der Betrachter heute fast den Eindruck, die Originale zu sehen.

264 Die beiden Quadrigen wurden hintereinander liegend gefunden. Die über ihnen errichtete Balkenkonstruktion aus Holz war durch die Angriffe von Mikroorganismen verrottet und dann eingebrochen und hatte beide Wagen so stark beschädigt, dass sie in mehr als 3 000 Stücke zerfallen waren.

265 Die Kummets der Pferde, Teile vom Mittelstab des Sonnenschirms und die Verzierungen am Achsgehäuse waren unglaublich gut erhalten, da sie mit Gold und Silber damasziert waren. Um sie zu restaurieren genügte eine gründliche Reinigung. Lediglich die Teile, in die sie eingefügt waren, mussten rekonstruiert werden.

Blickt man vom Rand der Grabungsstelle in das 4–5 Meter tiefe Loch, bietet sich ein faszinierendes, rätselhaftes Bild: Unzählige, nur lose von korrodiertem Kupferdraht zusammengehaltene Kalksteinplättchen vermitteln den Eindruck, als lägen hier versteinerte Reptilien. Die Plättchen, von denen zu sehen war, dass sie zusammengehörten, versuchten die Archäologen zunächst fortlaufend zu nummerieren, dann erst wurden sie geborgen. Chemische Analysen verrieten, dass der Kalkstein der Plättchen mit dem umgebenden Löss im Laufe der zwei Jahrtausende eine chemische Verbindung eingegangen war, die eine dünne Schicht auf den Plättchen gebildet hatte. Um weiteren Verfall zu verhindern mussten zunächst die angegriffenen Oberflächen wiederhergestellt werden. Doch noch weitere Probleme machten die Bergung schwierig. Der Druck, der zwei Jahrtausende lang auf ihnen gelastet hatte, dazu die eingedrungenen organischen Sporen aus dem Boden, hatten in den Plättchen feine und feinste Risse entstehen lassen, die zum Teil parallel zur Oberfläche verliefen, sodass die obersten Lagen bei Berührung abblätterten. Oft auch waren die Ecken der Plättchen abgebrochen, denn durch die Bearbeitung der Kanten und die Bohrung der Löcher für die Kupferdrähte waren sie besonders empfindlich. Durch das Feuer, das 206 v. Chr. hier gelegt worden war, hatte sich der graue Kalkstein außerdem in puderiges, weißes Kalziumoxid verwandelt. Auf den ersten Blick sahen die verbrannten Teile intakt aus, doch sobald sie mit der Luft in Berührung kamen, zerfielen sie innerhalb weniger Tage. Nur die Plättchen, die weniger Hitze abbekommen hatten, behielten ihre Form.

Nach der sorgfältigen Reinigung wurden die Fragmente der einzelnen Plättchen durch einen starken, alkohollöslichen anorganischen Kleber gefestigt. Fehlende Teile ersetzte man durch eingefärbten Gips. Die Art der Bergung und die Rekonstruktion der Plättchen hatte genügend Hinweise darauf gegeben, wie sie zusammengesetzt werden mussten. An der Art, wie die Kanten geschliffen und die Löcher gebohrt waren, ließ sich ablesen, wie die Überlappungen auszusehen hatten. Allerdings mussten die Restauratoren den Kupferdraht ersetzen, denn der hatte mit den Sedimenten eine unauflösliche, vollig korrodierte Verbindung gebildet und konnte nicht gerettet werden. Die wiederhergestellten Plättchen wurden mit neuem quadratischem Bronzedraht verbunden, und zwar auf Brust und Rücken, wo die einzelnen Schuppen unbeweglich verbunden sein müssen, um beim Aufprall spitzer Waffen nicht auseinandergedrückt zu werden, in einer Technik, die man „Hufeisenverbindung" nennt. Die einzelnen Steine der Schulterstücke und der Schurze hingegen, die Bewegungsfreiheit für die Arme und Beine gewährleisten müssen, wurden mit demselben Draht zusammengesetzt, aber so, dass er an der Außenseite verbindene Maschen bildet. Um die Originalmethoden der Verbindung üben zu können, ohne die fragilen Plättchen zu gefährden, hat man Plättchen aus Kunstharz gegossen, mit denen die Restauratoren den Aufbau und die Technik des Zusammenbaus proben konnten. Im Jahr 2000 haben die chinesischen Restauratoren damit begonnen, die naturgetreue Nachbildung eines ganzen Schuppenpanzers mit Helm zu fertigen.

Den Herausforderungen, die an die moderne Technik und Wissenschaft gestellt werden, um die Funde vom Begräbnisgarten des Ersten Erhabenen Kaisers bergen und konservieren zu können, begegneten die Forscher mit einem Erfolg, der auch zum Nutzen folgender Generationen ist.

266 und 267 unten *Für die erste Pilotrestauration wurden Stücke geborgen, die zu einem Helm mit Halsschutz und einem Panzer für den Oberkörper zu gehören schienen. Während die Plättchen zum Schutz von Brust und Rücken so mit dem Bronzedraht verbunden sein müssen, dass sie eine unbewegliche Platte bilden, müssen die Schulterpatien und die über den Bauch reichenden Partien mit einer anderen Verbundtechnik zusammengesetzt werden, denn diese Schuppen müssen die Beweglichkeit der Gliedmassen gewährleisten.*

267 oben *Fragmente von Terrakottastatuen, die stark genug wären, die schweren Schuppenpanzer zu tragen, wurden nicht gefunden. Die Panzer müssen auf eine andere Weise gehalten worden sein, vielleicht durch eine Aufhängung, von der keine Spur erhalten blieb.*

Der verstorbene Kaiser und sein Gefolge

Spuren der geleisteten Arbeit

Die Schaffung der Terrakotta-Armee war ein überdimensionales Projekt. Wie am Fließband musste der Ton mit Quarz vermengt, in handliche Stücke geschnitten und unter den Augen des Modelliermeisters in Formen gepresst werden, um die Einzelteile der Statuen zu gestalten. Der in allen Details ausgearbeitete Kopf war das letzte Teil, das hinzugefügt wurde. Die Gestaltung der Pferde war schwieriger, weil Bäuche und Hälse riesige Hohlräume enthalten, für die hölzerne Skelette konstruiert wurden. Wir wissen nur wenig über die Werkstätten und die Brennöfen, in denen die Statuen bei 900–1 000 °C gebrannt wurden. Durch angebrachte Schriftzeichen wissen wir lediglich, wo die gebrannten Teile zusammengesetzt und mit den unterschiedlichsten Farben bemalt wurden.

Doch nicht nur für die Statuen, auch für die ziegelgedeckten Bauten, und für die Drainageröhren wurden Unmengen von Ton gebraucht, der unmöglich in großer Entfernung gewonnen wurde. Nahe Yuchibao (Dorf des Kleinen Fischsees), etwa 2,5 Kilometer nördlich des Lishan Lingyuan ist eine große, durch das Wasser des Shahe gefüllte Vertiefung, die durchaus die Quelle des Tons gewesen sein könnte. Diese Hypothese wird durch eine Textpassage im *Shui Jing Zhu* des Li Daoyuan (466?–527) gestützt, wo es heißt: „*Zum Bau des* lingyuan *ließ Shihuangdi Ton brechen, sodass die Gegend leer und tief wurde. Wasser sammelte sich und bildete einen See, der Kleiner Fischsee heißt. Er liegt* 5 li *nordöstlich des Qin Huang Ling und hat einen Umfang von 4* li." Der Ortsname und seine Herkunft schienen Li Daoyuan also bestens bekannt.

Eine andere Spur der hier geleisteten Arbeit fand sich 1973 beim Ort Zhengzhuang, rund 1 400 Meter nordwestlich der äußeren Umfriedung. Das hier eröffnete Grabungsfeld enthielt Überreste verschiedener Gebäude, Eisenwerkzeuge wie Hämmer und Meissel, Handfesseln und Halskragen aus Eisen, Bronzewaffen, Keramik sowie bearbeitete und unbearbeitete Steine.

Es war rasch klar, hier war der Stein behauen worden, von dem 750 000 Kubikmeter in den Bau der Grabanlage geflossen waren, und die Arbeit war von Zwangsarbeitern geleistet worden – die Handfesseln und Halskragen sprachen dafür. Sie waren von Funktionären beaufsichtigt worden, die offenbar in den gefundenen Gebäuden gelebt hatten. Von den Funktionären gibt es keine Spuren mehr, doch zwei große Friedhöfe westlich der äußeren Umfriedung zeugen von der Existenz der Zwangsarbeiter.

Die Friedhöfe der Zwangsarbeiter

Von den mehr als 700 000 Zwangsarbeitern, die laut Sima Qian am Bau des Lishan Lingyuan beteiligt waren, sind Hunderte vor Ort gestorben, wie sich an zwei riesigen Friedhöfen zeigt, die zwischen den Dörfern Zhaobeihu und Yaochitou liegen und die zwischen 1978 und 1980 erforscht wurden. Von den bisher ausgemachten 114 Gräbern des Friedhofs von Zhaobeihu wurden 32 eröffnet. Einige davon sind Individualgräber, andere Gemeinschaftsgräber unterschiedlicher Größe und Form. Insgesamt hat man bisher 100 Skelette geborgen, darunter die von drei erwachsenen Frauen und zwei Kindern. Alle anderen waren Überreste von Männern, meist im Alter zwischen 20 und 30 Jahren, und nicht alle waren eines natürlichen Todes gestorben. Grab M34 (mit 10,6 auf 1,1 Metern das größte) enthielt elf in drei Lagen geschichtete Skelette. Die Glieder der drei Skelette in der mittleren Schicht wurden, sagen die Archäologen, vor der Bestattung voneinander getrennt.
Da aber auch die Schädel vom Körper getrennt, und die Knochen sauber geschichtet waren, ist nicht auszuschließen, dass einfach die Knochen der verwesten Leichen, ehe man die dritte Bestattungsschicht anlegte, neu gebettet wurden. Von den acht Individuen in Grab M33 erlitt mindestens eines einen gewaltsamen Tod, wie man an den Verletzungsspuren an den Knochen sehen kann. Sie ähneln denen am Schädel eines Individuums aus Grab M41. Die Experten warten mit Ungeduld auf die Ergebnisse der paläopathologischen Analysen der Skelette, die Aufschluss geben sollen über die Lebens- und Arbeitsbedingungen der Zwangsarbeiter. Bei einigen der Skelette fanden sich Tonscherben, auf die der Name, der Herkunfts- und letzte Wohnort sowie Rang und Titel des Individuums eingeritzt waren. Diese unglücklichen Untertanen des Ersten Erhabenen Kaisers stammten meist aus den gerade erst eroberten Gebieten und wurden rechtlich als *juci* bezeichnet, wie wir aus dem in Shuihudi gefundenen Rechtskodex wissen. Danach waren *juci* wegen eines Vergehens oder wegen Schulden gegenüber dem Staat zur Zwangsarbeit verurteilte Individuen. Da sie keine verurteilten Kriminellen waren, genossen sie kleine Privilegien. Sie durften ihren Namen, Rang und Titel behalten und eigenes Geld besitzen (bronzene *banliang*-Münzen wurden in einigen Gräbern gefunden). Die Frauen und Kinder, deren Skelette man fand, könnten Familienangehörige gewesen sein, was das Prinzip der gemeinschaftlichen Verantwortlichkeit unterstreichen würde, auf das sich das Strafrecht der Qin gründete.

Während der kurzen Herrschaft des Zweiten Erhabenen Kaisers wurde das Strafrecht drastisch verschärft. Nachdem der Eunuch Zhao Gao erfolgreich gegen seinen Rivalen Li Si intrigiert hatte, war er zum Ersten Minister des jungen, unerfahrenen Kaisers aufgestiegen und hatte ihn bewegen können, die Strafmaße zu erhöhen, besonders, wenn es sich bei den Delinquenten um Mitglieder der kaiserlichen Familie und des Qin-Adels handelte. Es setzte eine Periode des Terrors ein, während derer viele unglückliche Adlige zu Tode kamen. Einige von ihnen, so meinen chinesische Archäologen, könnten in den „Begleitgräbern" des Lishan Lingyuan bestattet sein.

Zwischen den beiden westlich des Grabhügels von Qin Shihuangdi gelegenen Dörfern Zhaobeihu und Yaochitou wurden 1978 zwei Friedhöfe entdeckt, die bis 1980 erforscht wurden. Es zeigte sich, dass hier Hunderte der Zwangsarbeiter beerdigt lagen, die zwischen 221 und 210 v. Chr. am Bau des Mausoleums gearbeitet hatten, darunter juci *genannte Individuen, die sich eines Vergehens schuldig gemacht oder Schulden gegenüber dem Staat gehabt hatten. Da es sich bei den* juci *nicht um Kriminelle handelte, genossen sie gewisse Privilegien, sie durften eigenes Geld haben (in einigen Gräbern wurden bronzene banliang-Münzen gefunden) sowie ihren Namen, ihren Rang und Titel behalten. 114 Gräber wurden bei Zhaobeihu identifiziert, 32 davon wurden ausgegraben. Dabei stieß man auch auf die abgebildeten Tonscherben, in die Inschriften eingeritzt waren, die Auskunft über die Toten geben. Auf der linken steht:* Dong Wu Bu Geng Suo Ci, *„Junger Zwangsarbeiter aus Dongwu." (Museum der Terrakotta-Armee, Lintong)*

Die Grabmäler der Begleitpersonen

Zur Zeit des Ersten Erhabenen Kaisers war es das höchste moralische Bestreben eines aufrechten Mannes, als Mitarbeiter der Verwaltung oder als Militär dem Herrscher mit Wissen, Würde und Loyalität zu Diensten zu sein, um so seine Wertschätzung und sein Wohlwollen zu erlangen. Zu genau jenem Bestreben bekennt sich auch Sima Qian in einem traurigen Brief, den er zwischen 93 und 91 v. Chr. seinem Freund Ren An schrieb. Der Brief, der zum Schönsten und Ergreifendsten gehört, was die chinesische Literatur zu bieten hat, blieb uns erhalten, weil ihn der Historiker Ban Gu (32–92 n. Chr.) in seinem Werk *Han Shu* (Geschichte der Han-Dynastie) in die Biographie des Sima Qian aufnahm. Ungeachtet seiner erschütternden Pein darüber, für einen angeblichen Akt der Auflehnung ungerechtfertigterweise mit der Kastration bestraft worden zu sein, drückt Sima Qian seine tiefe Niedergeschlagenheit darüber aus, nicht in der Lage gewesen zu sein, dem Kaiser zu dessen Zufriedenheit zu dienen. Anders der General Huo Qubing, den der Han Kaiser Wu Di (140–87 v. Chr.) derart achtete, dass er ihm die Ehre zuteil werden ließ, sich beim Maoling Begräbnisgarten bestatten zu lassen, denn im Leben wie im Tod war es die größte Ehre, dem Kaiser nah sein zu dürfen. Und das ist die Erklärung für die „Begleitgräber" in den Lingyuans der Kaiser: Prinzen und Prinzesinnen, Ehefrauen und Konkubinen, Minister und Generäle, sie bildeten das Gefolge, dessen Ehre und Pflicht es war, den Geist des verstorbenen Kaisers zu begleiten.

Bisher fand man im Lishan Lingyuan drei Hauptgruppen von Begleitgräbern und einige isoliert liegende Einzelgräber, wie beispielsweise das in der Nähe der Gräben der Terrakotta-Armee. Im Areal zwischen den Mauern, die den Grabhügel umgeben, fand man unmittelbar nördlich der Westtore 61 rechteckige Gräber mit je ein oder zwei Zugangsrampen. Bisher vorgenommene Probegrabungen ergaben, dass einige dieser Gräber unerklärlicherweise leer sind.

Das größte bisher untersuchte Grab dieser Gruppe misst 15,5 x 14,5 Meter und hat eine 15,8 Meter lange Rampe. Es ist sehr gut möglich, dass es das Grab von Prinz Gao ist, einer der vielen Söhne von Qin Shihuangdi. Ihm wurde nach Er Shihuangdis Tod der Thron angeboten, doch er lehnte ab, wohl um nicht des Privilegs verlustig zu gehen, in der Nähe seines Vaters bestattet zu werden.

Im Nordostquadranten der inneren Umfriedung wurden 28 rechteckige Gräber ausgemacht, die in drei Reihen angelegt sind und ein Areal von etwa 166 400 Quadratmetern bedecken. Bisher wurde keines der Gräber sondiert, doch die Wahrscheinlichkeit, dass es sich um die Gräber der jungen Frauen und Konkubinen des Kaisers handelt, ist groß. Wie Sima Qian berichtete, hatte der Zweite Erhabene Kaiser befohlen, dass sie Qin Shihuangdi ins Grab zu folgen hätten. Nur zukünftige Grabungen können die grausige, wenn auch glaubhafte, Richtigkeit der Behauptung bestätigen oder widerlegen.

Etwa 350 Meter östlich der Außenmauer, nahe des heutigen Dorfs Shangjiao, lagen weitere 17 Gräber, von denen in der Zeit zwischen Oktober 1976 und Januar 1977 acht ausgegraben wurden. Mit Ausnahme eines Grabes, das eine nach Westen ausgerichtete Rampe hat, sind die übrigen charakteristische Qin-Gräber zweier Typen, insofern, als sie (erster Typ) als umgekehrte stumpfe Pyramiden angelegt sind und entweder in der Nordwand in etwa 2 Meter Höhe von der Oberkante aus gemessen eine Nische haben oder einen in der Südwand der Rampe eingelassenen Raum besitzen, in dem Grabbeigaben abgelegt wurden. Die Gräber des zweiten Typs bestehen aus rechteckigen oder trapezförmigen Gräben, die an der Basis der Ostseite einen großen Raum für den Sarkophag haben. In den Gräbern dieses Typs waren die Grabbeigaben entweder in einer in der Nordwand angelegten Nische abgestellt oder genau vor

Solche Tonmodelle von Kornspeichern waren in der Zeit ab der mittleren Frühjahrs- und Herbstperiode typische Beigaben in Qin-Gräbern: Der Wunsch nach einer reichen Ernte begleitete den Verstorbenen auch ins Jenseits. Dass man sie neben minqi, *die Ochsenkarren darstellten, in Qin-Gräbern fand, ist ein Zeichen dafür, dass man anfing, dem realen Leben bei der Zusammenstellung der Grabbeigaben mehr Aufmerksamkeit zu schenken.*

dem Eingang zum Sarkophagraum, der im Allgemeinen durch eine Tür oder eine Wand aus Holzplanken verschlossen war. Dass es sich um Gräber von Qin-Adligen handelte, ist an der Größe und der Form der Anlagen abzulesen sowie an der Verwendung der Doppelsarkophage *(guo* und *guan)*, die beide aus Stämmen oder Planken gezimmert waren. In einigen Fällen war der innere Sarkophag in zwei Ebenen geteilt: Unten lag der Körper, darüber waren Beigaben platziert, nach den gefundenen Seidenresten zu urteilen, wahrscheinlich Kleidung.

Die Entdeckung dieser Gräber gab wertvollen Aufschluss über die Begräbnissitten der Qin-Dynastie. Einige alte Elemente, wie die Seitennischen, wurden beibehalten, doch ging man langsam dazu über, für die Grabbeigaben Extraräume anzulegen, die von der „Grabkammer", in die man über die Rampe gelangte, getrennt waren. Während der Han-Dynasie wurde dieses Konzept zu einer T-förmigen Anlage weiterentwickelt, die eine Grabkammer mit zwei seitlichen Abzweigungen hatte, die als Ablageräume dienten. Es ist interessant zu bemerken, dass die Sitte, zwei ineinandergeschachtelte Sarkophage zu verwenden, südchinesischer Praxis entspricht, wie sie etwa im Königreich Chu üblich war. Doch bedenkt man, wieviel Qin von den Nachbarkulturen aufnahm, so sollte das nicht verwundern. Die acht untersuchten Gräber enthielten je ein Individuum, doch nur sieben davon wurden genauer analysiert. In Grab M17 fand sich das zerstückelte Skelett einer 18- bis 20jährigen Frau, in M11 war eine zehn Jahre ältere Frau in Rückenlage bestattet, M10, M12, M15 und M16 enthielten die Skelette von männlichen Individuen, alle um die 30 Jahre alt, die sämtlich zerstückelt und manchmal im ganzen Grab – sowohl innerhalb als auch außerhalb der Sarkophage – verstreut waren.

Was die Grabbeigaben anlangt, so handelte es sich zum Teil um Alltagsgegenstände, die für die Qin der Zeit der Streitenden Reiche typisch waren, darunter *hu*-Flaschen mit „Knoblauchkopf"-Rand, bronzene Dampfkochtöpfe *(fu)* und kleine Tonmodelle von Getreidespeichern. Andere Beigaben zeugen vom regen Austauch mit anderen Kulturen. So fand sich beispielsweise ein sphärisches Bronzegefäß mit zwei unterschiedlich großen Ringen an den Seiten, wie es für die Ba Shu-Kultur in der Gegend von Sichuan typisch ist, außerdem Gegenstände, die in der Ära der Streitenden Reiche übliche Gebrauchsgegenstände waren, aber jeweils lokale Charakteristika aufweisen, wie etwa Bronzespiegel oder bronzene Gürtelschnallen in Form von Seepferdchen, Gänseküken oder verschlungenen Drachen. Auch einige Terrakotta-Soldaten tragen Gürtel mit solchen Schnallen. Gelegentlich stieß man auch auf ungewöhnliche Beigaben, wie eine Art silberner Griff in Form einer Kröte, auf dem die Schriftzeichen *Shao Fu* [Palast des Jungen Herrn] standen, und zwei Bronzesiegel für privaten Gebrauch, die sich in den Gräbern M11 und M16 fanden.

Einige chinesische Wissenschaftler sind der Ansicht – und die Daten scheinen ihnen Recht zu geben –, dass es sich um Gräber derjenigen Mitglieder der kaiserlichen Familie handelt, die der unter dem Einfluss von Zhao Gao stehende Er Shihuangdi 208 v. Chr. hatte hinrichten lassen. Wenn stimmt, was Sima Qian schreibt, dann waren die „Säuberungen" jenes Jahres, die darauf zielten, jegliche Opposition am Hof auszuschalten, besonders extrem. Dennoch war es nicht der unterdrückte Palastadel, der revoltierte, es waren die Zwangsarbeiter, die Galeerensklaven, die verarmten Bauern, die „Steuerflüchtlinge", aber auch Funktionäre, Intellektuelle und Adlige aus allen Teilen des Reiches, die schon zur Zeit des Ersten Kaisers aufbegehrt hatten. Das zeigte sich an den Inschriften, die man im Friedhof der Zwangsarbeiter fand.

Epilog und ein gelöstes Geheimnis

Im 4. Monat des Jahres 209 v. Chr. erklärte der Zweite Erhabene Kaiser die Arbeit am Grabhügel seines Vaters für beendet, zugleich, so berichtet Sima Qian, wurde die Bautätigkeit am *A'fang* mit Macht vorangetrieben und die militärische Unterwerfung der „Barbaren" bekam neuen Impetus. Das belastete die Staatskasse, denn die an die diversen Fronten geschickten Truppen wurden um 50 000 Armbrustschützen erweitert, die aus allen Regionen zusammengezogen wurden, und auch die Zahl der Zwangsarbeiter, die am *A'fang* schuften mussten, stieg. *„Den Bauern, die im Umkreis von 300 li von Xianyang lebten, war es verboten, ihr eigenes Korn zu essen. So wurden die Gesetze und Regelungen immer härter"*, schreibt Sima Qian, und obwohl er im Kapitel *Qin Shi Huang Ben Ji* (Annalen der ersten Qin-Kaiser) ethisch einen streng konfuzianischen Standpunkt einnimmt, hat er nicht Unrecht, wenn er sagt, der Sturz der Dynastie habe politische Gründe gehabt.

Qin habe zwar den Streitenden Reichen ein Ende gemacht und das geeinte Imperium geschaffen, doch sei es unfähig gewesen, zwischen der „Technik" der Eroberung und der des Erhalts des Eroberten zu unterscheiden. Klar erkennt der Große Historiker, dass Qin Shihuangdi nicht wegen der bizarren Aspekte seines Charakters gehasst wurde, etwa wegen seiner vergeblichen, teuren Suche nach dem Elixier der Unsterblichkeit, sondern weil er missachtete, dass die Menschen nach den grausamen Jahrhunderten der Streitenden Reiche ein Bedürfnis nach Frieden und Sicherheit hatten. Hätte, so fügt er seiner Analyse hinzu, wenigstens der Zweite Erhabene Kaiser diesem Bedürfnis auch nur minimale Aufmerksamkeit geschenkt, die Dynastie hätte fortbestehen können. Mit anderen Worten, mangelnde Zustimmung des Volkes brachte die Dynastie zu Fall. Es war ein gewisser Chen She, ein Zwangsarbeiter, der im 7. Monat des Jahres 209 v. Chr. eine Gruppe von Rebellen um sich scharte, sich den Titel „König von Chu" gab und eine Revolte anzettelte. Im darauffolgenden Jahr wurde er getötet, aber auch der Zweite Kaiser kam im Zuge einer von Zhao Gao eingefädelten Palastverschwörung ums Leben. Daneben gab es andere Revolten, und dass Ziying, einer der Enkel des Ersten Kaisers, zum König von Qin nominiert wurde, machte keinerlei Eindruck. Der imperiale Titel hatte keine Bedeutung mehr, denn die Rebellenführer hatten die sechs Königreiche, die Qin Shihuangdi besiegt und annektiert hatte, längst wiederhergestellt. Nach nur 46 Tagen nomineller Herrschaft ergab sich Ziying und händigte Liu Bang, dem Herzog von Pei, die Insignien des Himmelssohnes aus. Liu Bang war der Leutnant von Xiang Yu, Kommandeur der Truppen von Chu, und wurde einige Jahre später der Gründer der Han-Dynastie. *„Der Herzog von Pei zog in Xianyang ein, versiegelte alle Paläste und Geschäfte und lagerte bei Banshang. Nach einem Monat kamen die Heere der Feudalherren, an deren Spitze Xian Yu stand. Er tötete Ziying und alle Nachkommen des Qin-Adels. Er massakrierte die Bevölkerung von Xianyang, legte Feuer an die Paläste, nahm die Bediensteten, Männer wie Frauen, gefangen, konfiszierte ihr Hab und Gut und verteilte es an die Feudalherren. Als Qin besiegt war, wurde das Territorium aufgeteilt zwischen dem König von Yong, dem König von Sai und dem König von Di, bekannt als die Drei Qin. Xiang Yu erklärte sich zum Führenden König der Chu des Westens. Mit feierlichen Proklamationen teilte er die Welt auf, sodass Qin nicht länger existierte. Nach fünf Jahren war die Welt unter der Herrschaft der Han wieder gefestigt und geeint."* Diese letzte Passage des *Qin Shi Huang Ben Ji* macht deutlich, dass es das Ziel der Rebellen war, den Feudalstaat wiederzuerrichten, und es kann nicht ausgeschlossen werden, dass sich unter den Rebellen Adlige befanden, die sich Qin Shihuangdi nicht unterworfen hatten.

Diese schlichten grauen Tongefäße, modernen Blumenvasen nicht unähnlich, fanden sich als Grabbeigaben in den Opfergräben und Begleitgräbern, die sich überall im Areal des Lishan Lingyuan finden. Sie waren zur Aufbewahrung verschiedenster Flüssigkeiten gedacht und im Allgemeinen im oberen Teil oder unter dem Boden des Gefäßes mit einem Siegel gestempelt, an Hand dessen der Herstellungsort abzulesen ist. (Museum der Terrakotta-Armee, Lintong)

Auch unter den in Qin-Dokumenten häufig erwähnten „Banditen", die versteckt lebten, mögen Edelleute gewesen sein.

Der Wunsch nach der Wiederherstellung des feudalen Systems wird auch deutlich in dem Titel, den Xiang Yu sich wählte, besteht er doch aus den Begriffen *wang* (König) und *ba* (Führer), was an die Zeit der Frühjahrs- und Herbstperiode erinnerte, als dieser Titel geschaffen wurde. Zugleich informiert die Passage darüber, dass in Xiangyang etwas Schreckliches geschah, das keine Präzedenz hatte: Die ganze Stadt, einschließlich des Ahnentempels, wurde zerstört und das ganze Haus der Qin ausgerottet. Das bedeutete, dass niemals wieder irgend jemand den Ahnen des Clans Opfer darbringen konnte. Das war ein nie dagewesener Frevel, eine Untat, wie sie nicht einmal König Zheng, der zukünftige Qin Shihuangdi, zu begehen gewagt hatte, als er die Clane besiegte und sich unterwarf. Was geschah angesichts dieses Blutbads und dieser Zerstörung mit der letzten Ruhestätte des verhassten Ersten Kaisers? Es wurde schon mehrfach erwähnt, dass es an vielen Fundstellen Brandspuren gab, und ein Absatz im Kapitel „Fluss Wei" des *Shui Jing Zhou* (Kommentar zum Klassiker der Wasser) lässt ahnen, dass das Grab möglicherweise keine Schätze mehr birgt, weil Xiang Yu zum Lishan Lingyuan ging und *„... das Grab öffnete. 300 000 Menschen waren nicht in der Lage, in 30 Tagen alle Schätze wegzutragen. Diebe und Räuber kamen von jenseits des Tongguan-Tors, um die Sarkophage einzuschmelzen und Kupfer daraus zu gewinnen. Hirten, die hier ihre Schafe weideten, setzten den Ort in Brand und 90 Tage lang ging das Feuer nicht aus."*

Die Diebe und Räuber kamen aus dem Osten, doch die Terrakotta-Armee, die in diese Richtung blickte, konnte sie nicht aufhalten, denn ihre Pflicht war es nicht, Feinde aus Fleisch und Blut zu bekämpfen, und so wurde im 5. Jahrhundert das Grab erneut geplündert.

Das Schicksal des Kaisers

Es wurde schon mehrfach erwähnt, dass die Passagen in Sima *Qians Shi Ji*, die Qin Shihuangdi und seine Familie verleumden, spätere Interpolationen zu finden sind. Dennoch lässt sich nicht leugnen, dass die konfuzianische Geschichtsschreibung – beginnend mit Jia Yi (201–169 v. Chr.), dem Autor des Artikels *Die Sünden der Qin* – dem Ersten Erhabenen Kaiser und seinen Errungenschaften sehr negativ gegenüberstand, und Sima Qian hier keine Ausnahme bildete. Die Konfuzianer konnten Qin Shihuangdi nie vergeben, dass er die Chance, das Feudalsystem der Zhou und die moralische Vormachtstellung des Himmelssohnes wiederherzustellen (nicht in ihrer historischen Form, aber zumindest in ihrem ethischen Anspruch) nicht nutzte und stattdessen etwas inszenierte, das, wie Derk Bodde kürzlich schrieb: *„...einer Verwandlung Chinas gleichkam, die sowohl in ihrer Quantität als auch in ihrer Qualität so großartig war, dass sie den Namen Revolution verdient, obgleich sie von oben verordnet war, und nicht von unten kam. Dies, nicht die von den bäuerlichen Anti-Qin-Kräften inszenierte Rebellion, war die wahre Revolution, und es war bis ins gegenwärtige Jahrhundert hinein Chinas einzige Revolution."*

Die nachfolgende Han-Dynastie setzte die Zentralisierung der Qin fort, besonders was die Organisation der staatlichen Verwaltung anging, doch war diese zugleich konfuzianisch als auch legalistisch, wodurch sie die Freiheit hatte, sich lokalen Gegebenheiten angleichen zu können. Die Han entwickelten dieses zentralistische aber flexible Verwaltungssystem weiter, so konnte es sich historischen und politischen Entwicklungen weitere 1 700 Jahre lang bis ins frühe 20. Jahrhundert hinein anpassen.

Während es stimmt, dass man bereits in der Han-Zeit begann, ein düsteres Bild von Qin Shihuangdi zu zeichen, muss man auch sagen, dass die Han-Kaiser seiner eigenwilligen Persönlichkeit immer mit Respekt begegneten, zumindest was den rituellen Aspekt betraf. So ordnete Liu Bang – als Gao Zu der erste Kaiser der Han-Dynastie – im Jahr 195 v. Chr., also 15 Jahre nach dem Tod Qin Shihuangdis, an, dass 20 Familien im Gebiet des Lishan Lingyuan leben sollten, um dort die Ehrenriten für den Verstorbenen zu vollziehen. Eine indirekte Bestätigung hierfür lieferte der 2004 veröffentlichte Bericht über eine Grabung von 1986, bei der zwei Gräber aus der Han-Dynastie freigelegt wurden, die sich im Bereich zwischen den beiden Umfriedungsmauern in der Nähe des Grabens der „Menagerie" fanden. Grab Nr. 2 enthielt die Überreste eines Individuums, das, zum Zeichen seines hohen Ranges, in einem Doppelsarkophag bestattet war. Auch in Grab Nr. 2 fand sich ein Doppelsarkophag. Anhand der reichen Grabbeigaben erkannte man in dem Verstorbenen einen *shi*, einen hohen Funktionär. Sowohl die Bestattungsmethoden als auch die Grabbeigaben erlauben eine Datierung in die frühen Dekaden der Han-Dynastie. Obwohl wir nicht wissen können, ob die Verstorbenen den Familien angehörten, die Liu Bang hierher beordert hatte, können wir aus dem Vorhandensein der Gräber aber zumindest schließen, dass der Ort von der neuen Dynastie nicht aufgegeben wurde.

Qin Shihuangdi wurde niemals vergessen, dennoch haben wir es allein Präsident Mao zu danken, dass der Erste Erhabene Kaiser ab 1958, kurz nach der „Hundert-Blumen-Kampagne" zur Ermutigung der Kritik an der Kommunistischen Partei Chinas, wieder in den Mittelpunkt des Interesses der Historiker rückte. In den 1970er Jahren wurden Dutzende von Biographien des Ersten Erhabenen Kaisers verfasst, und er wurde zu einer der bekanntesten Figuren der alten chinesischen Geschichte. Ohne die zufällige Entdeckung der Terrakotta-Armee aber hätte sein Ruhm niemals solche Ausmaße erlangt.

In einem Land voller begieriger Leser, die weder durch Konsum, noch durch das mächtigste Mittel der Massenkommunikation, dem Fernsehen, abgelenkt waren, denn beides war im China der 1970er Jahre nicht verfügbar, wurde politische Propaganda über Wandzeitungen, Pamphlete und bebilderte Heftchen verbreitet. Episoden und Figuren aus der chinesischen Vorgeschichte, der Zeit der Streitenden Reiche, der Qin- und Han-Dynastie dienten als probates Mittel, den progressiven Geist der hochgelobten legistischen Helden dem reaktionären Geist der Konfuzianer gegenüberzustellen, die als „Befürworter" des (in vielerlei Weise mythischen) Sklavenstaats dargestellt wurden und unweigerlich als die Gedemütigten und Geschlagenen endeten. Der Stil der Zeichnungen dieser „Bildungs"-Werke zielte mit seinem Sozialen Realismus, der auch in den Filmen der Zeit, in den historischen Epen und in der Peking-Oper vorherrschte, ganz auf den Geschmack der Jugend. Dennoch bewiesen die Zeichner dieser Bildergeschichten viel Originalität, besonders diejenigen, denen es gelang, Tradition und Moderne zu verbinden und durch neue Interpretationen der historischen Ikonographie (man denke etwa an die mit gestempelten Motiven dekorierten Endabschnitte der Ziegel) ein visionäres Bild des alte China wiedererstehen zu lassen.

Mit dem Tod Mao Zedongs im Jahr 1976 verschwand Qin Shihuangdi nicht wieder in der Versenkung. Im Gegenteil, die Entdeckung der Terrakotta-Armee zog nun die Aufmerksamkeit der ganzen Welt auf ihn. Aus Graben Nr. 1 wurde fast unmittelbar nach der Auffindung ein Museum mit unwiderstehlicher Anziehungskraft auf den internationalen Tourismus, der sich in den frühen 1980er Jahren dem sich neu öffnenden China zuwandte. Die Terrakotta-Armee wurde zum „Achten Weltwunder", zur „größten archäologischen Entdeckung des 20. Jahrhunderts" erklärt, und al-

le politischen Führer, die China besuchten, statteten ihr einen Besuch ab. So wurde sie rasch zu einem Mittel, das Wissen über das alte China zu mehren, und sie bot der gesamten Region Xi'an ungeahnte Möglichkeiten zur wirtschaftlichen Entwicklung. Man darf sagen, dass die Verwalter des kulturellen Erbes der Provinz Shaanxi (von Beijing unterstützt), die kulturelle, soziale und wirtschaftliche Entwicklung der Region durch die geschickte Ausbeutung dieser einmaligen Ressource erfolgreich vorangetrieben haben. Zu Recht wurde der Lishan Lingyuan am 11. Dezember 1987 in die Liste des Weltkulturebes der UNESCO aufgenommen. Seit ihrer Entde-ckung haben die stummen, geduldig aufgereihten Soldaten sich mit dem Ruhm ihres Kaisers vereinigt und die kollektive Vorstellunskraft angeregt. Selbst der Detektiv des Unmöglichen, Martin Mystère, ist in zwei Episoden – *Intrige in Peking* und *Die Terrakotta-Armee* (gezeichnet von Salvatore Deidda und geschrieben von Alfredo Castelli) den Tonsoldaten begegnet: Eine mysteriöse, böse Frau namens Li Voxian vermag die Armee zu reanimieren und in einen Kampf Ost gegen West zu führen. Doch während die Armee Comics inspirierte, war der Kaiser eher Gegenstand von Filmen und Seifenopern, die das chinesische Publikum wochenlang vor die TV-Bildschirme bannten. Einer dieser Filme *(Der Kaiser und der Mörder)* ist das 1999 entstandene Werk des chinesischen Regisseurs Chen Kaige. Es spielt in großartiger Kulisse und vor allem die von Mo Xiaomin entworfenen Kostüme sind bemerkenswert. Das Drehbuch hält sich eng an den Bericht Sima Qians und konzentriert sich auf die persönlichen Empfindungen des Kaisers, der von Li Xuejian mit großer Leidenschaft dargestellt wird. Schwerpunktmäßig geht es um die zweifelhafte Herkunft des Protagonisten und die Beziehung zwischen ihm und seinem mutmaßlichen Vater Lü Buwei (von Chen Kaige selbst gespielt), um das persönliche Drama zwischen ihm und seiner Mutter zur Zeit ihrer Affäre mit Lao Ai, sowie um seine Beziehung zum Tod, die an der Episode des auf ihn versuchten, aber missglückten Attentats exemplifiziert wird. Das Spektrum der widerstreitenden Gefühle des Qin Shihuangdi wird durch eines bereichert, das Sima Qian nicht erwähnt: Die Liebe, besonders die Liebe zu einer Frau aus Zhao, hervorragend gespielt von Gong Li. Qin Shihuangdi begegnete diesem jungen Mädchen als er selbst noch der junge Ying Zheng, der Sohn der Friedensgeisel, war. Chen Kaige hebt in seiner Darstellung des Kaisers deutlich den Aspekt hervor, der Qin Shihuangdi in den Augen Vieler zum großen Führer macht: Die Vollendung der Vorstellung von Macht und Einheit, die seine herzoglichen und königlichen und Qin-Vorfahren bereits entwickelt hatten. Doch die Bestrebung, dieses Ideal zu vollenden, wuchs sich, so Regisseur Chen Kaige, zu einer Obsession aus – im Film ausgedrückt durch eine Stimme, die nur Ying Zheng vernimmt: „Denke an den Traum deiner Ahnen, China zu einen" –, die ihn so in Bann schlug, dass sie ihn hinderte, auch noch Sohn, Liebhaber, Freund oder einfach ein gerechter Herrscher zu sein. Ähnlich poetisch aber vielleicht mit mehr Sinn für vergeistigte Übertreibung als der chinesische Regisseur sie zeigt, sind die Reflexionen, die Jorge Luis Borges in seinem Essay von 1950, *La Muralla y los Libros* (Die Mauer und die Bücher), über den Ersten Erhabenen Kaiser lange vor Entdeckung der Terrakotta-Armee anstellte. In diesem Essay, den Borges schlicht eine „Notiz" nennt, untersucht er den Widerpruch zwischen der Bücherverbrennung und dem Bau der zyklopischen Großen Mauer und meint, es verberge sich in diesen beiden Taten eine Metapher: *„... vielleicht verurteilte Shih Huang Ti jene, die die Vergangenheit verklärten, zu einem Werk, so groß wie die Vergangenheit selbst und gleichermaßen nichtig ... Die feste Mauer, die jetzt und für immer Länder überschaut, die niemals ihre Schatten sehen werden, ist selbst der Schatten eines Cäsars, der der ehrfurchtsvollsten aller Nationen befahl, ihre Vergangenheit zu verbrennen; es ist möglich, dass allein diese Idee uns berührt, unabhängig von den Vermutungen, die sie zulässt..."* In jedem Fall ist die Idee der Großartigkeit, die Qin Shihuangdis Werk in der Erfüllung des Traums seiner Ahnen bekundete, Ausdruck einer magischen Vision, das gilt für seine schweigende Armee ebenso wie für seine letzte Ruhestätte. Sie war nicht einfach ein Grabmal, ein Mausoleum, der Ort, an dem der Erste Erhabene Kaiser beigesetzt zu sein wünschte; noch war sie einfach eine Manifestation der Macht, eine Warnung an seine Zeitgenossen, eine Erinnerung für die Nachgeborenen. All das mag sie auch sein, doch vor allen Dingen ist diese letzte Ruhestätte ein magisches Universum. Sima Qian berichtet, dass der Geist des Kaisers in den letzten Jahren seiner Herrschaft von der nichtigen und dummen Suche nach dem Elixier der Unsterblichkeit beherrscht war – eine Behauptung, die zu verifizieren die Archäologie größte Mühe hätte. Doch wäre es überhaupt sinnvoll, das zu versuchen, wo doch die Antwort längst vor unseren Augen liegt. Ich bin überzeugt, dass die Leute, die Qin Shihuangdi geschickt hatte, die Insel der Unsterblichen zu finden, erfolgreich waren. Sie haben ihm das Elixier gebracht, doch ihm auch gesagt, es wirke nur unter einer Bedingung. Er könne die Unsterblichkeit nur um den Preis des Verzichts auf seinen Ruhm als Erster Erhabener Kaiser erwerben. Und da traf er seine Wahl. Eines Tages wird man in seine Grabkammer kommen und dort unter der Asche verbrannter Schätze eine kleine, ungeöffnete Phiole finden. Kurz vor seinem Tod nämlich hatte Qin Shihuangdi verstanden, dass die wahre Unsterblichkeit darin besteht, im Gedächtnis der Menschheit zu überleben – und das ist geschehen.

276–277 Eine unheimliche Stille liegt über den Soldaten der Terrakotta-Armee, die hier auf ein abgesprochenes Zeichen zu warten scheinen, das ihnen ihren Einsatz in der Ewigkeit befiehlt. Es ist unmöglich, sich dem Geheimnis und der Großartigkeit des Anblicks dieses Werkes zu entziehen, das den Jahrhunderten getrotzt und die Erinnerung an seinen Schöpfer Qin Shihuangdi, den Ersten Erhabenen Kaiser, unsterblich gemacht hat.

Die schwere Aufgabe des Fotografen

Seit Jahren schon fotografiere ich Kunstwerke, Gemälde, Statuen, Schmuck, unbekannte und weltberühmte archäologische Grabungsstellen. Bei zermürbenden, aber lohnenden Fotoshootings sah ich die Sonne vor dem Ramsestempel bei Luxor aufgehen und ich sah sie bei Leptis Magna untergehen. Nach meiner Zeit in Ägypten dachte ich, den Höhepunkt erreicht zu haben, jenes sublime Erlebnis, mit dem fotografierten Objekt so in Einklang zu sein, dass man dem Bild Leben einhaucht.

Dann kam der Anruf, der mich nach Lintong in China rief, um dort die Terrakotta-Armee zu fotografieren. Wieder musste ich in die Vergangenheit abtauchen, doch diesmal war es anders, ging es um eine andere Kultur mit anderen Formen und Empfindungen. Guido, mein Assistent, begleitete mich, und nach einer entsetzlichen Reise mit unseren 23 Kisten, auf die unsere 800 Kilogramm schwere Ausrüstung verteilt war, und einer zweiwöchigen Wartezeit beim Zoll kamen wir erwartungsvoll nach Lintong: Vor uns lag ein riesiger Hangar, groß genug für zwei Jumbojets. Verwirrt schauten wir uns um, suchten nach etwas, das Ähnlichkeit gehabt hätte mit unserem geistigen Bild von der mysteriösen Armee.

Doch als wir die Halle betraten, verschlug es uns den Atem: Um die Soldaten tut sich der Schlund der Erde auf, als hätte er sie, so, wie sie angetreten sind, verschlungen. Der gewaltige Anblick rührt von ihrer realistischen Ausstrahlung her, denn die Soldaten scheinen lebendig, sie flößen Angst und Achtung ein. Ich bin an die Macht der Bilder gewöhnt, doch der Anblick der 6 000 Bogenschützen, Fußsoldaten und Reiter ist überwältigend. Ich stieg zu ihnen hinunter, bewegte mich vorsichtig zwischen ihnen und fürchtete dabei, sie könnten erwachen und zu kämpfen beginnen. Jede Figur hat ihre Persönlichkeit, und ich suchte die Gesichter nach dem richtigen Winkel ab, um den bewegungslosen Ausdruck und die realistischen kleinen Mängel einfangen zu können. Der formale Kanon von Balance und Symmetrie, den die Kunst Ägyptens und Roms konstruierte und an den mein Fotografenauge gewöhnt ist, existierte hier nicht. Lintong stellte eine persönliche Herausforderung dar: Licht, Abstand, Farbe, ja das Fotografieren selbst musste ich neu überdenken. Eine „Herausforderung“ war aber vor allem der Graben, in dem wir die noch ungeborgenen Schuppenpanzer fotografierten: Tausende von Plättchen lagen bei 50 ° C und 100 % Luftfeuchtigkeit in 7 Metern Tiefe. Die Ausrüstung war so heiß, dass wir sie nicht anfassen konnten.

Dagegen standen die Bronzewagen im Museum in einem kugelsicheren 4 x 5 Meter großen Glaskasten. Wenigstnes 10 besonders abgeschirmte Lampen waren nötig, diese Barriere zu durchdringen. Ich machte Tausende von Bildern: Hände, die unsichtbare Waffen umklammern, die exquisit ausgearbeiteten Details der Schuppenpanzer, der Frisuren, der penibel wiedergegebenen persönlichen Gegenstände. Ich war Zeuge des Mysteriums des Todes in der alten Welt, dem Versuch, Prestige zu konservieren und die Erinnerung zu bewahren. Als Fotograf von Kustwerken ist mir diese Arbeit vertraut. Der Reiz von Lintong aber war riesig und beinahe so gewaltig wie die Armee selbst.

278 Das Gesicht dieses Infanteristen legt Zeugnis ab vom hohen Können des Künstlers, der aus der Modellvorlage mit Händen und Holzspatel ein individuelles Gesicht schuf, in dem die sanften Linien der Brauen, der Nase und der Lippen mit der fast scharfen Winkligkeit der Augen, des Lippenbarts und der Haare harmonieren.

279 Der Fotograf Araldo De Luca (links) beim Aufbau seiner Kamera über einer Vitrine mit wertvollen Objekten. Rechts bereitet sein Assistent mit abgeschirmten Lampen, die das Licht diffus streuen, eine Aufnahme vor. Die auf 23 Kisten verteilte fotografische Ausrüstung wog insgesamt mehr als 800 Kilogramm.

„Animalistischer" Stil Figurativ-dekorativer Stil der Viehzüchtervölker der Steppe, die gern Tiere darstellen, oft in Bewegung und symmetrisch gespiegelt.

A'fang oder ***E'pang*** Name des letzten kaiserlichen Palastes von Qin Shihuangdi, bei seinem Tod unvollendet, nahe dem modernen Xi'an gelegen.

Ba Wörtl. „Ältester", doch meist als „Führer" übersetzt, meint der Begriff den Chef einer der feudalen Allianzen, die während der Frühlings- und Herbstperiode zum Schutz des Zhou-Königs gebildet wurden.

Banliang Typische runde Qin-Münze mit quadratischem Loch, einen „halben *liang*" wert und seit dem späten 4. Jh. v. Chr. in Gebrauch. Blieb in der Form bis ins 20. Jh. unverändert.

Bu zhang Priester/Wahrsager, der durch Opfer und Wahrsagepraktiken den richtigen Moment für eine bestimmte Handlung festlegte.

Chanbu „Spatenmünze" (auch *kongshoubu* „Hohlkopfmünze"), eine wie ein Miniaturspaten mit zwei Zinken geformte Münze, die seit dem 6. Jh. v. Chr. im Königreich der Östlichen Zhou und im Herzogtum Jin geprägt wurde.

Chu Ein mächtiges politisches und kulturelles Gebilde, das die Wiege jener großen Zivilisation darstellt, die sich aus der Fusion verschiedenster kultureller Elemente im mittleren Jangtse-Tal herausbildete, aber von den Staaten im Huanghe-Tal für „barbarisch" gehalten wurde. 706 v. Chr. nahm einer der Chu-Herrscher den Titel *wang* (König) an, den traditionell nur die Zhou-Herrscher beanspruchen durften.

Ding Die am weitesten verbreiteten dreifüssigen Ritualgefäße aus Bronze oder Keramik. Die schüsselförmigen Gefäße dienten zur rituellen Nahrungszubereitung und waren obligatorische Grabbeigaben der Zeit der Zhou-Dynastie, die immer in ungerader Zahl vorhanden sein mussten.

Dou Ein Keramik- oder Bronzegefäß mit Deckel auf hohem Fuß, das vor allem während der Periode der Östlichen Zhou dazu diente, die rituelle Totennahrung aufzubewahren und zu servieren. Der Deckel konnte meist zugleich als Essschale verwendet werden.

Feng Eine Zeremonie, bei der der Zhou-König (*wang*) eine befestigte Stadt samt ihrem Territorium (*guo*) sowie deren ein- (*guoren*) und umwohnende Bevölkerung (*yeren*) jemandem zum Lehen gab, bevorzugt einem Mitglied seines eigenen Clans.

Fu Ein beliebiges Kochgefäß aus Keramik oder Bronze.

Ge Hellebarde mit einer vielleicht aus steinzeitlichen Prototypen entwickelten Bronzeklinge, die an der Spitze eines langen Holzschafts befestigt und als Stech- und Stoßwaffe verwendet wurde.

Gui Halbkugeliges auf einem Ringfuß stehendes Gefäß, oft mit zwei Henkeln, das als Ritualbronze dazu diente, das bei den rituellen Begräbnisbanketten bereitete Essen aufzunehmen. Wie der *ding* war es zugleich als Grabbeigabe ein Statussymbol des Zhou-Adels.

Hangtu Eine Bautechnik, die darin besteht, dünne, mit Stroh versetzte Lehmschichten aufzubauen und mit Stößeln so fest zu stampfen, dass sie hart wie Beton werden. Man kannte die Technik schon in der Steinzeit und verwendet sie in ländlichen Gegenden Chinas noch heute.

Hann Kleinster der drei Staaten (Wei, Zhao und Hann), die aus dem zerschlagenen Herzogtum Jin hervorgingen. Das doppelte „n" entspricht nicht der chinesischen Schreibweise, es wurde für die lateinische Umschrift gewählt, um Hann von Han unterscheiden zu können, dem Namen, den sich die auf die Qin folgende Dynastie zulegte.

He Grundsätzlich jedes Gefäß mit Füßen und einer Tülle, um Flüssigkeiten ausgießen zu können. Im Falle von Ritualkbronzen meint der Begriff einen Krug auf vier Füßen, in dem Alkoholika erwärmt wurden.

Hu Ein flaschenartiges bauchiges Gefäß mit Hals aus Keramik oder Bronze, das zur Aufbewahrung und zum Transport von Flüssigkeiten diente.

Hun Die ätherischste Komponente der Seele, die den vergänglichen Körper beim Tod verlässt und sich auf die gefährliche Reise in die Welt der Geister begibt.

Mingqui „Geistgüter", im weitesten Sinne Ersatzobjekte aller Art, Gebrauchsgegenstände, Tiere, Menschen, die speziell als Grabbeigaben hergestellt wurden, um den Toten zu begleiten.

Nao Eine in der Form der *zhong* ähnliche Glocke, doch mit einem Dorn versehen, damit man sie mit der Öffnung nach oben in ein Holzgestell stecken konnte. Auch sie wurde wie ein Gong geschlagen.

Pan Ein bronzenes Ritualgefäß, das zu Waschungen bei den rituellen Zeremonien diente (auch zur Reinigung anderer Gefäße). Unter den Grabbeigaben der Frühlings- und Herbstperiode ist es mit den *ding* assoziiert und gibt Auskunft über die hierarchische Stellung, die der Verstorbene im aristokratischen System der Zhou einnahm.

Po Die schwerste Komponente der Seele, die im Grab bei dem Verstorbenen verharrt, bis der Körper völlig verwest ist.

Shang Di Die höchste spirituelle Macht in der Religion der Shang-Dynastie, manche sehen in ihr den Geist des Urahnen des königlichen Clans der Shang.

Shi Ursprünglich Mitglieder der Klasse der Krieger, bezeichnete der Begriff in der Zeit der Frühlings- und Herbstperiode die jungen Mitglieder der Adelshäuser, die in den „sechs Künsten" (Rituelle Bräuche, Musik, Bogenschießen, Wagenlenken, Kalligraphie und Mathematik) ausgebildet waren.

Tai Fu Rang im oberen Mittel der Hierarchie der Hoffunktionäre zur Zeit der Westlichen Zhou.

Tian Wörtl. „Himmel, seit der Zeit der Zhou die höchste Gottheit."

Tianming Wörtl. „Mandat des Himmels", gilt als Ausdruck des Willens der höchsten Gottheit, wenn einer würdigen Person die Verantwortung für das höchste Regierungsamt übertragen wird.

Tianxia Wörtl. „alles unter dem Himmel" und bedeutet die ganze zivilisierte Welt.

Tianzi Wörtl. „Sohn des Himmel", Titel des Kaisers.

Wey Ein wichtiges, seit Beginn der Zhou-Dynastie bestehendes Lehen im Nordosten der Provinz Henan. Die Transkription mit dem *„y"* am Ende wurde gewählt, um es von Wei zu unterscheiden, einem der drei Staaten, die aus dem zerschlagenen Herzogtum Jin hervorgingen.

Yao keng Ein in den königlichen und fürstlichen Gräbern der Shang- und seltener der nachfolgenden Zhou-Dynastie der Grabkammer angegliederter Raum, der Ritualopfer, oft einen Hund oder einen Soldaten (oder beides) enthielt.

Yi Eine seit der Mitte der Zeit der Westlichen Zhou gebräuchliche Ritualkanne aus Bronze für das Wasser, mit dem sich der „Priester" während der rituellen Zeremonie die Hände reinigte.

Yu Ein Basin, kleiner als ein *pan*, das dieses in den Adelsgräbern des Herzogtums Qin bei den Grabbeigaben manchmal ersetzte.

***Zhong*-Glocke** Ein in den Adelskreisen der Westlichen Zhou sehr beliebtes Musikinstrument aus Bronze. Die klöppellosen Glocken verschiedener Größe wurden nebeneinander zu einem Glockenspiel aufgehängt und durch Anschlagen gespielt. Nur ganz besonders große Glocke (*te zhong* oder *bo zhong*) wurden einzeln gespielt.

Zhongguo Reich der Mitte, oder *zhonghua*, Blume der Mitte, ist eine der ältesten Bezeichnungen, mit denen die Chinesen ihr Land benennen. Sie ist noch heute in Gebrauch, denn *Zhonghua Renmin Gongheguo* lautet die chinesische Bezeichnung für „Volksrepublik China".

BIBLIOGRAPHIE DER TEXTE VON ROBERTO CIARLA

Bodde, Derk, *China's first unifier: A study of the Ch'in dynasty as seen in the life of Li Ssu (280?–208 B.C.)*, Leiden, Brill, 1938

Bodde, Derk, „*The state and empire of Ch'in*", *in D. Twitchett and M. Loewe (ed.s), The Cambridge History of Ancient China. Vol. I The Ch'in and Han Empires 221 B.C.-A.D. 220*, Cambridge, Cambridge University Press, 1986, S. 20–102

Borges, Jorge Luis, *Altre Inquisizioni*, Vorwort von Francesco Tentori Montalto, Milano, Feltrinelli, 1996

Chang, Kwang-chih, *Shang Civilization*, New Haven and London, Yale University Press, 1980

Ders., *The Archaeology of Ancient China*, 4th edition, New Haven and London, Yale University Press, 1986

(The) Ch'in Dynasty Pit Archaeological Team, „Excavation of the Ch'in Dynasty Pit Containing Pottery Figures of Warriors and Horses at Ling-T'ung, Shenxi Province", Übersetzung Albert E. Dien, in *Chinese Studies in Archaeology*, Summer 1979, I (1), S. 8–55

Ciarla, Roberto, „La Cina nella prima età del bronzo (2100–1100 a.C.)", in *Atlante di Archeologia*, Torino, Garzanti-Utet 1994, S. 158–159

Ders., „La Cina nell'epoca Zhou (1100–221 a.C.)", in *Atlante di Archeologia*, Torino, Garzanti-Utet, 1994, S. 160–161

Ders., „La Cina nel periodo Qin e Han", in *Atlante di Archeologia*, Torino, Garzanti-Utet, 1994, S. 162–163

Ders., (Hrsg.), Cina 220 A.C. *I guerrieri di Xi'an*, Milano, Editoriale Segesta, 1994

Ders., „Dalle prime società agricole alle società complesse: Estremo Oriente", in *Il Mondo dell'Archeologia*, vol. I, Roma, Istituto dell'Enciclopedia Italiana, 2002, S. 567–573

Ders., „L'Archeologia dell'Estremo Oriente: Cina", in *Il Mondo dell'Archeologia*, vol. I, Roma, Istituto dell'Enciclopedia Italiana, 2002, S. 68–72

Corneli, Alessandro (Übersetzung des), *Sun Tzu. L'arte della guerra*, Napoli, Guida Editori, 1988

Cotterell, Arthur, *Ch'in Shih-Huang-Ti Primo Imperatore della Cina: l'emozionante scoperta della sua tomba*, Milano, Rusconi, 1981

de Bary, Wm. Theodore, Irene Bloom, *Sources of Chinese Tradition. Vol. I From Earliest Times to 1600*, New York, Columbia University Press, 1999

Falkenhausen, Lothar von, „The Waning of Bronze Age", in M. Loewe and E.L. Shaughnessy (ed.s), *The Cambridge History of Ancient China from the Origins of Civilization to 221 B.C.*, Cambridge, Cambridge University Press, 1999, S. 486–497

Han Wei, „Lüelun Shaanxi Chunqiu Zhangguo Qin mu (Über die Gräber der Qin der Frühlings- und Herbstperiode und der Streitenden Reiche in der Provinz Shaanxi)", *in Kaogu yu wenwu*, 1981, I, S. 83–93

Hearn, Maxwell K, „The Terracotta Army of the First Emperor of Qin (221–206 B.C.)", in Wen Fong (ed.), *The Great Bronze Age of China: an exhibition from the People's Republic of China*, New York, The Metropolitan Museum of Art, 1980, S. 351–373

Hsun, Cho-yun, Katheryn M. Linduff, *Western Chou Civilization*, New Haven and London, Yale University Press, 1988

Legge, James, *The Chinese Classics*, Oxford, 1893, rpt. in five volumes, Hong Kong, 1960

Li Xueqin, *Eastern Zhou and Qin Civilizations*, New Haven and London, Yale University Press, 1985

Lewis, Mark Edward, *Writing and Authority in Early China*, Albany, State University of New York Press, 1999

Macdonald, Fiona, John James, *Nella Cina di Ch'in Shi Huang il Grande Imperatore*, Firenze, Giunti Marzocco, 1989

Meng Jianmin, Zhang Lin, *Awakened. Qin's* Terracotta Army, Xi'an, 2001

Passi, Alessandro (ital. Übersetzung des), *Il libro del signore di Shang*. A cura di J.J.L. Duyvendak. Milano, Adelphi Edizioni, 1989

Sima Qian, *Records of the Grand Historian: Qin Dynasty*, Translated by Burton Watson, Hong Kong/New York, Columbia University Press, 1993

Ders., *Shi Ji*. Vol. I–X. Beijing, Zhonghua Shuju, 1982

Thatcher, Melvin P., „Central Government of the State of Ch'in in the Spring and Autumn Period", in *Journal of Oriental Studies* 23, (1), 1985, S. 2953

Wang Xueli, *Qin du Xianyang* (Xianyang, Hauptstadt der Qin), Xi'an, Shaanxi Renmin Chubanshe, 1985

Ders., (Hrsg.), *Qin wuzhi wenhua shi* (Geschichte der materiellen Kultur der Qin-Dynastie), Xi'an, San Qin Chubanshe, 1994

Ders., (Hrsg.), *Qin yong zhuanti yanjiu* (Spezialstudien der Qin Terrakottafiguren), Xi'an, San Qin Chubanshe, 1994

Wheatley, Paul, *The Pivot of the Four Quarters. A Preliminary Enquiry into the Origins and Character of the Ancient Chinese City*, Edinburgh, University Press, 1971

Xianyangshi Wenwu-Kaogu Yanjiusuo, *Taerpo Qin mu* (Die Qin-Gräber von Taerpo), Xi'an, San Qin Chubanshe, 1998

Yang Kuan, *Zhangguo shi* (Geschichte der Streitenden Reiche), Shanghai, Renmin Chubanshe, 1980

Ye Xiaoyan, *Qin mu chutan* (Diskussion der Qin-Gräber)", in Kaogu, 1982, I, S. 6573

Yunmeng Shuihudi Qin Mu (Die Qin-Gräber von Shuihudi bei Yunmeng), Beijing, Wenwu Chubanshe, 1981

BIBLIOGRAPHIE DER TEXTE VON LIONELLO LANCIOTTI

Allgemeine Werke:

Cheng, Anne, *Storia del pensiero cinese*, Torino, Einaudi, 1997

Graham, Angus C., *La ricerca del Tao*. Il dibattito filosofico nella Cina classica, Vicenza, Neri Pozza, 1999

Konfuzianische Schule:

Confucio, I dialoghi, Tiziana Lippiello (a cura di), Torino, Einaudi, 2003

Dubs, H.H., *Hsuntze, the Moulder of Ancient Confucianism*, London, Probsthain, 1927

Lanciotti, Lionello, *Confucio: la vita e l'insegnamento*, Roma, Ubaldini, 1997

Scarpari, Maurizio, *La concezione della natura umana in Confucio e Mencio*, Venezia, Cafoscarina, 1991

Scarpari, Maurizio, *Xunzi e il problema del male*, Venezia, Cafoscarina, 1997

Taoistische Schule:

Laozi, Genesi del „Daodejing", Attilio Andreini (a cura di), Torino, Einaudi, 2004

The Book of Lieh-tzu. A new translation by A.C. Graham, London, John Murray, 1960

The complete works of Chuang Tzu, translated by Burton Watson, New York and London, Columbia U.P., 1968

Moistische Schule:

Graham, Angus C., *Later Mohist Logic*, Hong Kong, S.O.A.S, 1978

Mo Ti, gegen den Krieg, Übersetzung von Helwig Schmidt-Glintzer, Düsseldorf, Diederichs, 1975

Mo Ti, Solidarität und allgemeine Menschenliebe, Übersetzung von Helwig Schmidt-Glintzer, Düsseldorf, Diederichs, 1975

Mo Tzu, Basic Writings translated by Burton Watson, New York and London, Columbia U.P., 1963

Legistische Schule:

Han Fei Tzu, Works translated by W.K. Liao, 2 vols., London, Probsthain, 1959

The Book of Lord Shang. A classic of the Chinese School of Law, translated by J.J.L. Duyvendak, London, Probsthain, 1928

Vandermeersch, Léon, *La formation du Légisme*, Paris, E.F.E.O., 1965

Kleinere Schulen:

Andreini, Attilio, *Il pensiero di Yang Zhu*, Trieste, Edizioni Università, 2000

BIBLIOGRAPHIE DER TEXTE VON MAURIZIO SCARPARI

Hulsewè, A.F.P., *Remnants of Han Law*, Leiden, Brill, 1955

Ders., *Remnants of Ch'in Law: An Annotated Translation of the Ch'in Legal Administrative Rules of the 3rd Century B.C. Discovered in Yün-meng Prefecture, Hupei Province, in 1975*, Leiden, Brill, 1985

Lewis, Mark Edward, *Writing and Authority in Early China*, Albany, State University of New York Press, 1999

Scarpari, Maurizio, „Le leggi penali del principe di Lü", *Annali di Ca' Foscari*, 15, 3, 1976, S. 123132

Ders., „Riscrivere la storia e la cultura della Cina antica: credenze religiose, correnti di pensiero e società alla luce delle recenti scoperte archeologiche", in Lionello Lanciotti, (Hrsg.), *Conoscere la Cina*, Torino, Edizioni Fondazione Giovanni Agnelli, 2000, S. 113126

Ders., *Antica Cina. La civiltà cinese dalle origini alla dinastia Tang*, Vercelli, White Star, 2000

Shaughnessey, Edward L. (ed.), *New Sources of Early Chinese History: An Introduction to the Reading of Inscriptions and Manuscripts*, Berkeley, The Society for the Study of Early China and The Institute of East Asian Studies, 1997

Shuihudi Qinmu zhujian, Beijing, Wenwu chubanshe, 1978

Skosey, Laura A., *The Legal System and Legal Tradition of the Western Zhou* (ca. 104577l B.C.E.), Chicago, Ph.D. Dissertation, 1996

Twitchett, Denis and Loewe, Michael (eds.), *The Cambridge History of China: Volume I. The Ch'in and Han Empires* (221 B.C.-A.D. 220), Cambridge, Cambridge University Press, 1986

Yates, R.D.S. and McLeod, K.C.D., „Forms of Ch'in Law: An Annotated Translation of the *Feng-chen shi*", in *Harvard Journal of Asiatic Studies*, 41, 1981

Yates, R.D.S., „Some Notes on Ch'in Law. A Review Article of Remnants of Ch'in Law, by A.F.P. Hulsewè", in *Early China*, 1112, 19851987

Yunmeng Shuihudi Qinmu, Beijing, Wenwu chubanshe, 1981

BIBLIOGRAPHIE DER TEXTE VON ALEXANDRA WETZEL

Bayerisches Landesamt für Denkmalpflege, Museum der Terrakotta-Armee (Hrsg.), *Annual Reports 1999 and 2000, 1. Teil:* „Research reports and documentations", Bayerisches Landesamt für Denkmalpflege, München, 2001

Bayerisches Landesamt für Denkmalpflege, Museum der Terrakotta-Armee (Hrsg.), *Annual Reports 1999 and 2000, 2. Teil:* „Interim reports and travel reports", Bayerisches Landesamt für Denkmalpflege, München 2001

Blänsdorf, Catharina, Erwin Emmerling, Michael Petzet (Hrsg.), *The Terracotta Army of the First Chinese Emperore Qin Shihuang*, Arbeitshefte des Bayerischen Landesamtes für Denkmalpflege, vol. 83, München 2001

Museum der Terrakotta-Armee (Hrsg.), *Qin Shihuang bingmayong bowuguan* (Das Museum der Terrakotta-Armee des Qin Shihuang), Wenwu chubanshe, Beijing, 1999

Museum der Terrakotta-Armee (Hrsg.), *Qin Shihuang ling tong che ma xiufu baogao* (Bericht über die Restaurierung der Bronzewagen des Qin Shihuang), Wenwu chubanshe, Beijing, 1998

Museum der Terrakotta-Armee, Forschungszentrum der Provinz Shaanxi (Hrsg.),*Qin Shihuangdi ling tong che ma fa chu baogao* (Bericht über die Ausgrabung der Bronzewagen des Qin Shihuang,) Wenwu chubanshe, Beijing, 1998

Museum der Terrakotta-Armee, Forschungszentrum der Provinz Shaanxi (Hrsg.), *Qin Shihuangdi ling yuan kaogu baogao* (Archäologischer Bericht über die Nekropolen des Kaisers Qin Shihuang), Kexue chubanshe, Beijing, 2000

Scheder, Siegfried, *The Stone Armour from the Burial Complex of Qin Shihuang*. Pilot Study Report in Collaboration with the Museum of the Terracotta Warriors and Horses in Lintong, Bayerisches Landesamt für Denkmalpflege, München 2001

Wenwu tiandi (Wochenzeitschrift), *Qin yong Qin ling Qin Shihuang zhuanhao* (Spezialausgabe zu den Statue, dem Grabhügel und die Kaiser der Qin-Dynastie), Beijing, 10/2002

Wu Yongyi, Zhang Tinghao, Michael Petzet, Erwin Emmerling, Catharina Blänsdorf (Hrsg.), „The Polychromy of Antique Sculptures and the Terracotta Army of the First Chinese Emperor. Studies on Materials, Painting Techniques and Conservation" (Bericht der internationalen Konferenz in Xi'an, China, März 1999), Arbeitshefte des Bayerischen Landesamtes für Denkmalpflege, vol. 111, München 2001

b = Bildlunterschrift

BILDNACHWEIS

Alle Bilder von Araldo De Luca/Archivio White Star außer den Folgenden:

Seite 1 Angelo Colombo/ Archivio White Star
Seite 19 Richard Lambert/ Photo RMN
Seite 21 links Richard Lambert/Photo RMN
Seite 21 Mitte Thierry Ollivier/Photo RMN
Seite 21 rechts Richard Lambert/Photo RMN
Seite 22 Droits Réservés/ Photo RMN
Seite 23 Freer Gallery of Art, Smithsonian Institution, Washington, D.C.: Purchase, F1953.9
Seite 24 Panorama Stock
Seiten 26–27 Richard Lambert/Photo RMN
Seite 28 Freer Gallery of Art, Smithsonian Institution, Washington, D.C.:Purchase, F1930.54
Seite 29 Freer Gallery of Art, Smithsonian Institution, Washington, D.C.: Gift of Charles Lang Freer, F1909.258
Seite 30 oben Panorama Stock
Seite 30 unten Photo 12
Seite 31 links Jan Vinchon Numismatist Paris/ The Art Archive
Seite 31 rechts Ravaux/ Photo RMN
Seite 32 Aisa
Seiten 32–33 Christie's Images/Corbis/Contrasto
Seiten 34–35 Richard Lambert/Photo RMN
Seite 35 Asian Art & Archaeology, Inc./Corbis/Contrasto
Seiten 36–37 Richard Lambert/Photo RMN
Seite 37 The British Museum
Seite 38 oben Archivio Scala
Seite 38 unten The Bridgeman Art Library/ArchivioAlinari
Seiten 38–39 Aisa
Seite 40 Panorama Stock
Seite 41 The British Library
Seite 43 Archivio Iconografico, S.A./Corbis/Contrasto
Seiten 44–45 The Bridgeman Art Library/Archivio Alinari
Seite 47 Angelo Colombo/ Archivio White Star
Seite 49 rechts Photoservice Electa/AKG
Seite 51 links Cultural Relics Publishing House, Beijing
Seite 51 Mitte Cultural Relics Publishing House, Beijing
Seite 51 rechts Cultural Relics Publishing House, Beijing
Seite 55 Mitte Aisa
Seite 55 rechts Photoservice Electa/AKG
Seite 58 Cultural Relics Publishing House, Beijing
Seite 59 oben Cultural Relics Publishing House, Beijing
Seite 66 Thierry Ollivier/ Photo RMN
Seite 67 links Thierry Ollivier/Photo RMN
Seite 67 rechts Photo RMN
Seite 69 Angelo Colombo/ Archivio White Star
Seiten 72–73 Panorama Stock
Seite 74 Richard Lambert/ Photo RMN
Seite 75 Thierry Ollivier/ Photo RMN
Seite 76 und 77 Angelo Colombo/Archivio White Star

Seite 79 oben Asian Art & Archaeology, Inc./Corbis/ Contrasto
Seite 79 unten Cultural Relics Publishing House, Beijing
Seiten 82–83 Panorama Stock
Seite 84 Panorama Stock
Seite 85 Panorama Stock
Seite 86 oben und unten Panorama Stock
Seite 87 links und rechts Panorama Stock
Seite 89 Panorama Stock
Seite 92 Panorama Stock
Seite 94 Bibliothèque Nationale de France
Seite 95 Panorama Stock
Seite 96 Panorama Stock
Seite 97 Panorama Stock
Seite 98 Angelo Colombo/ Archivio White Star
Seite 99 Panorama Stock
Seite 100 links Panorama Stock
Seite 100 rechts Thierry Ollivier/Photo RMN
Seite 101 Panorama Stock
Seite 102 Panorama Stock
Seite 103 Panorama Stock
Seite 104 Panorama Stock
Seite 105 Panorama Stock
Seite 106 Panorama Stock
Seite 107 links und rechts Panorama Stock
Seite 110 Archivio Scala
Seite 111 Panorama Stock
Seiten 112–113 The Bridgeman Art Library/Archivio Alinari
Seite 114 Charles & Josette Lenars/Corbis/Contrasto
Seite 115 Mary Evans Picture Library
Seite 117 oben Cultural Relics Publishing House, Beijing
Seite 120 und 121 Taisei Corporation
Seite 130 Bibliothèque Nationale Paris/The Art Archive
Seiten 134–135 Angelo Colombo/Archivio White Star
Seite 136 und 137 Taisei Corporation
Seite 145 Cultural Relics Publishing House, Beijing
Seite 163 Cultural Relics Publishing House, Beijing
Seite 164 links, Mitte und rechts Cultural Relics Publishing House, Beijing
Seiten 170–171 Cultural Relics Publishing House, Beijing
Seite 172 links und rechts Cultural Relics Publishing House, Beijing
Seite 173 Cultural Relics Publishing House, Beijing
Seite 174 Cultural Relics Publishing House, Beijing
Seite 175 links und rechts Cultural Relics Publishing House, Beijing
Seite 178 und 179 Cultural Relics Publishing House, Beijing
Seite 180 unten Cultural Relics Publishing House, Beijing
Seite 182 links und rechts Cultural Relics Publishing House, Beijing
Seite 182–183 Cultural Relics Publishing House, Beijing
Seite 183 Cultural Relics Publishing House, Beijing
Seiten 190–191 Elisabetta Ferrero/Archivio White Star
Seite 208 links Cultural Relics Publishing House, Beijing
Seite 208 rechts Roberto Ciarla
Seite 209 Cultural Relics Publishing House, Beijing
Seite 216 Roberto Ciarla
Seiten 220–221 unten Cultural Relics Publishing House, Beijing
Seite 223 rechts Cultural Relics Publishing House, Beijing
Seite 236 Mitte rechts China Photographic Publishing House
Seite 248 Photoservice Electa/AKG
Seite 249 Bayerisches Denkmalamt, München
Seite 256 links und rechts Bayerisches Denkmalamt, München
Seite 257 Bayerisches Denkmalamt, München
Seite 259 Imagine China/ Contrasto
Seite 263 Bayerisches Denkmalamt, München
Seite 267 Mitte Bayerisches Denkmalamt, München
Seite 271 links Cultural Relics Publishing House, Beijing

DANKSAGUNG

Für die wertvolle Zusammenarbeit bei der Zusammenstellung dieses Buches möchte der Verlag folgenden Personen danken:

Zhang Tinhao, Direktor der Generalverwaltung des kulturellen Erbes der Provinz Shanxi
Wang Limei, Direktor des Millennium World Art Museum
Wu Yongqi, Direktor des Museums der Soldaten und Pferde der Terrakotta-Armee
Zhan Changfa, Direktor des sino-italienischen Lehrzentrums für Konservation und Restauration des kulturellen Erbes

Des Weiteren möchte der Verlag danken:
Catharina Blänsdorf, Bayerisches Denkmalamt, München
Giudo Paradisi, fotografischer Assistent
Alessandra Morelli

Der Herausgeber möchte vor allem auch Lionello Lanciotti, Maurizio Scarpari und Alexandra Wetzel seinen Dank dafür aussprechen, dass sie mit so viel Enthusiasmus an diesem Buch mitgearbeitet haben, dafür ihre Zeit opferten und ihre Geduld sowie ihr profundes Fachwissen zur Verfügung stellten.

AUTOR DER TEXTE

ROBERTO CIARLA

Der Orientalist und Archäologe Roberto Ciarla hat an zahllosen Grabungen in Asien teilgenommen, viele auch selbst geleitet. Seit 1982 ist er Kurator der Fernost-Abteilung des Nationalmuseums für Orienta-lische Kunst in Rom, für das er wichtige Kunstwerke und Sammlungen erwarb. Er ist Mitglied des Wissenschaft-lichen Rats des Istituto Italiano per l'Africa e l'Oriente und vieler anderer kultureller und wissenschaftlicher Gesellschaften und führte bei vielen Konferenzen über Kunst und Archäologie des Fernen Ostens und Südost-asiens den Vorsitz.

LIONELLO LANCIOTTI

Der emeritierte Professor und frühere Dekan für Sinologie unterrichtete für viele Jahre chinesische Literatur, Sprache und Philologie an den Universitäten Rom, Venedig und Neapel. Weiterhin war er Vize-Präsident des *Istituto Italiano per il Medio ed Estremo Oriente (Is.M.E.O.)* der *European Association of Chinese Studies*, sowie des italienischen Instituts Venezia e l'*Oriente* der *Fondazione Giorgio Cini*. Er leitete die italienische Zeitschrift *Cina* und ist Verfasser und Übersetzer zahlreicher bedeutender sinologischer Fachpublikationen.

MAURIZIO SCARPARI

Maurizio Scarpari ist Professor für klassisches Chinesisch an der *Università Ca' Foscari* in Venedig. Er ist der Leiter verschiedener bedeutender Kunst- und Archäologie-Ausstellungen über das alte China und Autor zahlreicher sinologischer Fachtexte. Unter seinen jüngsten Veröffentlichungen in Italien sind unter anderem *Il confucianesimo. I fondamenti e i testi* (Einaudi 2010) und *La Cina* (Einaudi 2009–2012, 3 Bände). Bei *Edizioni White Star* brachte er in Italien *L'Antica Cina. La civiltà cinese dalle origini alla dinastia Tang* (2000) heraus.

ALEXANDRA WETZEL

Seit 2000 ist Alexandra Wetzel als Beraterin der Stiftung *Fondazione Giovanni Agnelli* und des *Centro di Arti Asiatiche della città piemontese* tätig. Sie besitzt einen Abschluss der Kunstakademie *Accademia Albertina di Belle Arti* in Turin und schloss zudem ein Studium der chinesischen Kunstgeschichte an der Universität von Turin ab. 2002 organisierte sie eine Ausstellung über das alte China im turiner *Palazzo Madama* in Turin und war hauptverantwortlich für den zugehörigen Katalog. Weiterhin war sie bis 2005 am Aufbau des Turiner Museums *Museo di Arte Orientale* beteiligt. Im selben Jahr erschien ihr Buchbeitrag über China in der Reihe „Dizionari delle civiltà" (Electa). Zur Zeit ist sie mit verschiedenen Publikationsprojekten und Ausstellungen über China und die Seidenstraße beschäftigt.

ARALDO DE LUCA

Araldo De Luca begann seine Karriere als Fotograf in sehr jungen Jahren und hat von Anfang an für bedeu-tende Kulturinstitute, Architekturbüros, Museen und angesehene Verlagshäuser gearbeitet. Er gilt heute als einer der besten Kunstfotografen der Welt.

Titelbild

Die fein gearbeiteten Details der Gesichter und Frisuren machen aus den Soldaten der Terrakotta-Armee des Qin Shihuangdi Individuen mit hoher Persönlichkeit.

Rückseite

Perfekte Nachbildungen eines Streit- und eines Reisewagens begleiteten den Ersten Kaiser in seinem Grab